AF353071

EL MALESTAR EN LA CULTURA

Obras Completas de Sigmund Freud
Tomo XIX

EL MALESTAR EN LA CULTURA

(Sobre la conquista del fuego. Las resistencias contra el psicoanálisis. Aportaciones a la interpretación de los sueños. Miscelánea)

Traducción directa del alemán por
Luis López-Ballesteros y de Torres

Editorial Iztaccíhuatl, S. A. de C. V.

OBRAS COMPLETAS DE SIGMUND FREUD. TOMO XIX
El malestar en la cultura

Sigmund Freud
ISBN (obra completa): 978-607-8688-54-8
ISBN (tomo XIX): 978-607-8688-71-5
Segunda edición: junio de 2022

© Sigmund Freud
© Luis López-Ballesteros y de Torres (traducción directa del alemán)
© Editorial Iztaccíhuatl S.A. de C.V.

© Editorial Iztaccíhuatl S.A. de C.V.
Miguel Schultz #21, Col. San Rafael,
Del. Cuauhtémoc, Ciudad de México

Corrección de estilo: Yoali E. Crespo López
Diseño y maquetación: Cecilia Neria Anaya
Licencia de impresión a Grupo Editorial Neisa
Impresión: Master Copy, S.A. de C.V. (DocuMaster)

Impreso en México

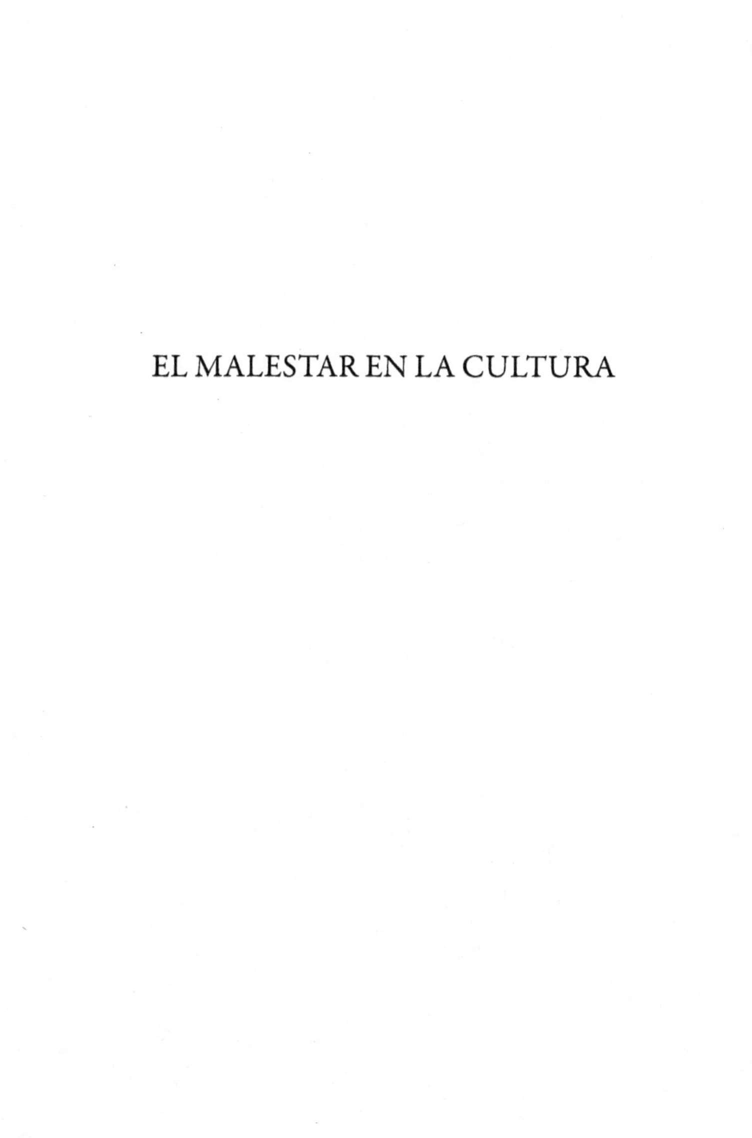

EL MALESTAR EN LA CULTURA

I

No podemos eludir la impresión de que el hombre suele aplicar falsos cánones en sus apreciaciones, pues mientras anhela para sí y admira en los demás el poderío, el éxito y la riqueza, menosprecia, en cambio, los valores genuinos que la vida le ofrece. No obstante, al formular un juicio general de esta especie, siempre se corre peligro de olvidar la abigarrada variedad del mundo humano y de su vida anímica, ya que existen, en efecto, algunos seres a quienes no se les niega la veneración de sus coetáneos, pese a que su grandeza reposa en cualidades y obras muy ajenas a los objetivos y los ideales de las masas. Se pretenderá aducir que sólo es una minoría selecta la que reconoce en su justo valor a estos grandes hombres, mientras que la gran mayoría nada quiere saber de ellos; pero las discrepancias entre las ideas y las acciones de los hombres son tan amplias y sus deseos tan dispares, que dichas reacciones seguramente no son tan simples.

Uno de estos hombres excepcionales se declara en sus cartas como amigo mío. Habiéndole enviado yo mi pequeño trabajo que trata de la religión como una ilusión[1], me respondió que compartía sin reserva mi juicio sobre la religión, pero lamentaba que yo no hubiera concedido su justo valor a la fuente última de la religiosidad. Esta residiría, según su criterio, en un sentimiento particular que jamás habría dejado de percibir, que muchas personas le habrían confirmado y cuya existencia podría suponer en millones de seres humanos: un sentimiento

---

[1] N. del Traductor. —*El porvenir de una ilusión*, en el tomo XIV de estas *Obras Completas*.

que le agradaría designar "sensación de eternidad"; un sentimiento como de algo sin límites ni barreras, en cierto modo "oceánico". Trataríase de una experiencia esencialmente subjetiva, no de un artículo del credo; tampoco implicaría seguridad alguna de inmortalidad personal; pero, no obstante, esta sería la fuente de la energía religiosa, que, captada por las diversas iglesias y sistemas religiosos, es encauzada hacia determinados canales y seguramente también consumida en ellos. Sólo gracias a este sentimiento oceánico podría uno considerarse religioso, aunque se rechazara toda fe y toda ilusión.

Esta declaración de un amigo que venero —y que, por otra parte, también prestó cierta vez expresión poética al encanto de la ilusión[2]— me colocó en no pequeño aprieto, pues yo mismo no logro descubrir en mí este sentimiento "oceánico". En manera alguna es tarea grata someter los sentimientos al análisis científico: es cierto que se puede intentar la descripción de sus manifestaciones fisiológicas, pero cuando esto no es posible —y me temo que también el sentimiento oceánico se sustraerá a semejante caracterización—, no queda sino atenerse al contenido ideacional que más fácilmente se asocie con dicho sentimiento. Mi amigo, si lo he comprendido correctamente, se refiere a lo mismo que cierto poeta original y harto inconvencional hace decir a su protagonista, a manera de consuelo ante el suicidio: "De este mundo no podemos caernos"[3]. Trataríase, pues, de un sentimiento de indisoluble comunión, de inseparable pertenencia a la totalidad del mundo exterior. Debo confesar que para mí esto tiene más bien el carácter de

---

[2] *Liluli*, 1923. Desde que aparecieron los libros *La Vie de Ramakrishna* y *La Vie de Vivekananda* (1930), ya no necesito ocultar que el amigo a quien aludo con estas palabras es Romain Rolland.

[3] D. Chr. Grabbe, *Hannibal*: "Por cierto que no podemos caernos de este mundo: henos aquí de una vez por todas".

una penetración intelectual, acompañada, naturalmente, de sobretonos afectivos, que por lo demás tampoco faltan en otros actos cogitativos de análoga envergadura. En mi propia persona no llegaría a convencerme de la índole primaria de semejante sentimiento, pero no por ello tengo derecho a negar su ocurrencia real en los demás. La cuestión se reduce, pues, a establecer si es interpretado correctamente y si debe ser aceptado como *fons et origo* de toda urgencia religiosa.

Nada puedo aportar que sea susceptible de decidir la solución de este problema. La idea de que el hombre podría intuir su relación con el mundo exterior a través de un sentimiento directo, orientado desde un principio a este fin, parece tan extraña y es tan incongruente con la estructura de nuestra psicología, que será lícito intentar una explicación psicoanalítica —vale decir, genética— del mencionado sentimiento.

Al emprender esta tarea se nos ofrece al instante el siguiente razonamiento. En condiciones normales nada nos parece tan seguro y establecido como la sensación de nuestra mismidad, de nuestro propio *yo*. Este *yo* se nos presenta como algo independiente, unitario, bien demarcado frente a todo lo demás. Sólo la investigación psicoanalítica —que, por otra parte, aún tiene mucho que decirnos sobre la relación entre el *yo* y el *Ello*— nos ha enseñado que esa apariencia es engañosa; que, por el contrario, el *yo* se continúa hacia dentro, sin límites precisos, con una entidad psíquica inconsciente que denominamos *Ello* y a la cual viene a servir como de fachada. Pero, por lo menos hacia el exterior, el *yo* parece mantener sus límites claros y precisos. Sólo los pierde en un estado que, si bien extraordinario, no puede ser tachado de patológico: en la culminación del enamoramiento amenaza esfumarse el límite entre el *yo* y el objeto. Contra todos los testimonios de sus sentidos, el enamorado afirma que *yo* y *tú* son uno, y está dispuesto a comportarse como si realmente fuese así. Desde luego, lo que puede ser anulado transitoriamente por una función fisiológica, también podrá ser trastornado por procesos patológicos. La patología nos presenta gran número de estados en los que se torna incierta la demarcación del *yo* frente al mundo exterior, o donde los límites llegan a ser confundidos; casos en que partes del propio cuerpo, hasta componentes del propio psiquismo, percepciones, pensamientos, sentimientos, aparecen como si fueran extraños y no pertenecieran al *yo*; otros, en los cuales se atribuye al mundo exterior lo que a todas luces procede del *yo* y debería ser reconocido por este. De modo que también el sentimiento yoico está sujeto a trastornos, y los límites del *yo* con el mundo exterior no son inmutables.

Prosiguiendo nuestra reflexión hemos de decirnos que este sentido yoico del adulto no puede haber sido el mismo desde el principio, sino que debe haber sufrido una evolución[4], imposible de demostrar, naturalmente, pero susceptible de ser reconstruida con cierto grado de probabilidad. El lactante aún no discierne su *yo* de un mundo exterior, como fuente de las sensaciones que le llegan. Gradualmente lo aprende por influencia de diversos estímulos. Sin duda ha de causarle la más profunda impresión el hecho de que algunas de las fuentes de excitación —que más tarde reconocerá como los órganos de su cuerpo— sean susceptibles de provocarle sensaciones en cualquier momento, mientras que otras se le sustraen temporalmente —entre estas, la que más anhela: el seno materno—, logrando sólo atraérselas al expresar su urgencia en el llanto. Con ello comienza por oponérsele al *yo* un "objeto", en forma de algo que se encuentra "afuera" y para cuya aparición es menes-

---

[4] Véanse los numerosos trabajos sobre el desarrollo del *yo* y del sentido yoico, desde Ferenczi: *Entwicklungsstufen des Wirklichkeitssinnes*, 1913 (*Fases evolutivas del sentido de la realidad*), hasta las contribuciones de Paul Federn, de 1926, 1927 y años posteriores.

ter una acción particular. Un segundo estímulo para que el *yo* se desprenda de la masa sensorial; esto es, para la aceptación de un "afuera", de un mundo exterior, lo dan las frecuentes, múltiples e inevitables sensaciones de dolor y displacer que el aún omnipotente principio del placer induce a abolir y a evitar. Surge así la tendencia a disociar del *yo* cuanto pueda convertirse en fuente de displacer; a expulsarlo de sí, a formar un *yo* puramente hedónico, un *yo* placiente, enfrentado con un *no-yo*, con un "afuera" ajeno y amenazante. Los límites de este primitivo *yo* placiente no pueden escapar a reajustes ulteriores impuestos por la experiencia. Gran parte de lo que no se quisiera abandonar por su carácter placentero no pertenece, sin embargo, al *yo*, sino a los objetos; recíprocamente, muchos sufrimientos de los que uno pretende desembarazarse resultan ser inseparables del *yo*, de procedencia interna. Con todo, el hombre aprende a dominar un procedimiento que, mediante la orientación intencionada de los sentidos y la actividad muscular adecuada, le permite discernir lo interior (perteneciente al *yo*) de lo exterior (originado por el mundo), dando así el primer paso hacia la entronización del principio de la realidad, principio que habrá de dominar toda la evolución ulterior. Naturalmente, esa capacidad adquirida de discernimiento sirve al propósito práctico de eludir las sensaciones displacenteras percibidas o amenazantes. La circunstancia de que el *yo*, al defenderse contra ciertos estímulos displacientes emanados de su interior, aplique los mismos métodos que le sirven contra el displacer de origen externo, habrá de convertirse en origen de importantes trastornos patológicos.

De esta manera, pues, el *yo* se desliga del mundo exterior, aunque más correcto sería decir: originalmente el *yo* lo incluye todo; luego, desprende de sí un mundo exterior. Nuestro actual sentido yoico no es, por consiguiente, más que el residuo atrofiado de un sentimiento más amplio, aun de envergadura universal, que correspondía a una comunión más íntima entre el *yo* y el mundo circundante. Si cabe aceptar que este sentido yoico primario subsiste —en mayor o menor grado— en la vida anímica de muchos seres humanos, debe considerársele como una especie de contraparte del sentimiento yoico del adulto, cuyos límites son más precisos y restringidos. De esta suerte, los contenidos ideacionales que le corresponden serían precisamente los de infinitud y de comunión con el Todo, los mismos que mi amigo emplea para ejemplificar el sentimiento "oceánico". Pero, ¿acaso tenemos el derecho de admitir esta supervivencia de lo primitivo junto a lo ulterior que de él se ha desarrollado?

Sin duda alguna, pues los fenómenos de esta índole nada tienen de extraño, ni en la esfera psíquica ni en otra cualquiera. Así, en lo que se refiere a la serie zoológica, sustentamos la hipótesis de que las especies más evolucionadas han surgido de las inferiores; pero aún hoy hallamos, entre las vivientes, todas las formas simples de la vida. Los grandes saurios se han extinguido, cediendo el lugar a los mamíferos, pero aún vive con nosotros un representante genuino de ese orden: el cocodrilo. Esta analogía puede parecer demasiado remota, y, por otra parte, adolece de que las especies inferiores sobrevivientes no suelen ser las verdaderas antecesoras de las actuales, más evolucionadas. Por regla general han desaparecido los eslabones intermedios, que sólo conocemos a través de su reconstrucción. En cambio, en el terreno psíquico la conservación de lo primitivo junto a lo evolucionado a que dio origen es tan frecuente que sería ocioso demostrarla mediante ejemplos. Este fenómeno obedece casi siempre a una bifurcación del curso evolutivo: una parte cuantitativa de determinada actitud o de una tendencia instintiva se ha sustraído a toda modificación, mientras que el resto siguió la vía del desarrollo progresivo.

Tocamos aquí el problema general de la conservación en lo psíquico, problema apenas elaborado hasta ahora, pero tan seductor e importante que podemos concederle nuestra atención por un momento, pese a que la oportunidad no parezca muy justificada. Habiendo superado la concepción errónea de que el olvido, tan corriente para nosotros, significa la destrucción o aniquilación del resto mnemónico, nos inclinamos a la concepción contraria de que en la vida psíquica nada de lo una vez formado puede desaparecer jamás; todo se conserva de alguna manera y puede volver a surgir en circunstancias favorables, como, por ejemplo, mediante una regresión de suficiente profundidad.

Tratemos de representarnos lo que esta hipótesis significa mediante una comparación que nos llevará a otro terreno. Tomemos como ejemplo la evolución de la Ciudad Eterna[5]. Los historiadores nos enseñan que el más antiguo recinto urbano fue la *Roma quadrata*, una población empalizada en el monte Palatino. A esta primera fase siguió la del *Septimontium*, fusión de las poblaciones situadas en las distintas colinas; más tarde apareció la ciudad cercada por el muro de Servio Tulio, y aún más recientemente, luego de todas las transformaciones de la República y del Primer Imperio, el recinto que el emperador Aureliano rodeó con sus murallas. No hemos de perseguir más lejos las modificaciones que sufrió la ciudad, preguntándonos, en cambio, qué restos de esas fases pasadas hallará aún en la Roma actual un turista al cual suponemos dotado de los más completos conocimientos históricos y topográficos. Verá el muro aureliano, casi intacto salvo algunas brechas. En ciertos lugares podrá hallar trozos del muro serviano, puestos al descubierto por las excavaciones. Provisto de conocimientos suficientes —superiores a los de la arqueología moderna—, quizá podría trazar en el cuadro urbano actual todo el curso de este muro y el

---

[5] Según *The Cambridge Ancient History*, tomo VII, 1928. *The Founding of Rome*, por Hugh Last.

contorno de la *Roma quadrata*; pero de las construcciones que otrora colmaron ese antiguo recinto no encontrará nada o tan sólo escasos restos, pues aquellas han desaparecido. Aun dotado del mejor conocimiento de la Roma republicana, sólo podría señalar la ubicación de los templos y edificios públicos de esa época. Hoy, estos lugares están ocupados por ruinas, pero ni por las ruinas auténticas de aquellos monumentos, sino por las de reconstrucciones posteriores, ejecutadas después de incendios y demoliciones. Casi no es necesario agregar que todos estos restos de la Roma antigua aparecen esparcidos en el laberinto de una metrópoli edificada en los últimos siglos del Renacimiento. Su suelo y sus construcciones modernas seguramente ocultan aún numerosas reliquias. Tal es la forma de conservación de lo pasado que ofrecen los lugares históricos como Roma.

Supongamos ahora, a manera de fantasía, que Roma no fuese un lugar de habitación humana, sino un ente psíquico con un pasado no menos rico y prolongado, en el cual no hubieren desaparecido nada de lo que alguna vez existió y donde junto a la última fase evolutiva subsistieran todas las anteriores. Aplicado a Roma, esto significaría que en el Palatino habrían de levantarse aún, en todo su porte primitivo, los palacios imperiales y el *Septizonium* de Septimio Severo; que las almenas del *Castel Sant'Angelo* todavía estuvieran coronadas por las bellas estatuas que las adornaron antes del sitio por los godos, etcétera. Pero aún más: en el lugar que ocupa el *Palazzo Caffarelli* veríamos de nuevo, sin tener que demoler este edificio, el templo de Júpiter Capitolino, y no sólo en su forma más reciente, como lo contemplaron los romanos de la época cesárea, sino también en la primitiva, etrusca, ornada con antefijos de terracota. En el emplazamiento actual del Coliseo podríamos admirar, además, la desaparecida *Domus aurea* de Nerón; en la *Piazza della Rotonda* no encontraríamos tan sólo el actual Panteón, como Adriano nos lo ha legado, sino también, en el mismo solar, la construcción original de M. Agrippa, y, además, en este terreno, la iglesia *Maria sopra Minerva*, sin contar el antiguo templo sobre el cual fue edificada. Y bastaría que el observador cambiara la dirección de su mirada o su punto de observación para hacer surgir una u otra de estas visiones.

Evidentemente, no tiene objeto alguno seguir el hilo de esta fantasía, pues nos lleva a lo inconcebible y aun a lo absurdo. Si pretendemos representar espacialmente la sucesión histórica, sólo podremos hacerlo mediante la yuxtaposición en el espacio, pues este no acepta dos contenidos distintos. Nuestro intento parece ser un juego vano; su única justificación es la de mostrarnos cuán lejos de encontrarnos de poder captar las características de la vida psíquica mediante la representación descriptiva.

Aún tendríamos que enfrentarnos con otra objeción. Se nos preguntará por qué recurrimos precisamente al pasado de una ciudad para compararlo con el pasado anímico. La hipótesis de la conservación total de lo pretérito está supeditada, también en la vida psíquica, a la condición de que el órgano del psiquismo haya quedado intacto, de que sus tejidos no hayan sufrido por traumatismo o inflamación. Pero las influencias destructivas comparables a estos factores patológicos no faltan en la historia de ninguna ciudad, aunque su pasado sea menos agitado que el de Roma, aunque, como Londres, jamás haya sido asolada por un enemigo. Aun la más apacible evolución de una ciudad incluye demoliciones y reconstrucciones que en principio la tornan inadecuada para semejante comparación con un organismo psíquico.

Nos rendimos ante este argumento y, renunciando a un ilustrativo efecto de contraste, recurrimos a un símil que en todo caso es más afín a lo psíquico: el organismo animal o el humano. Pero también aquí tropezamos con idéntica dificultad. Las fases precedentes de la evolución no subsisten en forma alguna, sino que se agotan en las ulteriores, cuyo material han suministrado. Es imposible demostrar la existencia del embrión en el adulto; el timo del niño, sustituido por tejido conectivo durante la adolescencia, ha dejado de existir; es verdad que en los huesos largos del adulto podemos trazar el contorno del infantil, pero este ha desaparecido al alargarse y engrosarse para alcanzar su forma definitiva. Por consiguiente, debemos someternos a la comprobación de que sólo en el terreno psíquico es posible esta persistencia de todos los estadios previos, junto a la forma definitiva, y de que no podremos representarnos gráficamente tal fenómeno.

Pero quizá vayamos demasiado lejos con esta conclusión. Quizá habríamos de conformarnos con afirmar que lo pretérito *puede* subsistir en la vida psíquica, que no está *necesariamente* condenado a la destrucción. Aun en el terreno psíquico no deja de ser posible —como norma o excepcionalmente— que muchos elementos arcaicos sean borrados o consumidos en tal medida, que ya ningún proceso logre restablecerlos o reanimarlos; además, su conservación podría estar supeditada en principio a ciertas condiciones favorables. Todo esto es posible, pero nada sabemos al respecto. No podemos sino atenernos a la conclusión de que en la vida psíquica la conservación de lo pretérito es la regla, más bien que una curiosa excepción.

Así, pues, estamos plenamente dispuestos a aceptar que en muchos seres existe un "sentimiento oceánico", que nos inclinamos a reducir a una fase temprana del sentido yoico; pero entonces se nos plantea una nueva cuestión: ¿qué pretensiones puede alegar ese sentimiento para ser aceptado como fuente de las necesidades religiosas?

Por mi parte, esta pretensión no me parece muy fundada, pues un sentimiento sólo puede ser una fuente de energía si a su vez es expresión de una necesidad imperiosa. En cuanto a las necesidades religiosas, considero irrefutable su derivación del desamparo infantil y de la nostalgia por el padre que aquel suscita, tanto más cuanto que este sentimiento no se mantiene simplemente desde la infancia, sino que es reanimado sin cesar por la angustia ante la omnipotencia del destino. Me sería imposible indicar ninguna necesidad infantil tan poderosa como la del amparo paterno. Con esto pasa a segundo plano el papel del "sentimiento oceánico", que podría tender, por ejemplo, al restablecimiento del narcisismo ilimitado. La génesis de la actitud religiosa puede ser trazada con toda claridad hasta llegar al sentimiento de desamparo infantil. Es posible que aquella oculte aún otros elementos, pero por ahora se pierden en las tinieblas.

Puedo imaginarme que el "sentimiento oceánico" haya venido a relacionarse ulteriormente con la religión, pues este ser-uno-con-el-todo, implícito en su contenido ideacional, nos seduce como una primera tentativa de consolación religiosa, como otro camino para refutar el peligro que el *yo* reconoce amenazante en el mundo exterior. Confieso una vez más que me resulta muy difícil operar con estas magnitudes tan intangibles.

Otro de mis amigos, llevado por su insaciable curiosidad científica a las experiencias más extraordinarias y convertido por fin en omnisapiente, me aseguró que mediante las prácticas del yoga, es decir, apartándose del mundo exterior, fijando la atención en las funciones corporales, respirando de manera particular, se llega efectivamente a despertar en sí mismo nuevas sensaciones y sentimientos difusos, que él mismo pretendía concebir como regresiones a estados primordiales de la vida psíquica, profundamente soterrados. Consideraba dichos fenómenos como pruebas, en cierta manera fisiológicas, de gran parte de la sabiduría de la mística. Se nos ofrecerían aquí relaciones con muchos estados enigmáticos de la vida anímica, como los del trance y del éxtasis. Mas yo siento el impulso de exclamar las palabras del buzo de Schiller:

¡Alégrese quien respira a la rosada luz del día!

19

II

Mi estudio sobre *El porvenir de una ilusión*, lejos de estar dedicado principalmente a las fuentes más profundas del sentido religioso, se refería más bien a lo que el hombre común concibe como su religión, al sistema de doctrinas y promisiones que, por un lado, le explican con envidiable integridad los enigmas de este mundo, y por otro, le aseguran que una solícita Providencia guardará su vida y recompensará en una existencia ultraterrena las eventuales privaciones que sufra en esta. El hombre común no puede representarse esta Providencia sino bajo la forma de un padre grandiosamente exaltado, pues sólo un padre semejante sería capaz de comprender las necesidades de la criatura humana, conmoverse ante sus ruegos, ser aplacado por las manifestaciones de su arrepentimiento. Todo esto es a tal punto infantil, tan incongruente con la realidad, que el más mínimo sentido humanitario nos tornará dolorosa la idea de que la gran mayoría de los mortales jamás podría elevarse por sobre semejante concepción de la vida. Más humillante aún es reconocer cuán numerosos son nuestros contemporáneos que, obligados a reconocer la posición insostenible de esta religión, intentan, no obstante, defenderla palmo a palmo en lastimosas acciones de retirada. Uno se siente tentado a formar en las filas de los creyentes para exhortar a no invocar en vano el nombre del Señor, a aquellos filósofos que creen poder salvar al Dios de la religión reemplazándolo por un principio impersonal, nebulosamente abstracto. Si algunas de las más excelsas mentes de tiempos pasados hicieron otro tanto, ello no constituye justificación suficiente, pues sabemos por qué se vieron obligados a hacerlo.

Volvamos al hombre común y a su religión, la única que había de llevar este nombre. Al punto acuden a nosotros las conocidas palabras de uno de nuestros grandes poetas y sabios, que nos dicen del conexo que la religión guarda con el arte y la ciencia. Helas aquí:

> "Quien posee Ciencia y Arte
> también tiene Religión;
> quien no posee una ni otra,
> ¡tenga Religión!"[6]

Este aforismo enfrenta, por una parte, la religión con las dos máximas creaciones del hombre, y por otra, afirma que pueden representarse o sustituirse mutuamente en cuanto a su valor para la vida. De modo que si también pretendiéramos privar de religión al común de los mortales, no nos respaldaría evidentemente la autoridad del poeta. Ensayemos, pues, otro camino para acercarnos a la comprensión de su pensamiento. Tal como nos ha sido impuesta, la vida nos resulta demasiado pesada, nos depara excesivos sufrimientos, decepciones, empresas imposibles. Para soportarla, no podemos pasarnos sin lenitivos. ("No se puede prescindir de las muletas", nos ha dicho Theodor Fontane). Los hay quizá de tres especies: distracciones poderosas que nos hacen parecer pequeña nuestra miseria; satisfacciones sustitutivas que la reducen; narcóticos que nos tornan insensibles a ella. Alguno cualquiera de estos remedios nos es indispensable[7]. Voltaire alude a las distracciones cuando en *Candide* formula a manera de envío el consejo de cultivar nuestro jardín; también la actividad científica es una diversión

---

[6] Goethe, en *Die zahmen Xenien*, IX (*De las poesías póstumas*).

[7] En *Die fromme Helene* (*La pía Elena*), Wilhelm Busch dice otro tanto, aunque en un nivel más llano: "A quien tiene pesares no le faltan licores".

semejante. Las satisfacciones sustitutivas como nos las ofrece el arte son, frente a la realidad, ilusiones, pero no por ello menos eficaces psíquicamente, gracias al papel que la imaginación mantiene en la vida anímica. En cuanto a los narcóticos, influyen sobre nuestros órganos y modifican su quimismo. No es fácil indicar el lugar que en esta serie corresponde a la religión. Tendremos que buscar, pues, un acceso más amplio al asunto.

En incontables ocasiones se ha planteado la cuestión del objeto que tendría la vida humana, sin que jamás se le haya dado respuesta satisfactoria, y quizá ni admita tal respuesta. Muchos de estos inquisidores se apresuraron a agregar que si resultase que la vida humana no tiene objeto alguno, perdería todo valor ante sus ojos. Pero estas amenazas de nada sirven: parecería más bien que se tiene el derecho de rechazar la pregunta en sí, pues su razón de ser probablemente emane de esa vanidad antropocéntrica, cuyas múltiples manifestaciones ya conocemos. Jamás se pregunta acerca del objeto de la vida de los animales, salvo que se le identifique con el destino de servir al hombre. Pero tampoco esto es sustentable, pues son muchos los animales con los que el hombre no sabe qué emprender —fuera de describirlos, clasificarlos y estudiarlos— e incontables especies aun han declinado servir a este fin, al existir y desaparecer mucho antes de que el hombre pudiera observarlos. Decididamente, sólo la religión puede responder al interrogante sobre la finalidad de la vida. No estaremos errados al concluir que la idea de adjudicar un objeto a la vida humana no puede existir sino en función de un sistema religioso.

Abandonemos por ello la cuestión precedente y encaremos esta otra más modesta: ¿qué fines y propósitos de vida expresan los hombres en su propia conducta; qué esperan de la vida, qué pretenden alcanzar en ella? Es difícil equivocar la respuesta: aspiran a la felicidad, quieren llegar a ser felices, no quieren dejar de serlo. Esta aspiración tiene dos fases: un fin positivo y otro negativo; por un lado, evitar el dolor y el displacer; por el otro, experimentar intensas sensaciones placenteras. En sentido estricto, el término "felicidad" sólo se aplica al segundo fin. De acuerdo con esta dualidad del objetivo perseguido, la actividad humana se despliega en dos sentidos, según trate de alcanzar —prevaleciente o exclusivamente— uno u otro de aquellos fines.

Como se advierte, quien fija el objetivo vital es simplemente el programa del principio del placer; principio que rige las operaciones del aparato psíquico desde su mismo origen; principio de cuya adecuación y eficiencia no cabe dudar, por más que su programa esté en pugna con el mundo entero, tanto con el macrocosmos como con el microcosmos. Este programa ni siquiera es realizable, pues todo el orden del universo se le opone, y aun estaríamos por afirmar que el plan de la "Creación" no incluye el propósito de que el hombre sea "feliz". Lo que en el sentido más estricto se llama felicidad, surge de la satisfacción, casi siempre instantánea, de necesidades acumuladas que han alcanzado elevada tensión, y de acuerdo con esta índole sólo puede darse como fenómeno episódico. Toda persistencia de una situación anhelada por el principio del placer sólo proporciona una sensación de tibio bienestar, pues nuestra disposición no nos permite gozar intensamente sino el contraste, pero sólo en muy escasa medida lo estable[8]. Así, nuestras facultades de felicidad están ya limitadas en principio por nuestra propia constitución. En cambio, nos es mucho menos difícil experimentar la desgracia. El sufrimiento nos amenaza por tres lados: desde el propio cuerpo que, condenado a la decadencia y a la aniquilación, ni siquiera puede prescindir de los signos de alarma que representan el dolor y la angustia; del mundo exterior, capaz de

---

[8] Goethe aun llega advertirnos: "Nada es más difícil de soportar que una serie de días hermosos"; pero bien podría ser que exagerara.

encarnizarse en nosotros con fuerzas destructoras omnipotentes e implacables; por fin, de las relaciones con otros seres humanos. El sufrimiento que emana de esta última fuente quizá nos sea más doloroso que cualquier otro; tendemos a considerarlo como una adición más o menos gratuita, pese a que bien podría ser un destino tan ineludible como el sufrimiento de distinto origen.

No nos extrañe, pues, que bajo la presión de tales posibilidades de sufrimiento el hombre suela rebajar sus pretensiones de felicidad (como, por otra parte, también el principio del placer se transforma, por influencia del mundo exterior, en el más modesto principio de la realidad); no nos asombre que el ser humano ya se estime feliz por el mero hecho de haber escapado a la desgracia, de haber sobrevivido al sufrimiento; que, en general, la finalidad de evitar el sufrimiento relegue a segundo plano la de lograr el placer. La reflexión demuestra que las tentativas destinadas a alcanzarlo pueden llevarnos por caminos muy distintos, recomendados todos por las múltiples escuelas de la sabiduría humana y emprendidos alguna vez por el ser humano. En primer lugar, la satisfacción ilimitada de todas las necesidades se nos impone como norma de conducta más tentadora, pero significa preferir el placer a la prudencia, y a poco de practicarla se hacen sentir sus consecuencias. Los otros métodos, que persiguen ante todo la evitación del sufrimiento, se diferencian según la fuente de displacer a que conceden máxima atención. Existen entre ellos procedimientos extremos y moderados; algunos unilaterales, y otros que atacan simultáneamente varios puntos. El aislamiento voluntario, el alejamiento de los demás, es el método de protección más inmediato contra el sufrimiento susceptible de originarse en las relaciones humanas. Es claro que la felicidad alcanzable por tal camino no puede ser sino la de la quietud. Contra el temible mundo exterior sólo puede uno defenderse mediante una forma cualquiera del alejamiento, si se pretende solucionar este problema únicamente para sí. Existe, desde luego, otro camino mejor: pasar al ataque contra la naturaleza y someterla a la voluntad del hombre, como miembro de la comunidad humana, empleando la técnica dirigida por la ciencia; así, se trabaja con todos por el bienestar de todos. Pero los más interesantes preventivos del sufrimiento son los que tratan de influir sobre nuestro propio organismo, pues en última instancia todo sufrimiento no es más que una sensación; sólo existe en tanto lo sentimos, y únicamente lo sentimos en virtud de ciertas disposiciones de nuestro organismo.

El más crudo, pero también el más efectivo de los métodos destinados a producir tal modificación, es el químico: la intoxicación. No creo que nadie haya comprendido su mecanismo, pero es evidente que existen ciertas sustancias extrañas al organismo cuya presencia en la sangre o en los tejidos nos proporciona directamente sensaciones placenteras, modificando además las condiciones de nuestra sensibilidad, de manera tal que nos impiden percibir estímulos desagradables. Ambos efectos no sólo son simultáneos, sino que también parecen estar íntimamente vinculados. Pero en nuestro propio quimismo deben existir asimismo sustancias que cumplen un fin análogo, pues conocemos por lo menos un estado patológico —la manía— en el que se produce semejante conducta similar a la embriaguez, sin incorporación de droga alguna. También en nuestra vida psíquica normal la descarga del placer oscila entre la facilitación y la coartación, y paralelamente disminuye o aumenta la receptividad para el displacer. Es muy lamentable que este cariz tóxico de los procesos mentales se haya sustraído hasta ahora a la investigación científica. Se atribuye tal carácter benéfico a la acción de los estupefacientes en la lucha por la felicidad y en la prevención de la miseria, que tanto los individuos como los pueblos les han reservado un lugar permanente en su economía libidinal. No sólo se les debe el placer inmediato, sino también una muy anhelada medida de independencia frente al mundo exterior. Los hombres saben que con ese "quitapenas" siempre podrán escapar al peso de la realidad, refugiándose en un mundo propio que ofrezca mejores condiciones para su sensibilidad. También se sabe que es precisamente esta cualidad de los estupefacientes la que entraña su peligro y su nocividad. En ciertas circunstancias aun llevan la culpa de que se disipen estérilmente cuantiosas magnitudes de energía que podrían ser aplicadas para mejorar la suerte humana.

Sin embargo, la complicada arquitectura de nuestro aparato psíquico también es accesible a toda una serie de otras influencias. La satisfacción de los instintos, precisamente porque implica tal felicidad, se convierte en causa de intenso sufrimiento cuando el mundo exterior nos priva de ella, negándonos la satisfacción de nuestras necesidades. Por consiguiente, cabe esperar que al influir sobre estos impulsos instintivos evitaremos buena parte del sufrimiento. Pero esta forma de evitar el dolor ya no actúa sobre el aparato sensitivo, sino que trata de dominar las mismas fuentes internas de nuestras necesidades, consiguiéndolo en grado extremo al aniquilar los instintos, como lo enseña la sabiduría oriental y lo realiza la práctica del yoga. Desde luego, lograrlo significa al mismo tiempo abandonar toda otra actividad (sacrificar la vida) para volver a ganar, aunque por distinto camino, únicamente la felicidad del reposo absoluto. Idéntico camino, con un objetivo menos extremo, se emprende al perseguir tan sólo la moderación de la vida instintiva bajo el gobierno de las instancias psíquicas superiores, sometidas al principio de la realidad. Esto no significa en modo alguno la renuncia al propósito de la satisfacción, pero se logra cierta protección contra el sufrimiento, debido a que la insatisfacción de los instintos domeñados procura menos dolor que la de los no inhibidos. En cambio, se produce una innegable limitación de las posibilidades de placer, pues el sentimiento de felicidad experimentado al satisfacer una pulsión instintiva indómita, no sujeta por las riendas del *yo*, es incomparablemente más intenso que el que se siente al saciar un instinto dominado. Tal es la razón económica del carácter irresistible que alcanzan los impulsos perversos, y quizá de la seducción que ejerce lo prohibido en general.

Otra técnica para evitar el sufrimiento recurre a los desplazamientos de la libido previstos en nuestro aparato psíquico y que confieren tal flexibilidad a su funcionamiento. El problema consiste en reorientar los fines instintivos, de manera tal que eludan la frustración del mundo exterior. La sublimación de los instintos contribuye a ello, y su resultado será óptimo si se sabe acrecentar el placer del trabajo psíquico e intelectual. En tal caso el destino poco puede afectarnos. Las satisfacciones de esta clase, como la que el artista experimenta en la creación, en la encarnación de sus fantasías; la del investigador en la solución de sus problemas y en el descubrimiento de la verdad, son de una calidad especial que seguramente podremos caracterizar algún día en términos metapsicológicos. Por ahora hemos de limitarnos a decir metafóricamente que nos parecen más "nobles" y más "elevadas", pero su intensidad, comparada con la satisfacción de los impulsos instintivos, groseros y primarios, es muy atenuada y de ningún modo llega a conmovernos físicamente. Pero el punto débil de este método reside en que su aplicabilidad no es general, en que sólo es accesible a pocos seres, pues presupone disposiciones y aptitudes peculiares que no son precisamente habituales, por lo menos en medida eficaz. Y aun a estos escasos individuos no puede ofrecerles una protección completa contra el sufrimiento; no los reviste con una coraza impenetrable a las flechas del destino y suele fracasar cuando el propio cuerpo se convierte en fuente de dolor[9].

---

[9] Cuando falta una vocación especial que imponga una orientación imperativa a los intereses vitales, el simple trabajo de los oficios manuales, accesible a todo el mundo, puede desempeñar la función que tan sabiamente aconseja Voltarie. Es

La tendencia a independizarse del mundo exterior, buscando las satisfacciones en los procesos internos, psíquicos, manifestada ya en el procedimiento descrito, se denota con intensidad aún mayor en el que sigue. Aquí, el vínculo con la realidad se relaja todavía más; la satisfacción se obtiene en ilusiones que son reconocidas como tales, sin que su discrepancia con el mundo real impida gozarlas. El terreno del que proceden estas ilusiones es el de la imaginación, terreno que otrora, al desarrollarse el sentido de la realidad, fue sustraído expresamente a las exigencias del juicio de realidad, reservándolo para la satisfacción de deseos difícilmente realizables. A la cabeza de estas satisfacciones imaginativas se encuentra el goce de la obra de arte, accesible aun al carente de dotes creadores, gracias a la mediación del artista[10]. Quien sea sensible a la influencia del arte no podrá estimarla en demasía como fuente de placer y como consuelo para las congojas de la vida. Mas

---

imposible considerar adecuadamente en una exposición concisa la importancia del trabajo en la economía libidinal. Ninguna otra técnica de orientación vital liga al individuo tan fuertemente a la realidad como la acentuación del trabajo, que por lo menos lo incorpora sólidamente a una parte de la realidad, a la comunidad humana. La posibilidad de desplazar al trabajo y a las relaciones humanas con él vinculadas una parte muy considerable de los componentes narcisistas, agresivos y aun eróticos de la libido, confiere a aquellas actividades un valor que nada cede en importancia al que tienen como condiciones imprescindibles para mantener y justificar la existencia social. La actividad profesional ofrece particular satisfacción cuando ha sido libremente elegida, es decir, cuando permite utilizar, mediante la sublimación, inclinaciones preexistentes y tendencias institucionales evolucionadas o constitucionalmente reforzadas. No obstante, el trabajo es menospreciado por el hombre como camino a la felicidad. No se precipita a él como a otras fuentes de goce. La inmensa mayoría de los seres sólo trabajan bajo el imperio de la necesidad, y de esta natural aversión humana al trabajo se derivan los más dificultosos problemas sociales.

[10] Véase: *Los dos principios del suceder psíquico* (1911), en el tomo XIV, y el capítulo XXIII de *Introducción al psicoanálisis II* (1915-17), en el tomo V de estas *Obras Completas*.

la ligera narcosis en que nos sumerge el arte sólo proporciona un refugio fugaz ante los azares de la existencia y carece de poderío suficiente como para hacernos olvidar la miseria real.

Más enérgica y radical es la acción de otro procedimiento: el que ve en la realidad al único enemigo, fuente de todo sufrimiento, que nos torna intolerable la existencia y con quien, por consiguiente, es preciso romper toda relación si se pretende ser feliz en algún sentido. El ermitaño vuelve la espalda a este mundo y nada quiere tener que hacer con él. Pero también se puede ir más lejos, empeñándose en transformarlo, construyendo en su lugar un nuevo mundo en el cual queden eliminados los rasgos más intolerables, sustituidos por otros adecuados a los propios deseos. Quien en desesperada rebeldía adopte este camino hacia la felicidad, generalmente no llegará muy lejos, pues la realidad es la más fuerte. Se convertirá en un demente a quien pocos ayudarán en la realización de sus delirios. Sin embargo, se pretende que todos nos conducimos, en uno u otro punto, igual que el paranoico, enmendando algún cariz intolerable del mundo mediante una creación desiderativa e incluyendo esta primera en la realidad. Particular importancia adquiere el caso en que numerosos individuos emprenden juntos la tentativa de procurarse un seguro de felicidad y una protección contra el dolor por medio de una transformación delirante de la realidad. También las religiones de la humanidad deben ser consideradas como semejantes delirios colectivos. Desde luego, ninguno de los que comparten el delirio puede reconocerlo jamás como tal.

No creo que sea completa esa enumeración de los métodos con que el hombre se esfuerza por conquistar la felicidad y alejar el sufrimiento; también sé que el mismo material se presta a otras clasificaciones. Existe un método que todavía no he mencionado; no porque lo haya olvidado, sino porque aún ha de ocuparnos en otro respecto. ¡Cómo se podría olvidar precisamente esta técnica del arte de vivir! Se distingue por la más curiosa combinación de rasgos característicos. Naturalmente, también ella persigue la independencia del destino —tal es la expresión que cabe aquí— y con esta intención traslada la satisfacción a los procesos psíquicos internos, utilizando al efecto la ya mencionada desplazabilidad de la libido, pero sin apartarse por ello del mundo exterior, aferrándose por el contrario a sus objetos y hallando la felicidad en la vinculación afectiva con estos. Por otra parte, al hacerlo no se conforma con la resignante y fatigada finalidad de eludir el sufrimiento, sino que la deja a un lado sin prestarle atención, para concentrarse en el anhelo primordial y apasionado del cumplimiento positivo de la felicidad. Quizá se acerque mucho más a esta meta que cualquiera de los métodos anteriores. Naturalmente, me refiero a aquella orientación de la vida que hace del amor el centro de todas las cosas, que deriva toda satisfacción del amar y ser amado. Semejante actitud psíquica nos es familiar a todos; una de las formas en que el amor se manifiesta —el amor sexual— nos proporciona la experiencia placentera más poderosa y subyugante, estableciendo así el prototipo de nuestras aspiraciones de felicidad. Nada más natural que sigamos buscándola por el mismo camino que nos permitió encontrarla por vez primera. El punto débil de esta técnica de vida es demasiado evidente, y si no fuera así, a nadie se le habría ocurrido abandonar por otro tal camino hacia la felicidad. En efecto: jamás nos hallamos tan a merced del sufrimiento como cuando amamos; jamás somos tan desamparadamente infelices como cuando hemos perdido el objeto amado o su amor. Pero no queda agotada con esto la técnica de vida que se funda sobre la aptitud del amor para procurar felicidad; aún queda mucho por decir al respecto.

Cabe agregar aquí el caso interesante de que la felicidad de la vida se busque ante todo en el goce de la belleza, dondequiera sea accesible a nuestros sentidos y a nuestro juicio: ya se trate de la belleza en las formas y los gestos humanos, en los objetos de la naturaleza, los paisajes, o en las creaciones artísticas y aun científicas. Esta orientación estética de la finalidad vital nos protege escasamente contra los sufrimientos inminentes, pero puede indemnizarnos por muchos pesares sufridos. El goce de la belleza posee un particular carácter emocional, ligeramente embriagador. La belleza no tiene utilidad evidente ni es manifiesta su necesidad cultural, y, sin embargo, la cultura no podría prescindir de ella. La ciencia de la estética investiga las condiciones en las cuales las cosas se perciben como bellas, pero no ha logrado explicar la esencia y el origen de la belleza, y como de costumbre, su infructuosidad se oculta con un despliegue de palabras muy sonoras, pero pobres de sentido. Desgraciadamente, tampoco el psicoanálisis tiene mucho que decirnos sobre la belleza. Lo único seguro parece ser su derivación del terreno de las sensaciones sexuales, representando un modelo ejemplar de una tendencia coartada en su fin. Primitivamente, la "belleza" y el "encanto" son atributos del objeto sexual. Es notable que los órganos genitales mismos casi nunca sean considerados como bellos, pese al invariable efecto excitante de su contemplación; en cambio, aquella propiedad parece ser inherente a ciertos caracteres sexuales secundarios.

A pesar de su condición fragmentaria, me atrevo a cerrar nuestro estudio con algunas conclusiones. El designio de ser felices que nos impone el principio del placer es irrealizable; mas no por ello se debe —ni se puede— abandonar los esfuerzos por acercarse de cualquier modo a su realización. Al efecto podemos adoptar muy distintos caminos, anteponiendo ya el aspecto positivo de dicho fin —la obtención del placer—, ya su aspecto negativo —la evitación del dolor—. Pero ninguno de estos recursos nos permitirá alcanzar cuanto anhelamos. La felicidad, considerada en el sentido limitado, cuya realización parece posible, es meramente un problema de la economía libidinal de cada individuo. Ninguna regla al respecto vale para todos; cada uno debe buscar por sí mismo la manera en que pueda ser feliz. Su elección del camino a seguir será influida por los más diversos factores. Todo depende de la suma de satisfacción real que pueda esperar del mundo exterior y de la medida en que se incline a independizarse de este; por fin, también de la fuerza que se atribuya a sí mismo para modificarlo según sus deseos. Ya aquí desempeña un papel determinante la constitución psíquica del individuo, aparte de las circunstancias exteriores. El ser humano predominantemente erótico antepondrá los vínculos afectivos que lo ligan a otras personas; el narcisista, inclinado a bastarse a sí mismo, buscará las satisfacciones esenciales en sus procesos psíquicos íntimos; el hombre de acción nunca abandonará un mundo exterior en el que pueda medir sus fuerzas. En el segundo de estos tipos, la orientación de los intereses será determinada por la índole de su vocación y por la medida de las sublimaciones instintivas que estén a su alcance. Cualquier decisión extrema en la elección se hará sentir, exponiendo al individuo a los peligros que involucra la posible insuficiencia de toda técnica vital elegida, con exclusión de las restantes. Así como el comerciante prudente evita invertir todo su capital en una sola operación, así también la sabiduría quizá nos aconseje no hacer depender toda satisfacción de una única tendencia, pues su éxito jamás es seguro: depende del concurso de numerosos factores, y quizá de ninguno tanto como de la facultad del aparato psíquico para adaptar sus funciones al mundo y para sacar provecho de este en la realización del placer. Quien llegue al mundo con una constitución instintiva particularmente desfavorable, difícilmente hallará la felicidad en su situación ambiental, ante todo cuando se encuentre frente a tareas difíciles, a menos que haya efectuado la profunda transformación y reestructuración de sus componentes libidinales, imprescindible para todo rendimiento futuro. La última técnica de vida que le queda y que le ofrece por lo menos satisfacciones sustitutivas es la fuga a la neurosis, recurso al cual generalmente apela ya en años juveniles. Quien vea fracasar en edad madura sus esfuerzos por alcanzar la felicidad, aún hallará consuelo en el placer de la intoxicación crónica, o bien emprenderá esa desesperada tentativa de rebelión que es la psicosis[11].

La religión viene a perturbar este libre juego de elección y adaptación, al imponer a todos por igual su camino único para alcanzar la felicidad y evitar el sufrimiento. Su técnica consiste en reducir el valor de la vida y en deformar delirantemente la imagen del mundo real, medidas que tienen por condición previa la intimidación de la inteligencia. A este precio, imponiendo por la fuerza al hombre la fijación a un infantilismo psíquico y haciéndolo participar en un delirio colectivo, la religión logra evitar a muchos seres la caída en la neurosis individual. Pero no alcanzada nada más. Como ya sabemos, hay muchos caminos que pueden llevar a la felicidad, en la medida en que es accesible al hombre; mas ninguno que permita alcanzarla con seguridad. Tampoco la religión puede cumplir sus promesas, pues el creyente, obligado a invocar en última instancia los "inescrutables designios" de Dios, confiesa con ello que en el sufrimiento sólo le queda la sumisión incondicional como último consuelo y fuente de goce. Y si desde el principio ya estaba dispuesto a aceptarla, bien podría haberse ahorrado todo ese largo rodeo.

---

[11] Me parece necesario señalar por lo menos una de las lagunas que han quedado en la precedente exposición. Al enumerar las posibilidades de alcanzar la felicidad que están a disposición del ser humano, no se debería pasar por alto la relación proporcional entre el narcisismo y la libido objetal. Quisiéramos saber qué representa para la economía libidinal el narcisismo, es decir, el hecho de depender en lo esencial de uno mismo.

III

Nuestro estudio de la felicidad no nos ha enseñado hasta ahora mucho que exceda de lo conocido por todo el mundo. Las perspectivas de descubrir algo nuevo tampoco parecen ser más promisorias, aunque continuemos la indagación preguntándonos por qué al hombre le resulta tan difícil ser feliz. Ya hemos respondido al señalar las tres fuentes del humano sufrimiento: la supremacía de la naturaleza, la caducidad de nuestro propio cuerpo y la insuficiencia de nuestros métodos para regular las relaciones humanas en la familia, el Estado y la sociedad. En lo que a las dos primeras se refiere, nuestro juicio no puede vacilar mucho, pues nos vemos obligados a reconocerlas y a inclinarnos ante lo inevitable. Jamás llegaremos a dominar completamente la naturaleza; nuestro organismo, que forma parte de ella, siempre será perecedero y limitado en su capacidad de adaptación y rendimiento. Pero esta comprobación no es, en modo alguno, descorazonante; por el contrario, señala la dirección a nuestra actividad. Podemos al menos superar algunos pesares, aunque no todos; otros, logramos mitigarlos; varios milenios de experiencia nos han convencido de ello. Muy distinta es nuestra actitud frente al tercer motivo de sufrimiento, el de origen social. Nos negamos en absoluto a aceptarlo; no atinamos a comprender por qué las instituciones que nosotros mismos hemos creado no habrían de representar más bien protección y bienestar para todos. Sin embargo, si consideramos cuán pésimo resultado hemos obtenido precisamente en este sector de la prevención contra el sufrimiento, comenzamos a sospechar que también aquí podría ocultarse una porción de la indomable naturaleza, tratándose esta vez de nuestra propia constitución psíquica.

A punto de ocuparnos en esta eventualidad, nos topamos con una afirmación tan sorprendente que retiene nuestra atención. Según ella, nuestra llamada cultura llevaría gran parte de la culpa por la miseria que sufrimos, y podríamos ser mucho más felices si la abandonásemos para retornar a condiciones de vida más primitivas. Califico de sorprendente esta aseveración, porque —cualquiera que sea el sentido que se dé al concepto de cultura— es innegable que todos los recursos con los cuales intentamos defendernos contra los sufrimientos amenazantes proceden precisamente de esa cultura.

¿Por qué caminos habrán llegado tantos hombres a esta extraña actitud de hostilidad contra la cultura? Creo que una profunda y antigua disconformidad con el respectivo estado cultural constituyó el terreno en que determinadas circunstancias históricas hicieron germinar la condenación de aquella. Me parece que alcanzo a identificar el último y el penúltimo de estos motivos, pero mi erudición no basta para perseguir más lejos la cadena de los mismos en la historia de la especie humana. En el triunfo del cristianismo sobre las religiones paganas ya debe haber intervenido tal factor anticultural, teniendo en cuenta su íntima afinidad con la depreciación de la vida terrenal implícita en la doctrina cristiana. El penúltimo motivo surgió cuando al extenderse los viajes de exploración se entabló contacto con razas y pueblos primitivos. Los europeos, observando superficialmente e interpretando de manera equívoca sus usos y costumbres, imaginaron que esos pueblos llevaban una vida simple, modesta y feliz, que debía parecer inalcanzable a los exploradores de nivel cultural más elevado. La experiencia ulterior ha rectificado muchos de estos juicios, pues en múltiples casos se había atribuido tal facilitación de la vida a la falta de complicadas exigencias culturales, cuando en realidad obedecía a la generosidad de la naturaleza y a la cómoda satisfacción de las necesidades elementales. En cuanto a la última de aquellas motivaciones históricas, la conocemos bien de cerca: se produjo cuando el hombre aprendió a comprender el mecanismo de las neurosis, que amenazan socavar el exiguo resto de felicidad accesible a la humanidad civilizada. Se comprobó así que el ser humano cae en la neurosis porque no logra soportar el grado de frustración que le impone la sociedad en aras de sus ideales de cultura, deduciéndose de ello que sería posible reconquistar las perspectivas de ser feliz, eliminando o atenuando en grado sumo estas exigencias culturales.

Se agrega a esto el influjo de cierta decepción. En el curso de las últimas generaciones la humanidad ha realizado extraordinarios progresos en las ciencias naturales y en su aplicación técnica, afianzando en medida otrora inconcebible su dominio sobre la naturaleza. No enunciaremos, por conocidos de todos, los pormenores de estos adelantos. El hombre se enorgullece con razón de tales conquistas, pero comienza a sospechar que este recién adquirido dominio del espacio y del tiempo, esta sujeción de las fuerzas naturales, cumplimiento de un anhelo multimilenario, no ha elevado la satisfacción placentera que exige de la vida, no le ha hecho, en su sentir, más feliz. Deberíamos limitarnos a deducir de esta comprobación que el dominio sobre la naturaleza no es el único requisito de la felicidad humana —como, por otra parte, tampoco es la meta exclusiva de las aspiraciones culturales—, sin inferir de ella que los progresos técnicos son inútiles para la economía de nuestra felicidad. En efecto, ¿acaso no es una positiva experiencia placentera, un innegable aumento de mi felicidad, si puedo escuchar a voluntad la voz de mi hijo que se encuentra a centenares de kilómetros de distancia? Si, apenas desembarcado mi amigo, ¿puedo enterarme de que ha sobrellevado bien su largo y penoso viaje? ¿Por ventura no significa nada el que la Medicina haya logrado reducir tan extraordinariamente la mortalidad infantil, el peligro de las infecciones puerperales, y aun prolongar en considerable número los años de vida del hombre civilizado? A estos beneficios, que debemos a la tan vituperada era de los progresos científicos y técnicos, aún podría agregarse una larga serie; pero aquí se hace oír la voz de la crítica pesimista, advirtiéndonos que la mayor parte de estas satisfacciones serían como esa "diversión gratuita" encomiada en cierta anécdota: no hay más que sacar una pierna desnuda de bajo la manta, en fría noche de invierno, para poder procurarse el "placer" de volverla a cubrir. Sin el ferrocarril que supera la distancia, nuestro hijo jamás habría abandonado la ciudad natal, y no necesitaríamos el teléfono para poder oír su voz. Sin la navegación transatlántica, el amigo no habría emprendido el largo viaje, y ya no me haría falta el telégrafo para tranquilizarme sobre su suerte. ¿De qué nos sirve reducir la mortalidad infantil, si precisamente esto nos obliga a adoptar máxima prudencia en la procreación, de modo que, a fin de cuentas, tampoco hoy criamos más niños que en la época previa a la hegemonía de la higiene, y en cambio hemos subordinado a penosas condiciones nuestra vida sexual en el matrimonio, obrando probablemente en sentido opuesto a la benéfica selección natural? ¿De qué nos sirve, por fin, una larga vida, si es tan miserable, tan pobre en alegrías y rica en sufrimientos que sólo podemos saludar a la muerte como feliz liberación?

Parece indudable, pues, que no nos sentimos muy cómodos en nuestra actual cultura, pero resulta muy difícil juzgar si —y en qué medida— los hombres de antaño eran más felices, así como la parte que en ello tenían sus condiciones culturales. Siempre tenderemos a apreciar objetivamente la miseria, es decir, a situarnos en aquellas condiciones con nuestras propias pretensiones y sensibilidades, para examinar luego los motivos de felicidad o de sufrimiento que hallaríamos en ellas. Esta manera de apreciación, aparentemente objetiva porque abstrae de las variaciones a que está sometida la sensibilidad subjetiva, es, naturalmente, la más subjetiva que puede darse, pues en el lugar de cualquiera de las desconocidas disposiciones psíquicas ajenas coloca la nuestra. Pero la felicidad es algo profundamente subjetivo. Pese a todo el horror que puedan causarnos determinadas situaciones —la del antiguo galeote, del siervo en la Guerra de los Treinta Años, del condenado por la Santa Inquisición, del judío que aguarda la hora de la persecución— nos es, sin embargo, imposible colocarnos en el estado de ánimo de esos seres, intuir los matices del estupor inicial, el paulatino embotamiento, el abandono de toda expectativa, las formas groseras o finas de narcotización de la sensibilidad frente a los estímulos placenteros y desagradables. Ante situaciones de máximo sufrimiento también se ponen en función determinados mecanismos psíquicos de protección. Pero me parece infructuoso perseguir más lejos este aspecto del problema.

Es hora de que nos dediquemos a la esencia de esta cultura, cuyo valor para la felicidad humana se ha puesto tan en duda. No hemos de pretender una fórmula que defina en pocos términos esta esencia, aun antes de haber aprendido algo más examinándola. Por consiguiente, nos conformaremos con repetir[12] que el término 'cultural' designa la suma de las producciones e instituciones que distancian nuestra vida de la de nuestros antecesores animales y que sirven a dos fines: proteger al hombre contra la naturaleza y regular las relaciones de los hombres entre sí. Para alcanzar una mayor comprensión examinaremos uno por uno los rasgos de la cultura, tal como se presenta en las comunidades humanas. Al hacerlo, nos dejaremos guiar sin reservas por el lenguaje común, o como también se suele decir,

---

[12] Véase: *El porvenir de una ilusión* (1927), en el tomo XIV de estas *Obras Completas.*

por el sentido del lenguaje, confiando en que así lograremos prestar la debida consideración a intuiciones profundas que aún se resisten a la expresión en términos abstractos.

El comienzo es fácil. Aceptamos como culturales todas las actividades y los bienes útiles para el hombre: a poner la tierra a su servicio, a protegerlo contra la fuerza de los elementos, etcétera. He aquí el aspecto de la cultura que da lugar a menos dudas. Para no quedar cortos en la historia, consignaremos como primeros actos culturales el empleo de herramientas, la dominación del fuego y la construcción de habitaciones. Entre ellos, la conquista del fuego se destaca una hazaña excepcional y sin precedentes[13]; en cuanto a los otros, abrieron al hombre caminos que desde entonces no dejó de recorrer y cuya elección responde a motivos fáciles de adivinar. Con las herramientas el hombre perfecciona sus órganos —tanto los motores como los sensoriales— o elimina las barreras que se oponen a su acción. Las máquinas le suministran gigantescas fuerzas que puede dirigir, como sus músculos, en cualquier dirección; gracias

---

[13] El material psicoanalítico, aunque incompleto y de interpretación incierta, permite establecer una hipótesis —al parecer, fantástica— sobre el origen de esta hazaña humana. El hombre primitivo habría tomado la costumbre de satisfacer en el fuego un placer infantil, extinguiéndolo con el chorro de su orina cada vez que lo encontraba en su camino. De acuerdo con las leyendas que conocemos, no cabe poner en duda la primitiva concepción fálica de la llamada serpentina y enhiesta. La extinción del fuego por la micción —procedimiento al que aún recurren esos tardíos hijos de gigantes que son Gulliver en Liliput y Gargantúa, de Rabelais— era, pues, algo así como un acto sexual realizado con un hombre que renunció a este placer, respetando el fuego, pudo llevárselo consigo y someterlo a su servicio. Al amortiguar así el fuego de su propia excitación sexual, logró dominar la fuerza elemental de la llama. Esta grandiosa conquista cultural representaría, pues, la recompensa por una renuncia instintiva. Además, se habría encomendado a la mujer el cuidado del fuego aprisionado en el hogar, pues su constitución anatómica le impide ceder a la placentera tentación de extinguirlo. También cabe señalar cuán regularmente las experiencias analíticas confirman el parentesco entre la ambición, el fuego y el erotismo uretral.

al navío y al avión, ni el agua ni el aire consiguen limitar sus movimientos. Con la lente corrige los defectos de su cristalino y con el telescopio contempla las más remotas lejanías; merced al microscopio supera los límites de lo visible impuestos por la estructura de su retina. Con la cámara fotográfica ha creado un instrumento que deja las impresiones ópticas fugaces, servicio que el fonógrafo le rinde con las no menos fugaces impresiones auditivas, constituyendo ambos instrumentos materializaciones de su innata facultad de recordar, es decir, de su memoria. Con ayuda del teléfono oye a distancia que aun el cuento de hadas respetaría como inalcanzables. La escritura es, originalmente, el lenguaje del ausente; la casa de habitación, un sucedáneo del vientre materno, primera morada cuya nostalgia quizá aún persista en nosotros, donde estábamos tan seguros y nos sentíamos tan a gusto.

Diríase que es un cuento de hadas esta realización de todos o casi todos sus deseos fabulosos, lograda por el hombre con su ciencia y su técnica, en esta tierra que lo vio aparecer por vez primera como débil animal y a la que cada nuevo individuo de su especie vuelve a ingresar —*oh inch of nature!*[14]– como lactante inerme. Todos estos bienes el hombre puede considerarlos como conquistas de la cultura. Desde hace mucho tiempo se había forjado un ideal de omnipotencia y omnisapiencia que encarnó en sus dioses, atribuyéndoles cuanto parecía inaccesible a sus deseos o le estaba vedado, de modo que bien podemos considerar a estos dioses como ideales de la cultura. Ahora que se encuentra muy cerca de alcanzar este ideal, casi ha llegado a convertirse él mismo en un dios, aunque por cierto sólo en la medida en que el común juicio humano estima factible un ideal: nunca por completo; en unas cosas, para nada; en otras,

---

[14] N. del Traductor. —"¡Oh lenta naturaleza!" En inglés en el original.

sólo a medias. El hombre ha llegado a ser, por así decirlo, un dios con prótesis; bastante magnífico cuando se coloca todos sus artefactos, pero estos no crecen de su cuerpo y a veces aun le procuran muchos sinsabores. Por otra parte, tiene derecho a consolarse con la reflexión de que este desarrollo no se detendrá precisamente en el año de gracia de 1930[15]. Tiempos futuros traerán nuevos y quizá inconcebibles progresos en este terreno de la cultura, exaltando aún más la deificación del hombre. Pero no olvidemos, en interés de nuestro estudio, que tampoco el hombre de hoy se siente feliz en su semejanza con Dios.

Así, reconocemos el elevado nivel cultural de un país cuando comprobamos que en él se realiza con perfección y eficacia cuanto atañe a la explotación de la tierra por el hombre y a la protección de este contra las fuerzas elementales; es decir, en dos palabras, cuando todo está dispuesto para su mayor utilidad. En semejante país, los ríos que amenacen con inundaciones habrán de tener regulado su cauce y sus aguas conducidas por canales a las regiones que carezcan de ellas; las tierras serán cultivadas diligentemente y sembradas con las plantas más adecuadas a su fertilidad; las riquezas minerales del subsuelo serán explotadas activamente y convertidas en herramientas y accesorios indispensables; los medios de transporte serán frecuentes, rápidos y seguros; los animales salvajes y dañinos habrán sido exterminados y florecerá la cría de los domésticos. Pero aún tenemos otras pretensiones frente a la cultura y —lo que no deja de ser significativo— esperamos verlas realizadas precisamente en los mismos países. Cual si con ello quisiéramos desmentir las demandas materiales que acabamos de formular, también celebramos como manifestación de cultura el hecho de que la diligencia humana se vuelque igualmente sobre cosas

---

[15] N. del Traductor. —Recuérdese que esto fue escrito precisamente en tal fecha.

que parecen carecer de la menor utilidad, como, por ejemplo, la ornamentación floral de los espacios libres urbanos, juntos a su fin útil de servir como plazas de juego y sitios de aireación, o bien el empleo de las flores con el mismo objeto en la habitación humana. Al punto advertimos que eso, lo inútil, cuyo valor esperamos ver apreciado por la cultura, no es sino la belleza. Exigimos al hombre civilizado que la respete dondequiera se le presente en la naturaleza y que, en la medida de su habilidad manual, dote de ella a los objetos. Pero con esto no quedan agotadas, ni mucho menos, nuestras exigencias a la cultura, pues aún esperamos ver en ella las manifestaciones del orden y la limpieza. No apreciamos en mucho la cultura de una villa rural inglesa de la época de Shakespeare, al enterarnos de que ante la puerta de su casa natal, en Stratford, se elevaba un gran estercolero; nos indignamos y hablamos de "barbarie" —antítesis de cultura— al encontrar los senderos del bosque de Viena llenos de papeluchos. Cualquier forma de desaseo nos parece incompatible con la cultura; extendemos también a nuestro propio cuerpo este precepto de limpieza, enterándonos con asombro del mal olor que solía despedir la persona del Rey Sol; meneamos la cabeza al mostrársenos en Isola Bella la minúscula jofaina que usaba Napoleón para su ablución matutina. Ni siquiera nos asombramos cuando alguien llega a establecer el consumo del jabón como índice de cultura. Análoga actitud adoptamos frente al orden, que, como la limpieza, referimos únicamente a la obra humana; pero mientras no hemos de esperar que la limpieza reine en la naturaleza, el orden, en cambio, se lo hemos copiado a esta; la observación de las grandes cronologías siderales no sólo dio al hombre la pauta, sino también las primeras referencias para introducir el orden en su vida. El orden es una especie de impulso de repetición que establece de una vez para todas cuándo, dónde y cómo debe efectuarse determinado acto, de modo que en toda situación correspondiente nos ahorraremos las dudas e indecisiones. El orden, cuyo beneficio es innegable, permite al hombre el máximo aprovechamiento de espacio y tiempo, economizando simultáneamente sus energías psíquicas. Cabría esperar que se impusiera desde un principio y espontáneamente en la actividad humana; pero por extraño que parezca no sucedió así, sino que el hombre manifiesta más bien en su labor una tendencia natural al descuido, a la irregularidad y a la informalidad, siendo necesarios arduos esfuerzos para conseguir encaminarlo a la imitación de aquellos modelos celestes.

Evidentemente, la belleza, el orden y la limpieza ocupan una posición particular entre las exigencias culturales. Nadie afirmará que son tan esenciales como el dominio de las fuerzas de la naturaleza y otros factores que aún conoceremos, pero nadie estará dispuesto a relegarlas como cosas accesorias. La belleza, que no quisiéramos echar de menos en la cultura, ya es un ejemplo de que esta no persigue tan sólo el provecho. La utilidad del orden es evidente; en lo que a la limpieza se refiere, tendremos en cuenta que también es prescrita por la higiene, vinculación que probablemente no fue ignorada por el hombre aun antes de que se llegara a la prevención científica de las enfermedades. Pero este factor utilitario no basta por sí solo para explicar del todo dicha tendencia higiénica; por fuerza debe intervenir en ella algo más.

Pero no creemos poder caracterizar a la cultura mejor que a través de su valoración y culto de las actividades psíquicas superiores, de las producciones intelectuales, científicas y artísticas, o por la función directriz de la vida humana que concede a las ideas. Entre estas el lugar preeminente lo ocupan los sistemas religiosos, cuya complicada estructura traté de iluminar en otra oportunidad; junto a ellos se encuentran las especulaciones filosóficas, y, finalmente, lo que podríamos calificar de "construcciones ideales" del hombre, es decir, su idea de una posible perfección del individuo, de la nación o de la humanidad entera, así como las pretensiones que establece basándose en tales ideas. La circunstancia de que estas creaciones no sean independientes entre sí, sino al contrario íntimamente entrelazadas, dificulta tanto su formulación como su derivación psicológica. Si aceptamos como hipótesis general que el resorte de toda actividad humana es el afán de lograr ambos fines convergentes —el provecho y el placer—, entonces también habremos de aceptar su vigencia para estas otras manifestaciones culturales, a pesar de que su acción sólo se evidencia claramente en las actividades científicas o artísticas. Pero no se puede dudar de que también las demás satisfacen poderosas necesidades del ser humano, quizá aquellas que sólo están desarrolladas en una minoría de los hombres. Tampoco hemos de dejarnos inducir a engaño por nuestros juicios de valor sobre algunos de estos ideales y sistemas religiosos o filosóficos, pues ya se vea en ellos la creación máxima del espíritu humano, ya se los menosprecie como aberraciones, es preciso reconocer que su existencia, y particularmente su hegemonía, indican un elevado nivel de cultura.

Como último, pero no menos importante rasgo característico de una cultura, debemos considerar la forma en que son reguladas las relaciones de los hombres entre sí, es decir, las relaciones sociales que conciernen al individuo en tanto que vecino, colaborador u objeto sexual de otro, en tanto que miembro de una familia o de un Estado. He aquí un terreno en el cual nos resultará particularmente difícil mantenernos al margen de ciertas concepciones ideales y llegar a establecer lo que estrictamente ha de calificarse como cultural. Comencemos por aceptar que el elemento cultural estuvo implícito ya en la primera tentativa de regular esas relaciones sociales, pues si tal intento hubiera sido omitido, dichas relaciones habrían quedado al arbitrio del individuo; es decir, el más fuerte las habría fijado a conveniencia de sus intereses y de sus tendencias instintivas. Nada cambiaría en la situación si este personaje más fuerte se encontrara, a su vez, con otro más fuerte que él. La vida humana en común sólo se torna posible cuando llega a reunirse una mayoría más poderosa que cada uno de los individuos y que se mantenga unida frente a cualquiera de estos. El poderío de tal comunidad se enfrenta entonces, como Derecho, con el poderío del individuo, que se tacha de "fuerza bruta". Esta sustitución del poderío individual por el de la comunidad representa el paso decisivo hacia la cultura. Su carácter esencial reside en que los miembros de la comunidad restringen sus posibilidades de satisfacción, mientras que el individuo aislado no reconocía semejantes restricciones. Así, pues, el primer requisito cultural es el de la justicia, o sea, la seguridad de que el orden jurídico, una vez establecido, ya no será violado a favor de un individuo, sin que esto implique un pronunciamiento sobre el valor ético de semejante derecho. El curso ulterior de la evolución cultural parece tender a que este derecho deje de expresar la voluntad de un pequeño grupo —casta, tribu, clase social—, que a su vez se enfrenta, como individualidad violentamente agresiva, con otras masas quizá más numerosas. El resultado final ha de ser el establecimiento de un derecho al que todos —o por lo menos todos los individuos aptos para la vida en comunidad— hayan contribuido con el sacrificio de sus instintos, y que no deje a ninguno —una vez más; con la mencionada limitación— a merced de la fuerza bruta.

La libertad individual no es un bien de la cultura, pues era máxima antes de toda cultura, aunque entonces carecía de valor porque el individuo apenas era capaz de defenderla. El desarrollo cultural le impone restricciones, y la justicia exige que nadie escape a estas. Cuando en una comunidad humana se agita el ímpetu libertario, puede tratarse de una rebelión contra alguna injusticia establecida, favoreciendo así un nuevo progreso de la cultura y no dejando, por lo tanto, de ser compatible con esta; pero también puede surgir del resto de la personalidad primitiva que aún no ha sido dominado por la cultura, constituyendo entonces el fundamento de una hostilidad contra la misma. Por consiguiente, el anhelo de libertad se dirige contra determinadas formas y exigencias de la cultura, o bien contra esta en general. Al parecer, no existe medio de persuasión alguno que permita inducir al hombre a que transforme su naturaleza en la de una hormiga; seguramente jamás dejará de defender su pretensión de libertad individual contra la voluntad de la masa. Buena parte de las luchas en el seno de la humanidad giran alrededor del fin único de hallar un equilibrio adecuado (es decir, que dé felicidad a todos) entre estas reivindicaciones individuales y las colectivas, culturales; uno de los problemas del destino humano es el de si este equilibrio puede ser alcanzado en determinada cultura, o si el conflicto en sí es inconciliable.

Al dejar que nuestro sentido común nos señalara qué aspectos de la vida humana merecen ser calificados de culturales, hemos logrado una impresión clara del conjunto de la cultura, aunque por el momento nada hayamos averiguado que no fuese conocido por todo el mundo. Al mismo tiempo, nos hemos cuidado de caer en el prejuicio general que equipara la cultura a la perfección, que la considera como el camino hacia lo perfecto, señalado a los seres humanos. Pero aquí abordamos cierta concepción que quizá conduzca en otro sentido. La evolución cultural se nos presenta como un proceso peculiar que se opera en la humanidad y muchas de cuyas particularidades nos parecen familiares. Podemos caracterizarlo por los cambios que impone a las conocidas disposiciones instintivas del hombre, cuya satisfacción es, a fin de cuentas, la finalidad económica de nuestra vida. Algunos de estos instintos son *consumidos* de tal suerte que en su lugar aparece algo que en el individuo aislado calificamos de rasgo del carácter. El erotismo anal del niño nos ofrece el más curioso ejemplo de tal proceso. En el curso del crecimiento, su primitivo interés por la función excretora, por sus órganos y sus productos, se transforma en el grupo de rasgos que conocemos como ahorro, sentido del orden y limpieza, rasgos valiosos y loables como tales, pero susceptibles de exacerbarse hasta un grado de notable predominio, constituyendo entonces lo que se denomina "carácter anal". No sabemos cómo sucede esto, pero no se puede poner en duda la certeza de tal concepción[16]. Ahora bien: hemos comprobado que el orden y la limpieza son preceptos esenciales de la cultura, por más que su necesidad vital no salte precisamente a los ojos, como tampoco es evidente su aptitud para proporcionar placer. Aquí se nos presenta por vez primera la analogía entre el proceso de la cultura y la evolución libidinal del individuo.

Otros instintos son obligados a desplazar las condiciones de su satisfacción, a perseguirla por distintos caminos, proceso que en la mayoría de los casos coincide con el bien conocido mecanismo de la *sublimación* (de los fines instintivos), mientras que en algunos aún pueden ser distinguidos de esta. La sublimación de los instintos constituye un elemento cultural sobresaliente, pues gracias a ella las actividades psíquicas superiores, tanto científicas como artísticas e ideológicas, pueden desempeñar un papel muy importante en la vida de los pueblos civilizados. Si cediéramos a la primera impresión, estaríamos tentados a decir que la sublimación es, en principio, un destino instintivo impuesto por la cultura; pero convendrá reflexionar algo más al respecto.

---

[16] Véase: *El carácter y el erotismo anal* (1908), en el tomo XIII de estas *Obras Completas*, además de muchos otros trabajos de Ernest Jones, entre otros.

Por fin, hallamos junto a estos dos mecanismos un tercero, que nos parece el más importante, pues es forzoso reconocer la medida en que la cultura reposa sobre la renuncia a las satisfacciones instintivas: hasta qué punto su condición previa radica precisamente en la insatisfacción (¿por supresión, represión, o algún otro proceso?) de instintos poderosos. Esta *frustración cultural* rige el vasto dominio de las relaciones sociales entre los seres humanos, y ya sabemos que en ella reside la causa de la hostilidad opuesta a toda cultura. Este proceso también planteará arduos problemas a nuestra labor científica: son muchas las soluciones que habremos de ofrecer. No es fácil comprender cómo se puede sustraer un instinto a su satisfacción; propósito que, por otra parte, no está nada libre de peligros, pues si no se compensa económicamente tal defraudación habrá que atenerse a graves trastornos.

Pero si pretendemos establecer el valor que merece nuestro concepto del desarrollo cultural como un proceso particular comparable a la maduración normal del individuo, tendremos que abordar sin duda otro problema, preguntándonos a qué factores debe su origen la evolución de la cultura, cómo surgió y qué determinó su derrotero ulterior.

IV

He aquí una tarea exorbitante, ante la que bien podemos confesar nuestro apocamiento. Veamos, pues, lo poco que de ella logré entrever.

El hombre primitivo, después de haber descubierto que estaba literalmente en sus manos mejorar su destino en la tierra por medio del trabajo, ya no pudo considerar con indiferencia el hecho de que el prójimo trabajara con él o contra él. Sus semejantes adquirieron entonces, a sus ojos, la significación de colaboradores con quienes resultaba útil vivir en comunidad. Aún antes, en su prehistoria antropoidea, había adoptado el hábito de constituir familias, de modo que los miembros de esta probablemente fueran sus primeros auxiliares. Es de suponer que la constitución de la familia estuvo vinculada a cierta evolución sufrida por la necesidad de satisfacción genital: esta, en lugar de presentarse como un huésped ocasional que de pronto se instala en casa de uno para no dar por mucho tiempo señales de vida después de su partida, se convirtió, por el contrario, en un inquilino permanente del individuo. Con ello, el macho tuvo motivos para conservar junto a sí a la hembra, o, en términos más genéricos, a los objetos sexuales; las hembras, por su parte, no queriendo separarse de su prole inerme, también se vieron obligadas a permanecer, en interés de esta, junto al macho más fuerte[17]. En esta familia primitiva aún falta un elemento esencial

---

[17] Aunque la periodicidad orgánica del proceso sexual ha persistido, su influencia sobre la excitación sexual psíquica se transformó más bien en lo contrario. Esta reversión depende ante todo del atenuamiento que sufrieron las excitaciones olfatorias, mediante las cuales la menstruación influía sobre el psiquismo mas-

culino. La función de las sensaciones olfatorias fue asumida por las visuales, que podían ejercer efecto permanente, al contrario de las olfatorias, cuya influencia es intermitente. El tabú de la menstruación surge de esta "represión orgánica", constituyendo el rechazo de una fase evolutiva superada; todas sus restantes motivaciones son probablemente secundarias. (Véase: C. D. Daly, "Hindumythologie und Kastrationskomplex" [*La mitología hindú y el complejo de castración*], en *Imago*, tomo XIII, 1927). Este proceso se repite, en distinto nivel, cuando los dioses de una época cultural superada se convierten en los demonios de la siguiente. En cuanto a la atenuación de las sensaciones olfatorias, parece ser, a su vez, una consecuencia de que al distanciarse el hombre de la tierra, incorporándose y adoptando la marcha bípeda, vertical, los órganos genitales quedaron al descubierto y necesitados de protección, con la consecuencia inmediata del pudor. La erección del hombre a la posición vertical se hallaría, pues, en el origen del proceso de la cultura, tan preñado de consecuencias. La concatenación evolutiva pasa por la desvalorización de las sensaciones olfatorias y el aislamiento de la mujer menstruante, al predominio de los estímulos visuales, a la visibilidad de los órganos genitales, luego a la continuidad de la excitación sexual, a la fundación de la familia, llegando con ello al umbral de la cultura humana. Sólo se trata aquí de una especulación teórica, pero de importancia suficiente para justificar su verificación exacta en las condiciones de la vida de las especies animales próximas al hombre.

La influencia de un factor evidentemente social también se traduce en la tendencia cultural a la limpieza, justificada *a posteriori* con preceptos higiénicos, pero manifiesta ya antes de que se conocieran estos. La tendencia a la limpieza se origina en el impulso a deshacerse de los excrementos que se han tornado desagradables a la percepción sensorial. Bien sabemos que en el niño pequeño no ocurre lo mismo, pues los excrementos no le causan repugnancia, pareciéndole, al contrario, preciosos, como partes desprendidas de su propio cuerpo. Al respecto, la educación insiste en acelerar con particular energía el inminente curso evolutivo que habrá de restar todo valor a los excrementos, haciéndolos inútiles, repugnantes, detestables y dignos de repudio. Semejante depreciación no sería posible si tales materias sustraídas al cuerpo no estuvieran condenadas por su intenso olor a compartir el destino de todos los estímulos olfatorios, una vez que el hombre se hubo erguido del suelo. De modo que el erotismo anal comienza por sufrir la "represión orgánica", que allanó el camino a la cultura. El factor social, encargado de imponer nuevas transformaciones al erotismo anal, se expresa en el hecho de que, a pesar de todos los progresos realizados por el hombre, el olor de los propios excrementos apenas le resulta repugnante, efecto que le ocasionan tan sólo las excreciones de los demás. Por

de la cultura, pues la voluntad del jefe y padre era ilimitada. En *Tótem y tabú* traté de mostrar el camino que condujo de esta familia primitiva a la fase siguiente de la vida en sociedad, es decir, a las alianzas fraternas. Los hijos, al triunfar sobre el padre, habían descubierto que una asociación puede ser más poderosa que el individuo aislado. La fase totémica de la cultura se basa en las restricciones que los hermanos hubieron de imponerse mutuamente para consolidar este nuevo sistema. Los preceptos del tabú constituyeron así el primer "Derecho", la primera ley. La vida de los hombres en común adquirió, pues, doble fundamento: por un lado, la obligación del trabajo impuesta por las necesidades exteriores; por el otro, el poderío del amor, que impedía al hombre prescindir de su objeto sexual, la mujer, y a esta, de esa parte separada de su seno que es el hijo. De tal manera, *Eros* y *Ananké* (amor y necesidad) se convirtieron en los padres de la cultura humana, cuyo primer resultado fue el de facilitar la vida en común a mayor número de seres. Dado que en ello colaboraban estas dos poderosas instancias, cabría esperar que la evolución ulterior se cumpliese sin tropiezos, llevando a una dominación cada vez más perfecta del mundo exterior y al progresivo aumento del número de hombres comprendidos en la comunidad. Así, no es fácil comprender cómo esta cultura podría dejar de hacer felices a sus miembros.

Antes de indagar el posible origen de sus eventuales perturbaciones, dejemos que el reconocimiento del amor como uno de los fundamentos de la cultura nos aparte de nuestra vía, a

---

consiguiente, el individuo sucio, es decir, el que no oculta sus excrementos, ofende al prójimo, le niega toda consideración, cosa que, por otra parte, también expresan las injurias más groseras y corrientes. Además, no se podría concebir cómo el hombre habría llegado a emplear como injuria el nombre de su amigo más fiel entre los animales, si el perro no se hiciera acreedor al desprecio humano por dos de sus cualidades: la de ser un animal osmático, al que no repugnan los excrementos, y la de no avergonzarse por sus funciones sexuales.

fin de llenar una laguna en nuestras consideraciones anteriores. Cuando señalamos la experiencia de que el amor sexual (genital) ofrece al hombre las más intensas vivencias placenteras, estableciendo, en suma, el prototipo de toda felicidad, dijimos que aquella debía haberle inducido a seguir buscando en el terreno de las relaciones sexuales todas las satisfacciones que permite la vida, de manera que el erotismo genital vendría a ocupar el centro de su existencia. Agregamos que tal camino conduce a una peligrosa dependencia frente a una parte del mundo exterior —frente al objeto amado que se elige—, exponiéndolo así a experimentar los mayores sufrimientos cuando este objeto lo desprecie o cuando se lo arrebate la infidelidad o la muerte. He aquí por qué los sabios de todos los tiempos trataron de disuadir tan insistentemente a los hombres de la elección de este camino, que, sin embargo, conservó todo su atractivo para gran número de seres.

Gracias a su constitución, una pequeña minoría de estos logra hallar la felicidad por la vía del amor; pero para ello debe someter la función erótica a vastas e imprescindibles modificaciones psíquicas. Estas personas se independizan del consentimiento del objeto, desplazando a la propia acción de amar el acento que primitivamente reposaba en la experiencia de ser amado, de tal manera que se protegen contra la pérdida del objeto, dirigiendo su amor en igual medida a todos los seres en vez de volcarlo sobre objetos determinados; por fin, evitan las peripecias y defraudaciones del amor genital, desviándolo de su fin sexual, es decir, transformando el instinto en un *impulso coartado en su fin*. El estado en que de tal manera logran colocarse, esa actitud de ternura etérea e imperturbable, ya no conserva gran semejanza exterior con la agitada y tempestuosa vida amorosa genital de la cual se ha derivado. San Francisco de Asís fue quizá quien llegó más lejos en esta utilización del amor para lograr una sensación de felicidad interior, técnica que, según dijimos, es una de las que facilitan la satisfacción del principio del placer, habiendo sido vinculada en múltiples ocasiones a la religión, con la que probablemente coincida en aquellas remotas regiones donde deja de diferenciarse el *yo* de los objetos, y estos entre sí. Cierta concepción ética, cuyos motivos profundos aún habremos de dilucidar, pretende ver en esa disposición al amor universal por la humanidad y por el mundo la actitud más excelsa a que puede elevarse el ser humano. Con todo, nos apresuramos a adelantar nuestras dos principales objeciones al respecto: ante todo, un amor que no discrimina pierde a nuestros ojos buena parte de su valor, pues comete una injusticia frente al objeto; luego, no todos los seres humanos merecen ser amados.

Aquel impulso amoroso que instituyó la familia sigue ejerciendo su influencia en la cultura, tanto en su forma primitiva, sin renuncia a la satisfacción sexual directa, como bajo su transformación en un cariño coartado en su fin. En ambas variantes perpetúa su función de unir entre sí a un número creciente de seres con intensidad mayor que la lograda por el interés de la comunidad de trabajo. La imprecisión con que el lenguaje emplea el término 'amor' está, pues, genéticamente justificada. Suélese llamar así a la relación entre el hombre y la mujer que han fundado una familia sobre la base de sus necesidades genitales; pero también se denomina 'amor' a los sentimientos positivos entre padres e hijos, entre hermanos y hermanas, a pesar de que estos vínculos deben ser considerados como amor de fin inhibido, como cariño. Sucede simplemente que el amor coartado en su fin fue en su origen un amor plenamente sexual, y sigue siéndolo en el inconsciente humano. Ambas tendencias amorosas, la sensual y la de fin inhibido, transcienden los límites de la familia y establecen nuevos vínculos con seres hasta ahora extraños. El amor genital lleva a la formación de nuevas familias; el fin inhibido, a las "amistades", que tienen valor en la cultura, pues escapan a muchas restricciones del amor genital, como, por ejemplo, a su carácter exclusivo. Sin embargo, la relación entre el amor y la cultura deja de ser unívoca en el curso de la evolución; por un lado, el primero se opone a los intereses de la segunda, que a su vez lo amenaza con sensibles restricciones.

Tal divorcio entre amor y cultura parece, pues, inevitable; pero no es fácil distinguir al punto su motivo. Comienza por manifestarse como un conflicto entre la familia y la comunidad social más amplia a la cual pertenece el individuo. Ya hemos entrevisto que una de las principales finalidades de la cultura persigue la aglutinación de los hombres en grandes unidades; pero la familia no está dispuesta a renunciar al individuo. Cuanto más íntimos sean los vínculos entre los miembros de la familia, tanto mayor será muchas veces su inclinación a aislarse de los demás, tanto más difícil les resultará ingresar en las esferas sociales más vastas. El modo de vida en común filogenéticamente más antiguo, el único que existe en la infancia, se resiste a ser sustituido por el cultural, de origen más reciente. El desprendimiento de la familia llega a ser para todo adolescente una tarea cuya solución muchas veces le es facilitada por la sociedad mediante los ritos de pubertad y de iniciación. Se obtiene así la impresión de que aquí actúan obstáculos inherentes a todo desarrollo psíquico y, en el fondo, también a toda evolución orgánica.

La siguiente discordia es causada por las mujeres, que no tardan en oponerse a la corriente cultural, ejerciendo su influencia dilatoria y conservadora. Sin embargo, son estas mismas mujeres las que originalmente establecieron el fundamento de la cultura con las exigencias de su amor. Las mujeres representan los intereses de la familia y de la vida sexual; la obra cultural, en cambio, se convierte cada vez más en tarea masculina, imponiendo a los hombres dificultades crecientes y obligándoles a sublimar sus instintos, sublimación para la que las mujeres están escasamente dotadas. Dado que el hombre no dispone de energía psíquica en cantidades ilimitadas, se ve obligado a cumplir sus tareas mediante una adecuada distribución de la libido. La parte que consume para fines culturales la sustrae, sobre todo, a la mujer y a la vida sexual; la constante convivencia con otros hombres y su dependencia de las relaciones con estos, aun llegan a sustraerlo a sus deberes de esposo y padre. La mujer, viéndose así relegada a segundo término por las exigencias de la cultura, adopta frente a esta una actitud hostil.

En cuanto a la cultura, su tendencia a restringir la vida sexual no es menos evidente que la otra, dirigida a ampliar el círculo de su acción. Ya la primera fase cultural, la del totemismo, trae consigo la prohibición de elegir un objeto incestuoso, quizá la más cruenta mutilación que haya sufrido la vida amorosa del hombre en el curso de los tiempos. El tabú, la ley y las costumbres han de establecer nuevas limitaciones que afectarán tanto al hombre como a la mujer. Pero no todas las culturas avanzan a igual distancia por este camino, y, además, la estructura material de la sociedad también ejerce su influencia sobre la medida de la libertad sexual restante. Ya sabemos que, al respecto, la cultura obedece al imperio de la necesidad psíquica económica, pues se ve obligada a sustraer a la sexualidad gran parte de la energía psíquica que necesita para su propio consumo. Al hacerlo, adopta frente a la sexualidad una conducta idéntica a la de un pueblo o una clase social que haya logrado someter a otra a su explotación. El temor a la rebelión de los oprimidos induce a adoptar medidas de precaución más rigurosas. Nuestra cultura europea occidental corresponde a un punto culminante de este desarrollo. Al comenzar por proscribir severamente las manifestaciones de la vida sexual infantil actúa con plena justificación psicológica, pues la contención de los deseos sexuales del adulto no ofrecería perspectiva alguna de éxito si no fuera facilitada por una labor preparatoria en la infancia. En cambio, carece de toda justificación el que la sociedad civilizada aun haya llegado al punto de negar la existencia de estos fenómenos, fácilmente demostrables y hasta llamativos. La elección de objeto queda restringida en el individuo sexualmente maduro al sexo contrario, y la mayor parte de las satisfacciones extragenitales son prohibidas como perversiones. La imposición de una vida sexual idéntica para todos, implícita en estas prohibiciones, pasa por alto las discrepancias que presenta la constitución sexual innata o adquirida de los hombres, privando a muchos de ellos de todo goce sexual y convirtiéndose así en fuente de una grave injusticia. El efecto de estas medidas restrictivas podría consistir en que los individuos normales, es decir, constitucionalmente aptos para ello, volcasen todo su interés sexual, sin merma alguna, en los canales que se le han dejado abiertos. Pero aun el amor genital heterosexual, único que ha escapado a la proscripción, todavía es menoscabado por las restricciones de la legitimidad y de la monogamia. La cultura actual nos da claramente a entender que sólo está dispuesta a tolerar las relaciones sexuales basadas en la unión única e indisoluble entre un hombre y una mujer, sin admitir la sexualidad como fuente de placer en sí, aceptándola tan sólo como instrumento de reproducción humana que hasta ahora no ha podido ser sustituido.

Desde luego, esta situación corresponde a un caso extremo, pues todos sabemos que en la práctica no se puede realizarla ni siquiera durante breve tiempo. Sólo los seres débiles se sometieron a tan amplia restricción de su libertad sexual, mientras que las naturalezas más fuertes únicamente la aceptaron con una condición compensadora, de la que se tratará más adelante. La sociedad civilizada se ha visto en la obligación de cerrar los ojos ante muchas transgresiones que, de acuerdo con sus propios estatutos, debería haber perseguido. Sin embargo, también es preciso evitar el error opuesto, creyendo que semejante actitud cultural sería completamente inofensiva, ya que no alcanza todos sus propósitos, pues no se puede dudar de que la vida sexual del hombre civilizado ha sufrido un grave perjuicio y en ocasiones impresiona como una función que se halla en pleno proceso involutivo al igual que, como ejemplos orgánicos, nuestra dentadura y nuestra cabellera. Quizá tengamos derecho a aceptar que ha experimentado un sensible menoscabo en tanto que fuente de felicidad, es decir, como recurso para realizar nuestra finalidad vital[18]. A veces creemos advertir que la presión de la cultura no es el único factor responsable, sino que habría algo inherente a la propia esencia de la función sexual que nos priva de satisfacción completa, impulsándonos a seguir otros caminos. Puede ser que estemos errados al creerlo; pero es difícil decidirlo[19].

---

[18] Entre las obras del fino poeta inglés John Galsworthy, que actualmente goza de general estima, puede apreciar hace tiempo un breve cuento titulado *The Appletree* (*El manzano*). Este muestra de manera convincente cómo en la vida del actual hombre civilizado ya no cabe el amor simple y natural entre dos seres humanos.

[19] Vayan las siguientes observaciones en apoyo de esta hipótesis. También el hombre es un animal de indudable disposición bisexual. El individuo equivale a la fusión de dos mitades simétricas, una de las cuales sería, según opinión de algunos investigadores, puramente masculina, y la otra, femenina. Pero también podría ser que cada mitad fuera primitivamente hermafrodita. La sexualidad es un hecho biológico que, pese a su extraordinaria importancia para la vida anímica, resulta difícil captar psicológicamente. Solemos decir que todo hombre presenta tendencias instintivas, necesidades y atributos, tanto masculinos como femeninos, pero sólo la Anatomía —mas no la Psicología— puede revelar la índole de lo masculino y de lo femenino. Para la Psicología, esta antítesis sexual se agota en la de actividad y pasividad, aunque se suele identificar con excesiva ligereza la actividad con lo masculino, la pasividad con lo femenino, parangón que de ningún modo se confirma invariablemente en el reino animal. La doctrina de la bisexualidad está aún envuelta en las tinieblas, y en psicoanálisis nos ocasiona sensibles inconvenientes la circunstancia de que todavía no haya sido vinculada con la teoría de los instintos. En todo caso, si aceptamos el hecho de que el individuo en su vida sexual trata de satisfacer deseos tanto masculinos como femeninos, estaremos preparados para aceptar la posibilidad de que estas pretensiones no sean satisfechas por un mismo objeto y que se perturben mutuamente si no se logra mantenerlas separadas, dirigiendo cada uno de los impulsos a una vía particular apropiada para el mismo. Otra dificultad se debe

a que la relación erótica presenta con tal frecuencia cierta medida de tendencias agresivas directas, además del componente sádico que le es propio. El objeto amoroso no siempre aceptará estas complicaciones con la comprensión y tolerancia de aquella aldeana que se quejaba del desamor de su marido, pues este no la había azotado en una semana.

Con todo, la hipótesis de mayor alcance es la que se desprende de las consideraciones formuladas en la nota de las páginas anteriores: la adopción de la postura bípeda y la desvalorización de las sensaciones olfatorias habrían amenazado con hacer víctima de la represión orgánica a la sexualidad entera —y no sólo al erotismo anal—, de manera que desde entonces la función sexual es acompañada por una resistencia inexplicable que impide su satisfacción plena y la impulsa, lejos de su fin sexual, hacia sublimaciones y desplazamientos de la libido. Bien sé que Bleuler señaló cierta vez la existencia de semejante actitud antagonista primaria frente a la vida sexual ("Der Sexualwiderstand" [*La resistencia sexual*], en *Jahrbuch für psychoanalytische und psychopathologische Forschungen*, tomo V, 1913). A todos los neuróticos —y a muchos que no lo son— les choca el hecho innegable de que *inter urinas et faeces nascimur*. Los órganos genitales también provocan fuertes sensaciones olfatorias que son insoportables para muchos seres humanos y les malogran las relaciones sexuales. Se confirmaría así que la raíz más profunda de le represión sexual, paralelamente progresiva con la cultura, residiría en los mecanismos de defensa orgánica que la nueva forma de vida, adquirida con la bipedestación, dirige contra la precedente existencia animal. He aquí un resultado de la investigación científica que coincide extrañamente con prejuicios vulgares, expresados a menudo. De todos modos, trátase tan sólo de suposiciones inciertas que aún carecen de confirmación científica. Tampoco hemos de olvidar que, pese a la indudable desvalorización que han sufrido los estímulos olfatorios, aún en Europa existen pueblos que aprecian mucho los intensos olores genitales, tan repugnantes para nosotros, no resignándose a abandonarlos como excitantes de la sexualidad. (Véase al respecto las comprobaciones folklóricas suministradas por el "Cuestionario" de lwan Bloch: *Ueber den Garuchssinn in der vita sexualis* [*Sobre el sentido del olfato en la vida sexual*], publicado en varios volúmenes de la *Anthropophyteia* de Friedrich S. Krauss).

V

La experiencia psicoanalítica ha demostrado que las personas llamadas neuróticas son precisamente las que menos soportan estas frustraciones de la vida sexual. Mediante sus síntomas se procuran satisfacciones sustitutivas que, sin embargo, les deparan sufrimientos, ya sea por sí mismas o por las dificultades que les ocasionan con el mundo exterior y con la sociedad. Este último caso se comprende fácilmente, pero el primero nos plantea un nuevo problema. Con todo, la cultura aún exige otros sacrificios, además de los que afectan la satisfacción sexual.

Al reducir la dificultad de la evolución cultural a la inercia de la libido, a su resistencia a abandonar una posición antigua por una nueva, hemos concebido aquella como un trastorno evolutivo general. Sostenemos más o menos el mismo concepto, al derivar la antítesis entre cultura y sexualidad del hecho de que el amor sexual constituye una relación entre dos personas, en las que un tercero sólo puede desempeñar un papel superfluo o perturbador, mientras que, por el contrario, la cultura implica necesariamente relaciones entre mayor número de personas. En la culminación máxima de una relación amorosa no subsiste interés alguno por el mundo exterior; ambos amantes se bastan a sí mismos y tampoco necesitan el hijo en común para ser felices. En ningún caso, como en este, el *Eros* traduce con mayor claridad el núcleo de su esencia, su propósito de fundir varios seres en uno solo; pero se resiste a ir más lejos, una vez alcanzado este fin, de manera proverbial, en el enamoramiento de dos personas.

Hasta aquí fácilmente podríamos imaginar una comunidad cultural formada por semejantes individualidades dobles, que, libidinalmente satisfechas en sí mismas, se vincularan mutuamente por los lazos de la comunidad de trabajo o de intereses. En tal caso la cultura no tendría ninguna necesidad de sustraer energía a la sexualidad. Pero esta situación tan loable no existe ni ha existido jamás, pues la realidad nos muestra que la cultura no se conforma con los vínculos de unión que hasta ahora le hemos concedido, sino que también pretende ligar mutuamente a los miembros de la comunidad con lazos libidinales, sirviéndose a tal fin de cualquier recurso, favoreciendo cualquier camino que pueda llegar a establecer potentes identificaciones entre aquellos, poniendo en juego la máxima cantidad posible de libido con fin inhibido, para reforzar los vínculos de comunidad mediante los lazos amistosos. La realización de estos propósitos exige ineludiblemente una restricción de la vida sexual; pero aún no comprendemos la necesidad que impulsó a la cultura a adoptar este camino y que fundamenta su oposición a la sexualidad. Ha de tratarse, sin duda, de un factor perturbador que todavía no hemos descubierto.

Quizá hallemos la pista buscada en uno de los pretendidos ideales postulados por la sociedad civilizada. Es el precepto "Amarás al prójimo como a ti mismo", que goza de universal nombradía y seguramente es más antiguo que el cristianismo, a pesar de que este lo ostenta como su más encomiable conquista; pero sin duda no es muy antiguo, pues el hombre aún no lo conocía en épocas ya históricas. Adoptemos frente al mismo una actitud ingenua, como si lo oyésemos por vez primera: entonces no podremos contener un sentimiento de asombro y extrañeza. ¿Por qué tendríamos que hacerlo? ¿De qué podría servirnos? Pero, ante todo, ¿cómo llegar a cumplirlo? ¿De qué manera podríamos adoptar semejante actitud? Mi amor es para mí algo muy precioso, que no tengo derecho a derrochar insensatamente. Me impone obligaciones que debo estar dispuesto a cumplir con sacrificios. Si amo a alguien, es preciso que este lo merezca por cualquier título. (Descarto aquí la utilidad que podría reportarme, así como su posible valor como objeto sexual, pues estas dos formas de vinculación nada tienen que ver con el precepto del amor al prójimo). Merecería mi amor si se me asemejara en aspectos importantes, a punto tal que pudiera amar en él a mí mismo; lo merecería si fuera más perfecto de lo que yo soy, en tal medida que pudiera amar en él al ideal de mi propia persona; debería amarlo si fuera el hijo de mi amigo, pues el dolor de este, si algún mal le sucediera, también sería mi dolor, yo tendría que compartirlo. En cambio, si me fuera extraño y si no me atrajese ninguno de sus propios valores, ninguna importancia que hubiera adquirido para mi vida afectiva, entonces me sería muy difícil amarlo. Hasta sería injusto si lo amara, pues los míos aprecian mi amor como una demostración de preferencia, y les haría injusticia si los equiparase con un extraño. Pero si he de amarlo con ese amor general por todo el Universo, simplemente porque también él es una criatura de este mundo, como el insecto, el gusano y la culebra, entonces me temo que sólo le corresponda una ínfima parte de amor, de ningún modo tanto como la razón me autoriza a guardar para mí mismo. ¿A qué viene entonces tan solemne presentación de un precepto que, razonablemente, a nadie puede aconsejarse cumplir?

Examinándolo con mayor detenimiento, me encuentro con nuevas dificultades. Este ser extraño no sólo es en general indigno de amor, sino que —para confesarlo sinceramente— merece mucho más mi hostilidad y aun mi odio. No parece alimentar el mínimo amor por mi persona; no me demuestra la menor consideración. Siempre que le sea de alguna utilidad, no vacilará en perjudicarme, y ni siquiera se preguntará si la cuantía de su provecho corresponde a la magnitud del perjuicio que me ocasiona. Más aún, ni siquiera es necesario que de ello derive un provecho; le bastará experimentar el menor placer para que no tenga escrúpulo alguno en denigrarme, en ofenderme, en difamarme, en exhibir su poderío sobre mi persona, y cuanto más seguro se sienta, cuanto más inerme yo me encuentre, tanto más seguramente puedo esperar de él esta actitud para conmigo. Si se condujera de otro modo, si me demostrase consideración y respeto, a pesar de serle yo un extraño, estaría dispuesto por mi parte a retribuírselo de análoga manera, aunque no me obligara a ello precepto alguno. Aún más: si ese grandilocuente mandamiento rezara "Amarás al prójimo como el prójimo te ame a ti", nada tendría yo que objetar. Existe un segundo mandamiento que me parece aún más inconcebible y que despierta en mí una resistencia más violenta: "Amarás a tus enemigos". Sin embargo, pensándolo bien, veo que estoy errado al rechazarlo como pretensión aun menos admisible, pues, en el fondo, nos dice lo mismo que el primero[20].

Llegado aquí, creo oír una voz que, llena de solemnidad, me advierte: "Precisamente porque tu prójimo no merece tu amor y es más bien tu enemigo, debes amarlo como a ti mismo". Comprendo entonces que este es un caso semejante al *Credo quia absurdum*[21].

Ahora bien: es muy probable que el prójimo, si se lo invitara a amarme como a sí mismo, respondería exactamente como yo lo hice, repudiándome con idénticas razones, aunque, según

---

[20] Un gran poeta puede permitirse expresar, por lo menos en broma, las verdades psicológicas más rigurosamente condenadas. Así, Heinrich Heine nos confiesa: "Tengo la disposición más apacible que se pueda imaginar. Mis deseos son: una modesta choza, un techo de paja; pero buena cama, buena mesa, manteca y leche bien frescas, unas flores ante la ventana, algunos árboles hermosos ante la puerta, y si el buen Dios quiere hacerme completamente feliz, me concederá la alegría de ver colgados de estos árboles a unos seis o siete de mis enemigos. Con el corazón enternecido les perdonaré antes de su muerte todas las iniquidades que me hicieron sufrir en vida. Es cierto: se debe perdonar a los enemigos, pero no antes de su ejecución". (Heine: *Gedanken und Einfälle*. [*Pensamientos y ocurrencias*]).
[21] N. del Traductor. —"Creo, porque es absurdo". Profesión de fe atribuida a San Agustín, aunque se la reputa apócrifa.

espero, no con igual derecho objetivo; pero él, a su vez, esperará lo mismo. Con todo, hay ciertas diferencias en la conducta de los hombres, calificadas por la ética como "buenas" y "malas", sin tener en cuenta para nada sus condiciones de origen. Mientras no hayan sido superadas estas discrepancias innegables, el cumplimiento de los supremos preceptos éticos significará un perjuicio para los fines de la cultura al establecer un premio directo a la maldad. No se puede eludir aquí el recuerdo de un sucedido en el Parlamento francés al debatirse la pena de muerte: un orador había abogado apasionadamente por su abolición y cosechó frenéticos aplausos, hasta que una voz surgida del fondo de la sala pronunció las siguientes palabras: *Que messieurs les assassins commencent!*

La verdad oculta tras de todo esto, que negaríamos de buen grado, es la de que el hombre no es una criatura tierna y necesitada de amor, que sólo osaría defenderse si se le atacara, sino, por el contrario, un ser entre cuyas disposiciones instintivas también debe incluirse una buena porción de agresividad. Por consiguiente, el prójimo no le representa únicamente un posible colaborador y objeto sexual, sino también un motivo de tentación para satisfacer en él su agresividad, para explotar su capacidad de trabajo sin retribuirla, para aprovecharlo sexualmente sin su consentimiento, para apoderarse de sus bienes, para humillarlo, para ocasionarle sufrimientos, martirizarlo y matarlo. *Homo homini lupus*[22]: ¿quién se atrevería a refutar este refrán, después de todas las experiencias de la vida y de la historia? Por regla general, esta cruel agresión espera para desencadenarse a que se la provoque, o bien se pone al servicio de otros propósitos cuyo fin también podría alcanzarse con medios menos violentos. En condiciones que le sean favorables, cuando

---

[22] N. del Traductor. —"El hombre es para el hombre un lobo".

desaparecen las fuerzas psíquicas antagónicas que por lo general la inhiben, también puede manifestarse espontáneamente, desenmascarando al hombre como una bestia salvaje que no conoce el menor respeto por los seres de su propia especie. Quien llame al recuerdo los horrores de las grandes migraciones, de las irrupciones de los hunos, de los mogoles bajo Gengis Khan y Tamerlán, de la conquista de Jerusalén por los píos cruzados, y aun las crueldades de la última Guerra Mundial, tendrá que inclinarse humildemente ante la realidad de esta concepción.

La existencia de tales tendencias agresivas, que podemos percibir en nosotros mismos y cuya existencia suponemos con toda razón en el prójimo, es el factor que perturba nuestra relación con los semejantes, imponiendo a la cultura tal despliegue de preceptos. Debido a esta primordial hostilidad entre los hombres, la sociedad civilizada se ve constantemente al borde de la desintegración. El interés que ofrece la comunidad de trabajo no bastaría para mantener su cohesión, pues las pasiones instintivas son más poderosas que los intereses racionales. La cultura se ve obligada a realizar múltiples esfuerzos para poner barreras a las tendencias agresivas del hombre, para dominar sus manifestaciones mediante formaciones reactivas psíquicas. De ahí, pues, ese despliegue de métodos destinados a que los hombres se identifiquen y entablen vínculos amorosos coartados en su fin; de ahí las restricciones de la vida sexual, y de ahí también el precepto ideal de amar al prójimo como a sí mismo, precepto que efectivamente se justifica, porque ningún otro es, como él, tan contrario y antagónico a la primitiva naturaleza humana. Sin embargo, todos los esfuerzos de la cultura destinados a imponerlo aún no han logrado gran cosa. Aquella espera poder evitar los peores despliegues de la fuerza bruta concediéndose a sí misma el derecho de ejercer a su vez la fuerza frente a los delincuentes; pero la ley no alcanza las manifestaciones más discretas y sutiles de la agresividad humana. En un momento determinado, todos llegamos a abandonar, como ilusiones, cuantas esperanzas juveniles habíamos puesto en el prójimo; todos sufrimos la experiencia de comprobar cómo la maldad de este nos amarga y dificulta la vida. Sin embargo, sería injusto reprochar a la cultura el que pretenda excluir la lucha y la competencia de las actividades humanas. Esos factores seguramente son imprescindibles; pero la rivalidad no significa necesariamente hostilidad: sólo se abusa de ella para justificar esta.

Los comunistas creen haber descubierto el camino hacia la redención del mal. Según ellos, el hombre sería bueno de todo corazón, abrigaría las mejores intenciones para con el prójimo, pero la institución de la propiedad privada habría corrompido su naturaleza. La posesión privada de bienes concede a unos el poderío, y con ello la tentación de abusar de los otros; los excluidos de la propiedad deben sublevarse hostilmente contra sus opresores. Si se aboliera la propiedad privada, si se hicieran comunes todos los bienes, dejando que todos participaran de su provecho, desaparecería la malquerencia y la hostilidad entre los seres humanos. Dado que todas las necesidades quedarían satisfechas, nadie tendría motivo de ver en el prójimo a un enemigo; todos se plegarían de buen grado a la necesidad del trabajo. No me concierne la crítica económica del sistema comunista; no me es posible investigar si la abolición de la propiedad privada es oportuna y conveniente[23]; pero, en cambio, puedo reconocer como vana ilusión su hipótesis psicológica.

---

[23] Quien en los años de su propia juventud ha sufrido la miseria, ha experimentado la indiferencia y arrogancia de los ricos, bien puede estar a cubierto de la sospecha de incomprensión y falta de simpatía por los esfuerzos dirigidos a combatir las diferencias de propiedad entre los hombres, con todas las consecuencias que de ellas emanan. Sin embargo, si esta lucha pretende aducir el principio abstracto de igualdad entre todos los hombres en nombre de la justicia, resulta harto fácil objetar que ya la naturaleza, con la profunda desigualdad de las dotes físicas y psíquicas, ha establecido injusticias para las cuales no hay remedio alguno.

Es verdad que al abolir la propiedad privada se sustrae a la agresividad humana uno de sus instrumentos, sin duda uno muy fuerte, pero de ningún modo el más fuerte de todos. Sin embargo, nada se habrá modificado con ello en las diferencias de poderío y de influencia que la agresividad aprovecha para sus propósitos; tampoco se habrá cambiado la esencia de esta. El instinto agresivo no es una consecuencia de la propiedad, sino que regía casi sin restricciones en épocas primitivas, cuando la propiedad aún era bien poca cosa; ya se manifiesta en el niño, apenas la propiedad ha perdido su primitiva forma anal; constituye el sedimento de todos los vínculos cariñosos y amorosos entre los hombres, quizá con la única excepción del amor que la madre siente por su hijo varón. Si se eliminara el derecho personal a poseer bienes materiales, aún subsistirían los privilegios derivados de las relaciones sexuales, que necesariamente deben convertirse en fuente de la más intensa envidia y de la más violenta hostilidad entre los seres humanos, equiparados en todo lo restante. Si también se aboliera este privilegio, decretando la completa libertad de la vida sexual, suprimiendo, pues, la familia, célula germinal de la cultura, entonces, es verdad, sería imposible predecir qué nuevos caminos seguiría la evolución de esta; pero cualesquiera que ellos fueren, podemos aceptar que las inagotables tendencias intrínsecas de la naturaleza humana tampoco dejarían de seguirlos.

Evidentemente, al hombre no le resulta fácil renunciar a la satisfacción de estas tendencias agresivas suyas; no se siente nada a gusto sin esa satisfacción. Por otra parte, un núcleo cultural más restringido ofrece la muy apreciable ventaja de permitir la satisfacción de este instinto mediante la hostilidad frente a los seres que han quedado excluidos de aquel. Siempre se podrá vincular amorosamente entre sí a mayor número de hombres, con la condición de que sobren otros en quienes descargar los golpes. En cierta ocasión me ocupé en el fenómeno de que las comunidades vecinas, y aun emparentadas, son precisamente las que más se combaten y desdeñan entre sí, como, por ejemplo, españoles y portugueses, alemanes del Norte y del Sur, ingleses y escoces, etcétera. Denominé a este fenómeno *narcisismo de las pequeñas diferencias*, aunque tal término escasamente contribuye a explicarlo. Podemos considerarlo como un medio para satisfacer, cómoda y más o menos inofensivamente, las tendencias agresivas, facilitándose así la cohesión entre los miembros de la comunidad. El pueblo judío, diseminado por todo el mundo, se ha hecho acreedor de tal manera a importantes méritos en cuanto al desarrollo de la cultura de los pueblos que lo hospedan; pero, por desgracia, ni siquiera las masacres de judíos en la Edad Media lograron que esa época fuera más apacible y segura para sus contemporáneos cristianos. Una vez que el apóstol Pablo hubo hecho del amor universal por la humanidad el fundamento de la comunidad cristiana, surgió como consecuencia ineludible la más extrema intolerancia del cristianismo frente a los gentiles; en cambio, los romanos, cuya organización estatal no se basaba en el amor, desconocían la intolerancia religiosa, a pesar de que entre ellos la religión era cosa del Estado y el Estado estaba saturado de religión. Tampoco fue por incomprensible azar que el sueño de la supremacía mundial germana recurriera como complemento a la incitación al antisemitismo; por fin, nos parece harto comprensible el que la tentativa de instaurar en Rusia una nueva cultura comunista recurra a la persecución de los burgueses como apoyo psicológico. Pero nos preguntamos, preocupados, qué harán los soviéticos una vez que hayan exterminado totalmente a sus burgueses.

Si la cultura impone tan pesados sacrificios, no sólo a la sexualidad, sino también a las tendencias agresivas, comprenderemos mejor por qué al hombre le resulta tan difícil alcanzar en ella su felicidad. En efecto, el hombre primitivo estaba menos agobiado en este sentido, pues no conocía restricción alguna de sus instintos. En cambio, eran muy escasas sus perspectivas de poder gozar largo tiempo de tal felicidad. El hombre civilizado ha trocado una parte de posible felicidad por una parte de seguridad; pero no olvidemos que en la familia primitiva sólo el jefe gozaba de semejante libertad de los instintos, mientras que los demás vivían oprimidos como esclavos. Por consiguiente, la contradicción entre una minoría que gozaba de los privilegios de la cultura y una mayoría excluida de estos estaba exaltada al máximo en aquella época primitiva de la cultura. Las minuciosas investigaciones realizadas con los pueblos primitivos actuales nos han demostrado que en manera alguna es envidiable la libertad de que gozan en su vida instintiva, pues esta se encuentra supeditada a restricciones de otro orden, quizá aún más severas de las que sufre el hombre civilizado moderno.

Si con toda justificación reprochamos al actual estado de nuestra cultura cuán insuficientemente realiza nuestra pretensión de un sistema de vida que nos haga felices; si le echamos en cara la magnitud de los sufrimientos, quizá evitables, a que nos expone; si tratamos de desenmascarar con implacable crítica las raíces de su imperfección, seguramente ejercemos nuestro legítimo derecho, y no por ello demostramos ser enemigos de la cultura. Cabe esperar que poco a poco lograremos imponer a nuestra cultura modificaciones que satisfagan mejor nuestras necesidades y que escapen a aquellas críticas. Pero quizá convenga que nos familiaricemos también con la idea de que existen dificultades inherentes a la esencia misma de la cultura e inaccesibles a cualquier intento de reforma. Además de la necesaria limitación instintiva que ya estamos dispuestos a aceptar, nos amenaza el peligro de un estado que podríamos denominar "miseria psicológica de las masas". Este peligro es más inminente cuando las fuerzas sociales de cohesión consisten primordialmente en identificaciones mutuas entre los individuos de un grupo, mientras que los personajes dirigentes no asumen el papel importante que deberían desempeñar en la formación de la masa[24]. La presente situación cultural de los Estados Unidos ofrecería una buena oportunidad para estudiar este temible peligro que amenaza a la cultura; pero rehúyo la tentación de abordar la crítica de la cultura norteamericana, pues no quiero despertar la impresión de que pretendo aplicar, a mi vez, métodos americanos

---

[24] Véase: *Psicología de las masas y análisis del yo* (1921).

VI

Ninguna de mis obras me ha producido, tan intensamente como esta, la impresión de estar describiendo cosas por todos conocidas, de malgastar papel y tinta, de ocupar a tipógrafos e impresores para exponer hechos que en realidad son evidentes. Por eso abordo con entusiasmo la posibilidad de que surja una modificación de la teoría psicoanalítica de los instintos, al plantearse la existencia de un instinto agresivo, particular e independiente.

Sin embargo, las consideraciones que siguen demostrarán que mi esperanza es vana, que sólo trata de captar con mayor precisión un giro teórico ya realizado hace tiempo, persiguiéndolo hasta sus consecuencias últimas. Entre todas las nociones gradualmente desarrolladas por la teoría analítica, la doctrina de los instintos es la que dio lugar a los más arduos y laboriosos progresos. Sin embargo, representa una pieza tan esencial en el conjunto de la teoría psicoanalítica, que fue preciso llenar su lugar con un elemento cualquiera. En la completa perplejidad de mis estudios iniciales, me ofreció un primer punto de apoyo el aforismo de Schiller, el poeta filósofo, según el cual "hambre y amor" hacen girar coherentemente el mundo[25]. Bien podía considerar el hambre como representante de aquellos instintos que tienden a conservar al individuo; el amor, en cambio, tiende hacia los objetos:

---

[25] N. del Traductor. —Freud alude a la poesía de Schiller *Los omniscios*, cuya última estrofa dice, en paráfrasis, lo siguiente: "Hasta que la filosofía no consolide / el edificio de este mundo, / Natura regulará sus engranajes / con el hambre y el amor".

su función primordial, favorecida en toda forma por la naturaleza, reside en la conservación de la especie. Así, desde un principio se me presentaron en mutua oposición los instintos del *yo* y los instintos objetales. Para designar la energía de los últimos, y exclusivamente para ella, introduje el término *libido*, con esto, la popularidad quedó planteada entre los instintos del *yo* y los instintos *libidinales*, dirigidos a objetos, o pulsiones amorosas en el más amplio sentido. Sin embargo, uno de estos instintos objetales, el sádico, se distinguía de los demás porque su fin no era en modo alguno amoroso, y además establecía múltiples y evidentes coaliciones con los instintos del *yo*, manifestando su estrecho parentesco con pulsiones de posesión o apropiación, carentes de propósitos libidinales. Pero esta discrepancia pudo ser superada; a todas luces, el sadismo forma parte de la vida sexual, y bien puede suceder que el juego de la crueldad sustituya al del amor. La neurosis venía a ser la solución de una lucha entre los intereses de la autoconservación y las exigencias de la libido, una lucha en la que el *yo*, si bien triunfante, había pagado el precio de graves sufrimientos y renuncias.

Todo analista reconocerá que aún hoy nada de esto parece un error superado hace ya mucho tiempo. Pero cuando nuestra investigación progresó de lo reprimido a lo represor, de los instintos objetales al *yo*, fue imprescindible llevar a cabo cierta modificación. El factor decisivo de este progreso fue la introducción del concepto del *narcisismo*, es decir, el reconocimiento de que también el *yo* está caracterizado con libido; más aún: que primitivamente el *yo* fue su lugar de origen y en cierta manera sigue siendo su cuartel central. Esta libido narcisista se orienta hacia los objetos, convirtiéndose así en libido objetal, pero puede volver a transformarse en libido narcisista. El concepto del narcisismo nos permitió comprender analíticamente las neurosis traumáticas, así como muchas afecciones limítrofes con la psicosis, y aun a estas mismas. Su adopción no nos obligó a abandonar la interpretación de las neurosis transferencia como tentativas del *yo* para defenderse contra la sexualidad; pero, en cambio, puso en peligro el concepto de la libido. Dado que también los instintos yoicos resultaban ser libidinales, por un momento pareció inevitable que la libido se convirtiese en sinónimo de energía instintiva en general, como C. G. Jung ya lo había pretendido anteriormente. Sin embargo, esta concepción no acababa de satisfacerme, pues me quedaba cierta convicción íntima, indemostrable, de que los instintos no podrían ser todos de la misma especie. El siguiente paso adelante lo di en *Más allá del principio del placer* (1920), cuando por vez primera mi atención fue despertada por el impulso de repetición y por el carácter conservador de la vida instintiva. Partiendo de ciertas especulaciones sobre el origen de la vida y sobre determinados paralelismos biológicos, deduje que, además de los instintos que tiende a conservar la sustancia viva y a condensarla en unidades cada vez mayores[26], debía existir otro, antagónico de aquel, que tendiese a disolver estas unidades y a retornarlas al estado más primitivo, anorgánico. De modo que además del *Eros* habría un instinto de muerte; los fenómenos vitales podrían ser explicados por la interacción y el antagonismo de ambos. Pero no era nada fácil demostrar la actividad de este hipotético instinto de muerte. Las manifestaciones del *Eros* eran notables y bastante conspicuas; bien podía admitirse que el instinto de muerte actuase silenciosamente en lo íntimo del ser vivo, persiguiendo su desintegración; pero

---

[26] Obsérvese cómo, al respecto, la inagotable tendencia expansiva del *Eros* se pone en contradicción con la índole general, tan conservadora, de los instintos. Esta oposición es muy notable y bien podría conducir al planteamiento de nuevos problemas.

esto, naturalmente, no tenía el valor de una demostración. Progresé algo más, aceptando que una parte de este instinto se orienta contra el mundo exterior, manifestándose entonces como impulso de agresión y destrucción. De tal manera, el propio instinto de muerte sería puesto al servicio del *Eros*, pues el ser vivo destruiría algo exterior, animado o inanimado, en lugar de destruirse a sí mismo. Por el contrario, al cesar esta agresión contra el exterior, tendría que aumentar por fuerza la autodestrucción, proceso que de todos modos actúa constantemente. Al mismo tiempo, se podía deducir de este ejemplo que ambas clases de instintos raramente —o quizá nunca— aparecen en mutuo aislamiento, sino que se amalgaman entre sí, en proporciones distintas y muy variables, tornándose de tal modo irreconocibles para nosotros. En el sadismo, admitido desde hace tiempo como instinto parcial de la sexualidad, nos encontraríamos con semejante amalgama particularmente sólida entre el impulso amoroso y el instinto de destrucción; lo mismo sucede con su símil antagónico, el masoquismo, que representa una amalgama entre la destrucción dirigida hacia dentro y la sexualidad, a través de la cual aquella tendencia destructiva, de otro modo inapreciable, se hace notable o perceptible.

La aceptación del instinto de muerte o de destrucción ha despertado resistencia, aun en círculos analíticos; sé que muchos prefieren atribuir todo lo que en el amor parece peligroso y hostil a una bipolaridad primordial inherente a la esencia del amor mismo. Al principio sólo propuse tentativamente concepciones aquí expuestas, pero en el curso del tiempo se me impusieron con tal fuerza de convicción, que ya no puedo pensar de otro modo. Creo que para la teoría de estas concepciones son muchísimo más fructíferas que cualquier otra hipótesis posible, pues nos ofrecen esa simplificación que perseguimos en nuestra labor científica, sin desdeñar o violentar por ello los hechos objetivos. Me doy cuenta de que siempre hemos tenido presentes, en el sadismo y en el masoquismo, a las manifestaciones del instinto de destrucción dirigido hacia fuera y hacia dentro, fuertemente amalgamadas con el erotismo; pero ya no logro comprender cómo fue posible que pasáramos por alto la ubicuidad de las tendencias agresivas y destructivas no eróticas, dejando de concederles la importancia que merecen en la interpretación de la vida. (Es cierto que el impulso destructivo dirigido hacia dentro escapa generalmente a la percepción cuando no está teñido eróticamente). Recuerdo mi propia resistencia cuando la idea del instinto de destrucción apareció por vez primera en la literatura psicoanalítica y cuánto tiempo tardé en aceptarla. Mucho menos me sorprende que también otros hayan mostrado idéntica aversión y que aún sigan manifestándola, pues a quienes creen en los cuentos de hadas no les agrada oír mentar la innata inclinación del hombre hacia "lo malo", a la agresión, a la destrucción y con ello también a la crueldad. ¿Acaso Dios no nos creó a imagen de su propia perfección? Pues por eso nadie quiere que se le recuerde cuán difícil resulta conciliar la existencia del mal —innegable, pese a todas las protestas de la *Christian Science*— con la omnipotencia y la soberana bondad de Dios. El Diablo aun sería el mejor subterfugio para disculpar a Dios, pues desempeñaría la misma función económica de descarga que el judío cumple en el mundo de los ideales arios. Pero aun así se podría pedir cuentas a Dios, tanto de la existencia del Diablo como del mal que encarna. Frente a tales dificultades conviene aconsejar a todos que rindan profunda reverencia, en cuanta ocasión se presente, a la naturaleza esencialmente moral del hombre; de esta manera se gana el favor general y se le perdonan a uno muchas cosas[27].

---

[27] La identificación del principio maligno con el instinto de destrucción es muy convincente en Mefistófeles, el personaje de *Fausto*, de Goethe:

El término *libido* puede seguir aplicándose a las manifestaciones del *Eros*, para discernirlas de la energía inherente al instinto de muerte[28]. Cabe confesar que nos resulta mucho más difícil captar este último y que, en cierta manera, únicamente lo conjeturamos como una especie de residuo o remanente oculto tras el *Eros*, sustrayéndose a nuestra observación toda vez que no se manifieste en la amalgama con el mismo. En el sadismo, donde desvía a su manera y conveniencia el fin erótico, sin dejar de satisfacer por ello el impulso sexual, logramos el conocimiento más diáfano de su esencia y de su relación con el *Eros*. Pero aun donde aparece sin propósitos sexuales, aun en la más ciega furia destructiva, no se puede dejar de reconocer que su satisfacción se acompaña de extraordinario placer narcisista, pues ofrece al *yo* la realización de sus más arcaicos deseos de omnipotencia. Atenuado y domeñado, casi coartado en su fin, el instinto de destrucción

---

"Pues todo lo que nace
merece perecer.

....

Por eso, cuanto soléis llamar
pecado, destrucción; en fin, el Mal,
es mi propio elemento".

Al designar a su enemigo, el Diablo mismo no menciona lo santo o lo bueno, sino la fuerza procreadora de la naturaleza, la tendencia a la multiplicación de la vida; es decir, el *Eros*.

"¡Del aire, del agua y de la tierra
Surgen millares de simientes,
en lo seco, lo húmedo, el frío, el calor!
Si no me hubiera reservado el fuego
nada tendría que me perteneciera".

(N. del Traductor. —Del parlamento con que Mefistófeles se presenta ante Fausto).

[28] Podemos formular aproximadamente nuestra concepción actual diciendo que la libido participa en toda expresión instintiva, pero que no todo es en esta libido.

78

dirigido a los objetos debe procurar al *yo* la satisfacción de sus necesidades vitales y el dominio sobre la naturaleza. Dado que, en efecto, hemos recurrido principalmente a argumentos teóricos para fundamentar el instinto de muerte, debemos conceder que no está al abrigo de los reparos de idéntica índole; pero, en todo caso, tal es como lo consideramos en el estado actual de nuestros conocimientos. La investigación y la especulación futuras nos suministrarán, con seguridad, la decisiva claridad al respecto.

En todo lo que sigue adoptaré, pues, el punto de vista de que la tendencia agresiva es una disposición instintiva innata y autónoma del ser humano; además, retomo ahora mi afirmación de que aquella constituye el mayor obstáculo con que tropieza la cultura. En el curso de esta investigación se nos impuso alguna vez la intuición de que la cultura sería un proceso particular que se desarrolla sobre la humanidad, y aún ahora nos subyuga esta idea. Añadiremos que se trata de un proceso puesto al servicio del *Eros*, destinado a condensar en una unidad vasta —en la humanidad— a los individuos aislados, luego a las familias, las tribus, los pueblos y las naciones. No sabemos por qué es preciso que sea así: aceptamos que es, simplemente, la obra del *Eros*. Estas masas humanas han de ser vinculadas libidinalmente, pues ni la necesidad por sí sola ni las ventajas de la comunidad de trabajo bastarían para mantenerlas unidas. Pero el natural instinto humano de agresión, la hostilidad de uno contra todos y de todos contra uno, se oponen a este designio de la cultura. Dicho instinto de agresión es el descendiente y principal representante del instinto de muerte, que hemos hallado junto al *Eros* y que con él comparte la dominación del mundo. Ahora, creo, el sentido de la evolución cultural ya no nos resultará impenetrable; por fuerza debe presentarnos la lucha entre *Eros* y muerte, instintos de vida e instintos de destrucción, tal como se lleva a cabo en la especie humana. Esta lucha es, en suma, el contenido esencial de la misma, y por ello la evolución cultural puede ser definida brevemente como la lucha de la especie humana por la vida[29]. ¡Y es este combate de los Titanes, el que nuestras nodrizas pretenden aplacar en su "arrorró del Cielo"!

[29] Para mayor precisión, quizá convendría agregar que se trata de la forma que esta lucha hubo de adoptar a partir de cierto hecho cardinal, aún desconocido para nosotros.

VII

¿Por qué nuestros parientes, los animales, no presentan semejante lucha cultural? Pues no lo sabemos. Es muy probable que algunos, como las abejas, las hormigas y las termitas, hayan bregado durante milenios hasta alcanzar las organizaciones estatales, la distribución del trabajo, la limitación de la libertad individual que hoy admiramos en ellos. Nuestra presente situación cultural queda bien caracterizada por la circunstancia de que, según nos dicen nuestros sentimientos, no podríamos ser felices en ninguno de esos Estados animales, ni en cualquiera de las funciones que allí se confieren al individuo. Puede ser que otras especies animales hayan alcanzado un equilibrio transitorio entre las influencias del mundo exterior y los instintos que se combaten mutuamente, produciéndose así una detención del desarrollo. Es posible que en el hombre primitivo un nuevo empuje de la libido haya renovado el impulso antagónico del instinto de destrucción. Quedan aquí muchas preguntas por formular, sin que aún pueda dárseles respuesta.

Pero hay una cuestión que está más a nuestro alcance. ¿A qué recursos apela la cultura para coartar la agresión que le es antagónica, para hacerla inofensiva y quizá para eliminarla? Ya conocemos algunos de estos métodos, pero seguramente aún ignoramos el que parece ser más importante. Podemos estudiarlo en la historia evolutiva del individuo. ¿Qué le ha sucedido para que sus deseos agresivos se tornaran innocuos? Algo sumamente curioso, que nunca habríamos sospechado y que, sin embargo, es muy natural. La agresión es introyectada, internalizada, devuelta en realidad al lugar de donde procede: es dirigida contra el propio *yo*, incorporándose a una parte de este, que en calidad de *super-yo* se opone a la parte restante y asumiendo la función de "conciencia" (moral), despliega frente al *yo* la misma dura agresividad que el *yo*, de buen grado, habría satisfecho en individuos extraños. La tensión creada entre el severo *super-yo* y el *yo*, subordinado al mismo, la calificamos de *sentimiento de culpabilidad*; se manifiesta bajo la forma de necesidad de castigo. Por consiguiente, la cultura domina la peligrosa inclinación agresiva del individuo debilitando a este, desarmándolo y haciéndolo vigilar por una instancia alojada en su interior, como una guarnición militar en la ciudad conquistada.

El psicoanalista tiene sobre la génesis del sentimiento de culpabilidad una opinión distinta de la que sustentan otros psicólogos, pero tampoco a él le resulta fácil explicarla. Ante todo, preguntando cómo se llega a experimentar este sentimiento, obtenemos una respuesta a la que no hay réplica posible: uno se siente culpable (los creyentes dicen "pecaminoso") cuando se ha cometido algo que se considera "malo"; pero advertiremos al punto la parquedad de esta respuesta. Quizá lleguemos a agregar, después de algunas vacilaciones, que también podrá considerarse culpable quien no haya hecho nada malo, sino tan sólo reconozca en sí la intención de hacerlo, y en tal caso se planteará la pregunta de por qué se equipara aquí el propósito con la realización. Pero ambos casos presuponen que ya se haya reconocido la maldad como algo condenable, como algo a excluir de la realización. Mas, ¿cómo se llega a esta decisión? Podemos rechazar la existencia de una facultad original, en cierto modo natural, de discernir el bien del mal. Muchas veces lo malo ni siquiera es lo nocivo o peligroso para el *yo*, sino, por el contrario, algo que este desea y que le procura placer. Aquí se manifiesta, pues, una influencia ajena y externa, destinada a establecer lo que debe considerarse como bueno y como malo. Dado que el hombre no ha sido llevado por la propia sensibilidad a tal discriminación, debe tener algún motivo para subordinarse a esta influencia extraña. Podremos hallarlo fácilmente en su desamparo y en su dependencia de los demás; la denominación que mejor le cuadra es la de "miedo a la pérdida del amor". Cuando el hombre pierde el amor del prójimo, de quien depende, pierde con ello su protección frente a muchos peligros, y ante todo se expone al riesgo de que este prójimo, más poderoso que él, le demuestre su superioridad en forma de castigo. Así, pues, lo malo es, originalmente, aquello por lo cual uno es amenazado con la pérdida del amor; se debe evitar cometerlo por temor a esta pérdida. Por eso no importa mucho si realmente hemos hecho el mal o si sólo nos proponemos hacerlo; en ambos casos sólo aparecerá el peligro cuando la autoridad lo haya descubierto, y esta adoptaría análoga actitud en cualquiera de ambos casos.

A semejante estado lo llamamos "mala conciencia", pero en el fondo no le conviene tal nombre, pues en este nivel el sentimiento de culpabilidad no es, sin duda alguna, más que un temor ante la pérdida del amor, es decir, angustia "social". En el niño pequeño jamás puede ser otra cosa; pero tampoco llega a modificarse en muchos adultos, con la salvedad de que el lugar del padre o de ambos personajes parentales es ocupado por la más vasta comunidad humana. Por eso los adultos se permiten regularmente hacer cualquier mal que les ofrezca ventajas, siempre que estén seguros de que la autoridad no los descubrirá o nada podrá hacerles, de modo que su temor se refiere exclusivamente a la posibilidad de ser descubiertos[30]. En general, la sociedad de nuestros días se ve obligada a aceptar este estado de cosas.

Sólo se produce un cambio fundamental cuando la autoridad es internalizada al establecerse un *super-yo*. Con ello, los fenómenos de la conciencia moral son elevados a un nuevo

---

[30] ¡Recuérdese el famoso Mandarín de Rousseau!

nivel, y en puridad sólo entonces se tiene derecho a hablar de conciencia moral y de sentimiento de culpabilidad[31]. En esta fase también deja de actuar el temor de ser descubierto y la diferencia entre hacer y querer el mal, pues nada puede ocultarse ante el *super-yo*, ni siquiera los pensamientos. Es cierto que ha desaparecido la gravedad real de la situación, pues la nueva autoridad —el *super-yo*— no tiene a nuestro juicio motivo alguno para maltratar al *yo*, con el cual está íntimamente fundido. Pero la influencia de su génesis, que hace perdurar lo pasado y lo superado, se manifiesta por el hecho de que, en el fondo, todo queda como era al principio. El *super-yo* tortura al pecaminoso *yo* con las mismas sensaciones de angustia y está al acecho de oportunidades para hacerlo castigar por el mundo exterior.

En esta segunda fase evolutiva, la conciencia moral denota una particularidad que faltaba en la primera y que ya no es tan fácil explicar. En efecto, se comporta tanto más severa y desconfiadamente cuanto más virtuoso es el hombre, de modo que, en última instancia, quienes han llegado más lejos por el camino de la santidad son precisamente los que se acusan de la peor pecaminosidad. La virtud pierde así parte de la recompensa que se le prometiera; el *yo* sumiso y austero no goza de la confianza de su mentor y se esfuerza, al parecer en vano, por ganarla. Aquí se querrá aducir que estas no serían sino dificultades artificiosamente creadas por nosotros, pues el hombre moral se caracteriza precisamente por su conciencia moral más severa y más vigilante, y si los santos se acusan de

---

[31] Todo lector atento comprenderá y tendrá en cuenta que en esta exposición panorámica aislamos artificialmente fenómenos que en realidad ocurren por transición gradual; que no se trata, pues, tan sólo de la existencia del *super-yo*, sino de su potencia relativa y de su esfera de influencia. Por otra parte, cuando hasta ahora hemos dicho sobre la conciencia moral y la culpabilidad es conocido por todos y casi indiscutido.

ser pecadores, no lo hacen sin razón, teniendo en cuenta las tentaciones de satisfacer sus instintos a que están expuestos en grado particular, pues, como se sabe, la tentación no hace sino aumentar en intensidad bajo las constantes privaciones, mientras que al concedérsele satisfacciones ocasionales, se atenúa, por lo menos transitoriamente. Otro hecho del terreno de la ética, tan rico en problemas, es el de que la adversidad, es decir, la frustración exterior, intensifica enormemente el poderío de la conciencia en el *super-yo*; mientras la suerte sonríe al hombre, su conciencia moral es indulgente y concede grandes libertades al *yo*; en cambio, cuando la desgracia le golpea, hace examen de conciencia, reconoce sus pecados, eleva las exigencias de su conciencia moral, se impone privaciones y se castiga con penitencias[32]. Pueblos enteros se han conducido y aún siguen conduciéndose de idéntica manera, pero esta actitud se explica fácilmente remontándose a la fase infantil primitiva de la conciencia, que, como vemos, no se abandona del todo una vez introyectada la autoridad en el *super-yo*, sino que subsiste junto a esta. El destino es considerado como un sustituto de la instancia parental; si nos golpea la desgracia, significa que ya no somos amados por esta autoridad máxima, y amenazados por semejante pérdida de amor, volvemos a someternos al representante de los padres en el *super-yo*, al que habíamos pretendido desdeñar cuando gozábamos de la felicidad. Todo esto se revela con particular claridad cuando, en estricto sentido religioso, no se ve en el destino sino una

---

[32] Mark Twain trata en un sabroso cuento breve —*The first melón I ever stole* (*El primer melón que jamás robé*)— este reforzamiento de la moral por la adversidad. El azar quiso que ese primer melón estuviera verde. Tuve ocasión de oír exponer este cuento al propio Mark Twain, quien después de haber pronunciado el título se interrumpió, preguntándose cual si dudara: "¿Habrá sido el primero?" Con lo que todo quedaba dicho. El primer melón no había sido, pues, el único.

expresión de la voluntad divina. El pueblo de Israel se consideraba hijo predilecto del Señor, y cuando este gran Padre le hizo sufrir desgracia tras desgracia, de ningún modo llegó a dudar de esa relación privilegiada con Dios ni de su poderío y justicia, sino que creó los Profetas, que debían reprocharle su pecaminosidad, e hizo surgir de su sentimiento de culpabilidad los severísimos preceptos de la religión sacerdotal. Es curioso, pero, ¡de qué distinta manera se conduce el hombre primitivo! Cuando le ha sucedido una desgracia, no se achaca la culpa a sí mismo, sino al fetiche, que evidentemente no ha cumplido su cometido, y lo muele a golpes en lugar de castigarse a sí mismo.

Por consiguiente, conocemos dos orígenes del sentimiento de culpabilidad: uno es el miedo a la autoridad; el segundo, más reciente, es el temor al *super-yo*. El primero obliga a renunciar a la satisfacción de los instintos; el segundo impulsa, además, al castigo de los deseos prohibidos. Por otra parte, ya sabemos cómo ha de comprenderse la severidad del *super-yo*; es decir, el rigor de la conciencia moral. Esta continúa simplemente la severidad de la autoridad exterior, revelándola y sustituyéndola en parte. Advertimos ahora la relación que existe entre la renuncia a los instintos y el sentimiento de culpabilidad. Originalmente, la renuncia instintiva es una consecuencia del temor a la autoridad exterior; se renuncia a satisfacciones para no perder el amor de esta. Una vez cumplida esa renuncia, se han saldado las cuentas con dicha autoridad y ya no tendría que subsistir ningún sentimiento de culpabilidad. Pero no sucede lo mismo con el miedo al *super-yo*. Aquí no basta la renuncia a la satisfacción de los instintos, pues el deseo correspondiente persiste y no puede ser ocultado ante el *super-yo*. En consecuencia, no dejará de surgir el sentimiento de culpabilidad, pese a la renuncia cumplida, circunstancia esta que representa una gran desventaja económica de la instauración del *super-yo* o, en otros términos, de la génesis de la conciencia moral. La renuncia instintiva ya no tiene pleno efecto absolvente; la virtuosa abstinencia ya no es recompensada con la seguridad de conservar el amor, y el individuo ha trocado una catástrofe exterior amenazante —pérdida de amor y castigo por la autoridad exterior— por una desgracia interior permanente: la tensión del sentimiento de culpabilidad.

Estas interrelaciones son tan complejas y al mismo tiempo tan importantes que, a riesgo de incurrir en repeticiones, aun quisiera abordarlas desde otro ángulo. La secuencia cronológica sería, pues, la siguiente: ante todo se produce una renuncia instintiva por temor a la agresión de la autoridad exterior —pues a esto se reduce el miedo a perder el amor, ya que el amor protege contra la agresión punitiva—; luego se instaura la autoridad interior, con la consiguiente renuncia instintiva por miedo a esta; es decir por el miedo a la conciencia moral. En el segundo caso se equipara la mala acción con la intención malévola, de modo que aparece el sentimiento de culpabilidad y la necesidad de castigo. La agresión por la conciencia moral perpetúa así la agresión por la autoridad. Hasta aquí todo es muy claro; pero, ¿dónde ubicar en este esquema el reforzamiento de la conciencia moral por influencia de adversidades exteriores —es decir, de las renuncias impuestas desde fuera—; cómo explicar la extraordinaria intensidad de la conciencia en los seres mejores y más dóciles? Ya hemos explicado ambas particularidades de la conciencia moral, pero quizá tengamos la impresión de que estas explicaciones no llegan al fondo de la cuestión, sino que dejan un resto sin explicar. He aquí llegado el momento de introducir una idea enteramente propia del psicoanálisis y extraña al pensar común. El enunciado de esta idea nos permitirá comprender al punto por qué el tema debía parecernos tan confuso e impenetrable. En efecto, nos dice que si bien al principio la conciencia moral (más exactamente: la angustia, convertida después en conciencia) es la causa de la renuncia a los instintos, posteriormente, en cambio, esta situación se invierte: toda renuncia instintiva se convierte entonces en una fuente dinámica de la conciencia moral; toda nueva renuncia a la satisfacción aumenta su severidad y su intolerancia. Si lográsemos conciliar mejor esta situación con la génesis de la conciencia moral que ya conocemos, estaríamos tentados a sustentar la siguiente tesis paradójica: la conciencia moral es la consecuencia de la renuncia instintiva; o bien, la renuncia instintiva (que nos ha sido impuesta desde fuera) crea la conciencia moral, que a su vez exige nuevas renuncias instintivas.

En realidad, no es tan grande la contradicción entre esta tesis y la génesis descrita de la conciencia moral, pudiéndose entrever un camino que permitirá restringirla aún más. A fin de plantear más fácilmente el problema, recurramos al ejemplo del instinto de agresión y aceptemos que en estas relaciones se ha de tratar siempre de una renuncia a la agresión. Desde luego, esto no será más que una hipótesis provisional. En tal caso, el efecto de la renuncia instintiva sobre la conciencia moral se fundaría en que cada parte de agresión a cuyo cumplimiento renunciamos es incorporada por el *super-yo*, acrecentando su agresividad (contra el *yo*). Esta proposición no concuerda perfectamente con el hecho de que la agresividad original de la conciencia moral es una continuación de la severidad con que actúa la autoridad exterior; es decir, que nada tiene que hacer con una renuncia, pero podemos eliminar tal discrepancia aceptando un origen distinto para esta primera provisión de agresividad del *super-yo*. Este debe haber desarrollado considerables tendencias agresivas contra la autoridad que privara al niño de sus primeras y más importantes satisfacciones, cualquiera que haya sido la especie particular de las renuncias instintivas impuestas por aquella autoridad. Bajo el imperio de la necesidad, el niño se vio obligado a renunciar también a esta agresión vengativa, sustrayéndose a una situación económicamente tan difícil, mediante el recurso que le ofrecen mecanismos conocidos: incorpora, identificándose con ella, a esta autoridad inaccesible, que entonces se convierte en *super-yo* y se apodera de toda la agresividad que el niño gustosamente habría desplegado contra aquella. El *yo* del niño debe acomodarse al triste papel de la autoridad así degradada: del padre. Se trata, como en tantas ocasiones, de una típica situación invertida: "Si yo fuese el padre y tú el niño, yo te trataría mal a ti". La relación entre el *super-yo* y el *yo* es el retorno, deformado por el deseo, de viejas relaciones reales entre el *yo*, aún indiviso, y un objeto exterior, hecho que también es típico. La diferencia fundamental reside, empero, en que la primitiva severidad del *super-yo* no es —o no es en tal medida— la que el objeto nos ha hecho sentir o la que le atribuimos, sino que corresponde más a nuestra propia agresión contra el objeto. Si esto es exacto, realmente se puede afirmar que la conciencia se habría formado primitivamente por la supresión de una agresión, y que en su desarrollo se fortalecería por nuevas supresiones semejantes.

Ahora bien, ¿cuál de ambas concepciones es la verdadera? ¿La primera, que nos parecía tan bien fundada genéticamente, o la segunda, que viene a completar tan oportunamente nuestra teoría? Evidentemente, ambas están justificadas, como también lo demuestra la observación directa; no se contradicen mutuamente y aun coinciden en un punto, pues la agresividad vengativa del niño ha de ser determinada en parte por la medida de la agresión punitiva que atribuye al padre. Pero la experiencia nos enseña que la severidad del *super-yo* desarrollado por el niño de ningún modo refleja la severidad del trato que se le ha hecho experimentar[33]. La primera parece ser

---

[33] Como, por otra parte, tan correctamente lo han señalado Melanie Klein y otros autores ingleses.

independiente de esta, pues un niño educado muy blandamente puede desarrollar una conciencia moral sumamente severa. Pero también sería incorrecto exagerar esta independencia; no es difícil convencerse de que el rigor de la educación ejerce asimismo una influencia poderosa sobre la génesis del *super-yo* infantil. Sucede que a la formación del *super-yo* y al desarrollo de la conciencia moral concurren factores constitucionales innatos e influencias del medio, del ambiente real, dualidad que nada tiene de extraño, pues representa la condición etiológica general de todos estos procesos[34].

También se puede decir que el niño, cuando reacciona frente a las primeras grandes privaciones instintivas con agresión excesiva y con una severidad correspondiente del *super-yo*, no hace sino repetir un prototipo filogenético, excediendo la justificación actual de la reacción, pues el padre prehistórico seguramente fue terrible y bien podía atribuírsele, con todo derecho, la más extrema agresividad. Las divergencias entre ambas concepciones de la génesis de la conciencia moral se atenúan, pues, aún más si se pasa de la historia evolutiva individual a la filogenética. En cambio, se nos presenta una nueva

---

[34] En *Psychoanalyse der Gesamtpersönlichkeit* (*Psicoanálisis de la personalidad total*, 1927), Franz Alexander consideró con certeza los dos tipos principales de métodos pedagógicos patógenos, es decir, el rigor excesivo y la malcrianza por mimos, confirmando el estudio de Aichhorn sobre el desamparo infantil. El padre "excesivamente blando y condescendiente" facilitará en el niño la formación de un *super-yo* demasiado severo, porque a este niño, bajo la impresión del amor que sobre él se vuelca, no le queda más camino que el de dirigir sus tendencias agresivas hacia dentro. En el niño desamparado, educado sin amor, falta la tensión entre el *yo* y el *super-yo*, de modo que toda su agresión puede orientarse hacia lo exterior. Por consiguiente, si hace abstracción del factor constitucional, que es preciso aceptar, se puede decir que la severidad de la conciencia moral procede de la conjunción entre dos influencias ambientales: la defraudación instintiva, que desencadena la agresión, y la experiencia amorosa, que orienta esta agresión hacia dentro y la transfiere al *super-yo*.

e importante diferencia entre estos dos procesos. No podemos eludir la suposición de que el sentimiento de culpabilidad de la especie humana procede del complejo de Edipo y fue adquirido al ser asesinado el padre por la coalición de los hermanos. En esa oportunidad la agresión no fue suprimida, sino ejecutada: la misma agresión que al ser coartada debe originar en el niño el sentimiento de culpabilidad. Ahora no me asombraría si uno de mis lectores exclamase airadamente: "¡De modo que es completamente igual si se mata al padre o si no se le mata, pues de todos modos nos pescaremos un sentimiento de culpabilidad! ¡Bien puede uno permitirse algunas dudas! O bien es falso que el sentimiento de culpabilidad proceda de agresiones suprimidas, o bien toda la historia del parricidio no es más que un cuento, y los hijos de los hombres primitivos no mataron a sus padres con mayor frecuencia de lo que suelen hacerlo los actuales. Por otra parte, si no es un cuento, sino verdad histórica aceptable, entonces sólo nos encontraríamos ante un caso en el cual ocurre lo que todo el mundo espera: que uno se sienta culpable por haber hecho realmente algo injustificado. ¡Y este caso, que a fin de cuentas sucede todos los días, es el que el psicoanálisis no atina a explicar!"

Nada más cierto que esta falta, pero hemos de apresurarnos a remediarla. Por otra parte, no se trata de ningún misterio especial. Si alguien tiene un sentimiento de culpabilidad después de haber cometido alguna falta, y precisamente a causa de esta, tal sentimiento debería llamarse, más bien, *remordimiento*. Sólo se refiere a un hecho dado, y, naturalmente, presupone que antes del mismo haya existido una disposición a sentirse culpable, es decir, una *conciencia moral*, de modo que semejante remordimiento jamás podrá ayudarnos a encontrar el origen de la conciencia moral y del sentimiento de culpabilidad en general. En estos casos cotidianos suele suceder que una necesidad instintiva ha adquirido la fuerza necesaria para imponer su satisfacción contra la energía, también limitada, de la conciencia moral, restableciéndose luego la primitiva relación de fuerzas mediante la natural atenuación que la necesidad instintiva experimenta al satisfacerse. Por consiguiente, el psicoanálisis hace bien al excluir de estas consideraciones el caso que representa el sentimiento de culpabilidad emanado del remordimiento, pese a la frecuencia con que aparece y pese a la magnitud de su importancia práctica.

Pero si el humano sentimiento de culpabilidad se remonta al asesinato del protopadre, ¿acaso no se trataba también de un caso de "remordimiento", aunque entonces no puede haberse dado la condición previa de la conciencia moral y del sentimiento de culpabilidad anteriores al hecho? ¿De dónde proviene en esa situación el remordimiento? Este caso seguramente ha de aclararnos el enigma del sentimiento de culpabilidad, poniendo fin a nuestras dificultades. Efectivamente, creo que cumplirá nuestras esperanzas. Este remordimiento fue el resultado de la primitivísima ambivalencia afectiva frente al padre, pues los hijos lo odiaban, pero también lo amaban; una vez satisfecho el odio mediante la agresión, el amor volvió a surgir en el remordimiento consecutivo al hecho, erigiendo el *super-yo* por identificación con el padre, dotándolo del poderío de este, como si con ello quisiera castigar la agresión que se le hiciera sufrir, y estableciendo finalmente las restricciones destinadas a prevenir la repetición del crimen. Y como la tendencia agresiva contra el padre volvió a agitarse en cada generación sucesiva, también se mantuvo el sentimiento de culpabilidad, fortaleciéndose de nuevo con cada una de las agresiones contenidas y transferidas al *super-yo*. Creo que por fin comprenderemos claramente dos cosas: la participación del amor en la génesis de la conciencia y el carácter fatalmente inevitable del sentimiento de culpabilidad. Efectivamente, no es decisivo si hemos matado al padre o si nos abstuvimos del hecho; en ambos casos nos sentiremos por fuerza culpables, dado que este sentimiento de culpabilidad es la expresión del conflicto de ambivalencia, de la eterna lucha entre el *Eros* y el instinto de destrucción o de muerte. Este conflicto se exacerba en cuanto al hombre se le impone la tarea de vivir en comunidad; mientras esta comunidad sólo adopte la forma de familia, aquel se manifestará en el complejo de Edipo, instituyendo la conciencia y engendrando el primer sentimiento de culpabilidad. Cuando se intenta ampliar dicha comunidad, el mismo conflicto persiste en formas que dependen del pasado, reforzándose y exaltando aún más el sentimiento de culpabilidad. Dado que la cultura obedece a una pulsión erótica interior que la obliga a unir a los hombres en una masa íntimamente amalgamada, sólo puede alcanzar este objetivo mediante la constante y progresiva acentuación del sentimiento de culpabilidad. El proceso que comenzó en relación con el padre, concluye en relación con la masa. Si la cultura es la vía ineludible que lleva de la a la humanidad, entonces, a consecuencia del innato conflicto de ambivalencia, a causa de la eterna querella entre la tendencia de amor y la de muerte, la cultura está ligada indisolublemente con una exaltación del sentimiento de culpabilidad, que quizá llegue a alcanzar un grado difícilmente soportable para el individuo. Aquí acude a nuestra mente la conmovedora imprecación que el gran poeta dirige contra las "potencias celestes":

> "A la vida nos echáis,
> dejando que el pobre incurra en culpa;
> luego lo dejáis sufrir,
> pues toda culpa se ha de expiar"[35].

---

[35] Goethe: "Canto del arpista", en *Wilhelm Meister*.

No podemos por menos de suspirar desconsolado al advertir cómo a ciertos hombres les es dado hacer surgir del torbellino de sus propios sentimientos, sin esfuerzo alguno, los más profundos conocimientos, mientras que nosotros para alcanzarlos debemos abrirnos paso a través de torturantes vacilaciones e inciertos tanteos.

VIII

Llegados al término de semejante excursión, el autor debe excusarse ante sus lectores por no haber sido un guía más hábil, por no haberles evitado los trechos áridos ni los rodeos dificultosos del camino. No cabe duda de que se puede llegar mejor al mismo objetivo; en lo que de mí depende, trataré de compensar algunos de estos defectos.

Ante todo, sospecho haber despertado en el lector la impresión de que las consideraciones sobre el sentimiento de culpabilidad exceden los límites de este trabajo, al ocupar ellas solas demasiado espacio, relegando a segundo plano todos los temas restantes, con los que no siempre están íntimamente vinculadas. Esto bien puede haber trastornado la estructura de mi estudio, pero corresponde por completo al propósito de destacar el sentimiento de culpabilidad como problema más importante de la evolución cultural, señalando que el precio pagado por el progreso de la cultura reside en la pérdida de felicidad por aumento del sentimiento de culpabilidad[36]. Lo que aún parezca extraño en

---

[36] "Así la conciencia nos hace a todos cobardes..." (*Thus conscience does make coward of us all*). Del monólogo en el acto tercero de *Hamlet*, de Shakeapeare.

El hecho de que oculte a los jóvenes el papel que la sexualidad habrá de desempeñar en su vida, no es el único reproche que se puede aducir contra la educación actual. Además, peca por no prepararlos para las agresiones cuyo objeto están destinados a ser. Al entrar la juventud a la vida con tan errónea orientación psicológica, la educación se conduce como si se enviara a una expedición polar a gente vestida con ropa de verano y equipada con mapas de los lagos italianos. En esto se manifiesta claramente cierto abuso de los preceptos éticos, cuya severidad no sufriría gran perjuicio si la educación dijera: "Así tendrían que ser los hombres para ser felices y hacer felices a los demás; pero debemos contar con que no son así". En cambio, se deja creer al joven que todos los demás

esta proposición, resultado final de nuestro estudio, quizá pueda atribuirse a la muy extraña y aun completamente inexplicada relación entre el sentimiento de culpabilidad y nuestra conciencia. En los casos comunes de remordimiento que consideramos normales, aquel sentimiento se expresa con suficiente claridad en la conciencia, y aun solemos decir, en lugar de "sentimiento de culpabilidad" (*Schuldgefühl*), "conciencia de culpabilidad" (*Schuldbewusstsein*). El estudio de las neurosis, al cual debemos las más valiosas informaciones para la comprensión de lo normal, nos revela situaciones harto contradictorias. En una de estas afecciones, la neurosis obsesiva, el sentimiento de culpabilidad se impone a la conciencia con excesiva intensidad, dominando tanto el cuadro clínico como la vida entera del enfermo, y apenas deja surgir otras cosas junto a él. Pero en la mayoría de los casos y formas restantes de la neurosis el sentimiento de culpabilidad permanece enteramente inconsciente, sin que sus efectos sean por ello menos intensos. Los enfermos no nos creen cuando les atribuimos un "sentimiento inconsciente de culpabilidad"; para que lleguen a comprendernos, aunque sólo sea en parte, les explicamos que el sentimiento de culpabilidad se expresa por una necesidad inconsciente de castigo. Pero no hemos de sobrevalorar su relación con la forma que adopta una neurosis, pues también en la obsesiva hay ciertos tipos de enfermos que no perciben su sentimiento de culpabilidad, o que sólo alcanzan a sentirlo como torturante malestar, como una especie de angustia, cuando se les impide la ejecución de determinados actos. Sin duda sería necesario que por fin se comprendiera todo esto, pero aún no hemos llegado a tanto. Quizá convenga señalar aquí que el sentimiento de culpabilidad no es, en el fondo,

---

cumplen los preceptos éticos, es decir, que todos son virtuosos, justificando así la exigencia de que también él habría de obedecerlos.

sino una variante topográfica de la angustia, y que en sus fases ulteriores coincide por completo con el *miedo al super-yo*. Por otra parte, en su relación con la conciencia, la angustia presenta las mismas extraordinarias variaciones que observamos en el sentimiento de culpabilidad. En una u otra forma, siempre hay angustia oculta tras todos los síntomas, pero mientras en ciertas ocasiones acapara ruidosamente todo el campo de la conciencia, en otras se oculta a punto tal que nos vemos obligados a hablar de una "angustia inconsciente", o bien, para aplacar nuestros escrúpulos psicológicos, ya que la angustia no es, en principio, sino una sensación, hablaremos de "posibilidades de angustia". Por eso también se concibe fácilmente que el sentimiento de culpabilidad engendrado por la cultura no se perciba como tal, sino que permanezca inconsciente en gran parte o se exprese como un malestar, un descontento que se trata de atribuir a otras motivaciones. Las religiones, por lo menos, jamás han dejado de reconocer la importancia del sentimiento de culpabilidad para la cultura, denominándolo "pecado" y pretendiendo librar de él a la humanidad, aspecto este que omití considerar en cierta ocasión[37]. En cambio, en otra obra[38] me basé precisamente en la forma en que el cristianismo obtiene esta redención —por la muerte sacrificial de un individuo, que asume así la culpa común a todos— para deducir de ella la ocasión en la cual esta protoculpa original pudo haber sido adquirida por vez primera, ocasión que habría sido también el origen de la cultura.

Quizá no sea superfluo, aunque tampoco es muy importante, que ilustremos la significación de algunos términos como *super-yo*, *conciencia*, *sentimiento de culpabilidad*, *necesidad de castigo*, *remordimiento*, términos que probablemente hayamos

---

[37] Me refiero a *El porvenir de una ilusión* (1927), en tomo XIV de estas *Obras Completas*.

[38] *Tótem y tabú* (1912), en el tomo VIII de estas *Obras Completas*.

aplicado con cierta negligencia y en mutua confusión. *Todos se relacionan con la misma situación, pero denotan distintos aspectos de esta.* El *super-yo* es una instancia psíquica inferida por nosotros; la conciencia es una de las funciones que le atribuimos, junto a otras; está destinada a vigilar los actos y las intenciones del *yo*, juzgándolos y ejerciendo una actividad censoria. El *sentimiento de culpabilidad* —la severidad del *super-yo*— equivale, pues, al rigor de la conciencia; es la percepción que tiene el *yo* de esta vigilancia que se le impone, es su apreciación de las tensiones entre sus propias tendencias y las exigencias del *super-yo*; por fin, la angustia subyacente a todas estas relaciones, el miedo a esta instancia crítica, o sea, la *necesidad de castigo*, es una manifestación instintiva del *yo* que se ha tornado masoquista bajo la influencia del *super-yo* sádico; en otros términos, es una parte del impulso a la destrucción interna que posee el *yo* y que utiliza para establecer un vínculo erótico con el *super-yo*. Jamás se debería hablar de *conciencia* mientras no se haya demostrado la existencia de un *super-yo*; del sentimiento o de la conciencia de culpabilidad, en cambio, cabe aceptar que existe antes que el *super-yo* y, en consecuencia, también antes que la conciencia (moral). Es entonces la expresión directa e inmediata del temor ante la autoridad exterior, el reconocimiento de la tensión entre el *yo* y esta última; es el producto directo del conflicto entre la necesidad de amor parental y la tendencia a la satisfacción instintiva, cuya inhibición engendra la agresividad. La superposición de estos dos planos del sentimiento de culpabilidad —el derivado del miedo a la autoridad exterior y el producido por el temor ante la interior— nos ha dificultado a menudo la comprensión de las relaciones de la conciencia moral. *Remordimiento* es un término global empleado para designar la reacción del *yo* en un caso especial del sentimiento de culpabilidad, incluyendo el material sensitivo casi inalterado de la angustia que actúa tras aquel; es en sí mismo un castigo, y puede abarcar toda la necesidad de castigo; por consiguiente, también el remordimiento puede ser anterior al desarrollo de la conciencia moral.

Tampoco será superfluo volver a repasar las contradicciones que por momentos nos han confundido en nuestro estudio. Una vez pretendíamos que el sentimiento de culpabilidad fuera una consecuencia de las agresiones coartadas, mientras que, en otro caso, precisamente en su origen realizada. Con todo, también logramos superar este obstáculo, pues la instauración de la autoridad interior, del *super-yo*, vino a trastrocar radicalmente la situación. Antes de este cambio, el sentimiento de culpabilidad coincidía con el remordimiento (advertimos aquí que este término debe reservarse para designar la reacción consecutiva al cumplimiento real de la agresión). Después del mismo, la diferencia entre agresión intencionada y realizada perdió toda importancia debido a la omnisapiencia del *super-yo*; ahora, el sentimiento de culpabilidad podía originarse tanto en un acto de violencia efectivamente realizado —cosa que todo el mundo sabe—, como también en uno simplemente intencionado —hecho que el psicoanálisis ha descubierto—. Tanto antes como después, sin tener en cuenta este cambio de la situación psicológica, el conflicto de ambivalencia entre ambos protoinstintos produce el mismo efecto. Estaríamos tentados de buscar aquí la solución del problema de las variables relaciones entre el sentimiento de culpabilidad y la conciencia. El sentimiento de culpabilidad, emanado del remordimiento por la mala acción, siempre debería ser consciente; mientras que el derivado de la percepción del impulso nocivo podría permanecer inconsciente. Pero las cosas no son tan simples, y la neurosis obsesiva contradice fundamentalmente este esquema. Hemos visto que hay una segunda contradicción entre ambas hipótesis sobre el origen de la energía agresiva de que suponemos dotado al *super-yo*. En efecto, según la primera concepción, aquella no es más que la continuación de la energía punitiva de la autoridad exterior, conservándola en la vida psíquica, mientras que según la otra representaría, por el contrario, la agresividad propia, dirigida contra esa autoridad inhibidora, pero no realizada. La primera concepción parece adaptarse mejor a la historia del sentimiento de culpabilidad, mientras que la segunda tiene más en cuenta su teoría. Profundizando la reflexión, esta antinomia, al parecer inconciliable, casi llegó a esfumarse excesivamente, pues quedó como elemento esencial y común el hecho de que en ambos casos se trata de una agresión desplazada hacia dentro. Por otra parte, la observación clínica permite diferenciar realmente dos fuentes de la agresión atribuida al *super-yo*, una u otra de las cuales puede predominar en cada caso individual, aunque generalmente actúan en conjunto.

Creo llegado el momento de insistir formalmente en una concepción que hasta ahora he propuesto como hipótesis provisional. En la literatura analítica más reciente[39] se expresa una predilección por la teoría de que toda forma de derivación, toda satisfacción instintiva defraudada, tiene o podría tener por consecuencia un aumento del sentimiento de culpabilidad. Por mi parte, creo que se simplifica considerablemente la teoría si se aplica este principio *únicamente* a los *instintos agresivos*, y no hay duda de que serán pocos los hechos que contradigan esta hipótesis. En efecto, ¿cómo se explicaría, dinámica y económicamente, que en lugar de una exigencia erótica insatisfecha aparezca un aumento del sentimiento de culpabilidad? Esto sólo parece ser posible a través de la siguiente derivación indirecta: al impedir la satisfacción erótica se desencadenaría cierta agresividad contra la persona que impide esa satisfacción,

---

[39] Particularmente en los trabajos de E. Jones, Susan Isaacs, Melanie Klein; pero, a mi juicio, también en los de Reik y Alexander.

y esta agresividad tendría que ser a su vez contenida. Pero en tal caso sólo sería nuevamente la agresión la que se transforma en sentimiento de culpabilidad al ser coartada y derivada al *super-yo*. Estoy convencido de que podremos concebir más simple y claramente muchos procesos psíquicos si limitamos únicamente a los instintos agresivos la génesis del sentimiento de culpabilidad descubierta por el psicoanálisis. La observación del material clínico no nos proporciona aquí una respuesta inequívoca, pues, como lo anticipaban nuestras propias hipótesis, ambas categorías de instintos casi nunca aparecen en forma pura y en mutuo aislamiento; pero la investigación de casos extremos seguramente nos llevará en la dirección que yo preveo. Estoy tentado de aprovechar inmediatamente esta concepción más estrecha, aplicándola al proceso de la *represión*. Como ya sabemos, los síntomas de la neurosis son, en esencia, satisfacciones sustitutivas de deseos sexuales no realizados. En el curso de la labor analítica hemos aprendido, para gran sorpresa nuestra, que quizá toda neurosis oculte cierta cantidad de sentimiento de culpabilidad inconsciente, el cual a su vez refuerza los síntomas al utilizarlo como castigo. Cabría formular, pues, la siguiente proposición: cuando un impulso instintivo sufre la represión, sus elementos libidinales se convierten en síntomas, y sus componentes agresivos, en sentimiento de culpabilidad. Aun si esta proposición sólo fuese cierta como aproximación, bien merecería que le dedicáramos nuestro interés.

Por otra parte, muchos lectores tendrán la impresión de que se ha mencionado excesivamente la fórmula de la lucha entre el *Eros* y el instinto de muerte. La apliqué para caracterizar el proceso cultural que transcurre en la humanidad, pero también la vinculé con la evolución del individuo, y además pretendí que habría de revelar el secreto de la vida orgánica en general. Parece, pues, ineludible investigar las vinculaciones mutuas entre estos tres procesos. La repetición de la misma fórmula está justificada por la consideración de que tanto el proceso cultural de la humanidad como el de la evolución individual no son sino mecanismos vitales, de modo que han de participar del carácter más general de la vida. Pero esta misma generalidad del carácter biológico le resta todo valor como elemento diferencial del proceso de la cultura, salvo que sea limitado por condiciones particulares en el caso de esta última. En efecto, salvamos dicha incertidumbre al comprobar que el proceso cultural es aquella modificación del proceso vital que surge bajo la influencia de una tarea planteada por el *Eros* y urgida por *Ananké*, por la necesidad exterior real; tarea que consiste en la unificación de individuos aislados para formar una comunidad libidinalmente vinculada. Pero si contemplamos la relación entre el proceso cultural en la humanidad y el del desarrollo o de la educación individuales, no vacilaremos en reconocer que ambos son de índole muy semejante, y que aun podrían representar un mismo proceso realizado en distintos objetos. Naturalmente, el proceso cultural de la especie humana es una abstracción de orden superior al de la evolución del individuo, y por eso mismo es más difícil captarlo concretamente. No conviene exagerar en forma artificiosa el establecimiento de semejantes analogías; no obstante, teniendo en cuenta la similitud de los objetivos de ambos procesos —en un caso, la inclusión de un individuo en la masa humana; en el otro, la creación de una unidad colectiva a partir de muchos individuos—, no puede sorprendernos la semejanza de los métodos aplicados y de los resultados obtenidos. Pero tampoco podemos seguir ocultando un rasgo diferencial de ambos procesos, pues su importancia es extraordinaria. La evolución del individuo sustenta como fin principal el programa del principio del placer, es decir, la prosecución de la felicidad, mientras que la inclusión en una comunidad humana o la adaptación a la misma aparece como un requisito casi ineludible que ha de ser cumplido para alcanzar el objetivo de la felicidad; pero quizá sería mucho mejor si esta condición pudiera ser eliminada. En otros términos, la evolución individual se nos presenta como el producto de la interferencia entre dos tendencias: la aspiración a la felicidad, que solemos calificar de "egoísta", y el anhelo de fundirse con los demás en una comunidad, que llamamos "altruista". Ambas designaciones no pasan de ser superficiales. Como ya lo hemos dicho, en la evolución individual el acento suele caer en la tendencia egoísta o de felicidad, mientras que la otra, que podríamos designar "cultural", se limita generalmente a instituir restricciones. Muy distinto es lo que sucede en el proceso de la cultura. El objetivo de establecer una unidad formada por individuos humanos es, con mucho, el más importante, mientras que el de la felicidad individual, aunque todavía subsiste, es desplazado a segundo plano; casi parecería que la creación de una gran comunidad humana podría ser lograda con mayor éxito si se hiciera abstracción de la felicidad individual. Por consiguiente, debe admitirse que el proceso evolutivo del individuo puede tener rasgos particulares que no se encuentran en el proceso cultural de la humanidad; el primero sólo coincidirá con el segundo en la medida en que tenga por meta la adaptación a la comunidad.

Tal como el planeta gira en torno de su astro central, además de rotar alrededor del propio eje, así también el individuo participa en el proceso evolutivo de la humanidad, recorriendo al mismo tiempo el camino de su propia vida. Pero para nuestros ojos torpes el drama que se desarrolla en el firmamento parece estar fijado en un orden imperturbable; en los fenómenos orgánicos, en cambio, aún advertimos cómo luchan las fuerzas entre sí y cómo cambian sin cesar los resultados del conflicto. Tal como fatalmente deben combatirse en cada individuo las dos tendencias antagónicas —la de felicidad individual y la de unión humana—, así también han de enfrentarse por fuerza, disputándose el terreno, ambos procesos evolutivos: el del individuo y el de la cultura. Pero esta lucha entre individuo y sociedad no es hija del antagonismo, quizá inconciliable, entre los protoinstintos, entre *Eros* y *Muerte*, sino que responde a un conflicto en la propia economía de la libido, conflicto comparable a la disputa por el reparto de la libido entre el *yo* y los objetos. No obstante las penurias que actualmente impone la existencia del individuo, la contienda puede llegar en este a un equilibrio definitivo que, según esperamos, también alcanzará en el futuro de la cultura.

Aún puede llevarse mucho más lejos la analogía entre el proceso cultural y la evolución del individuo, pues cabe sostener que también la comunidad desarrolla un *super-yo* bajo cuya influencia se produce la evolución cultural. Para el estudioso de las culturas humanas sería tentadora la tarea de perseguir esta analogía en casos específicos. Por mi parte, me limitaré a destacar algunos detalles notables. El *super-yo* de una época cultural determinada tiene un origen análogo al del *super-yo* individual, pues se funda en la impresión que han dejado los grandes personajes conductores, los hombres de abrumadora fuerza espiritual, o aquellos en los cuales alguna de las aspiraciones humanas básicas llegó a expresarse con máxima energía y pureza, aunque, quizá por eso mismo, muy unilateralmente. En muchos casos la analogía llega aún más lejos, pues con regular frecuencia, aunque no siempre, esos personajes han sido denigrados, maltratados o aun despiadadamente eliminados por sus semejantes, suerte similar a la del protopadre, que sólo mucho tiempo después de su violenta muerte asciende a la categoría de divinidad. La figura de Jesucristo es, precisamente, el ejemplo más cabal de semejante doble destino, siempre que no sea por ventura una creación mitológica surgida bajo el obscuro recuerdo de aquel homicidio primitivo. Otro elemento coincidente reside en que el *super-yo* cultural, a entera semejanza del individual, establece rígidos ideales cuya violación es castigada con la "angustia de conciencia". Aquí nos encontramos ante la curiosa situación de que los procesos psíquicos respectivos nos son más familiares, más accesibles a la conciencia, cuando los abordamos bajo su aspecto colectivo que cuando los estudiamos en el individuo. En este sólo se expresan ruidosamente las agresiones del *super-yo*, manifestadas como reproches al elevarse la tensión interna, mientras que sus exigencias mismas a menudo yacen inconscientes. Al llevarlas a la percepción consciente se comprueba que coinciden con los preceptos del respectivo *super-yo* cultural. Ambos procesos —la evolución cultural de la masa y el desarrollo propio del individuo— siempre están aquí en cierta manera conglutinados. Por eso muchas expresiones y cualidades del *super-yo* pueden ser reconocidas con mayor facilidad en su expresión colectiva que en el individuo aislado.

El *super-yo* cultural ha elaborado sus ideales y erigido sus normas. Entre estas, las que se refieren a las relaciones de los seres humanos entre sí están comprendidas en el concepto de la ética. En todas las épocas se dio el mayor valor a estos sistemas éticos, como si precisamente ellos hubieran de colmar las máximas esperanzas. En efecto, la ética aborda aquel punto que es fácil reconocer como el más vulnerable de toda cultura. Por consiguiente, debe ser concebida como una tentativa terapéutica, como un ensayo destinado a lograr mediante un imperativo del *super-yo* lo que antes no pudo alcanzar la restante labor cultural. Ya sabemos que en este sentido el problema consiste en eliminar el mayor obstáculo con que tropieza la cultura: la tendencia constitucional de los hombres a agredirse mutuamente; de ahí el particular interés que tiene para nosotros el quizá más reciente precepto del *super-yo* cultural: "Amarás al prójimo como a ti mismo". La investigación y el tratamiento de las neurosis nos han llevado a sustentar dos acusaciones contra el *super-yo* del individuo: con la severidad de sus preceptos y prohibiciones se despreocupa demasiado de la felicidad del *yo*, pues no toma debida cuenta de las resistencias contra el cumplimiento de aquellos, de la energía instintiva del *Ello* y de las dificultades que ofrece el mundo real. Por consiguiente, al perseguir nuestro objetivo terapéutico, muchas veces nos vemos obligados a luchar contra el *super-yo*, esforzándonos por atenuar sus pretensiones. Podemos oponer objeciones muy análogas contra las exigencias éticas del *super-yo* cultural. Tampoco este se preocupa bastante por la constitución psíquica del hombre, pues instituye un precepto y no se pregunta si al ser humano le será posible cumplirlo. Acepta, más bien, que al *yo* del hombre le es psicológicamente posible realizar cuanto se le encomiende; que el *yo* goza de ilimitada autoridad sobre su *Ello*. He aquí un error, pues aun en los seres pretendidamente normales la dominación sobre el *Ello* no puede exceder determinados límites. Si las exigencias los sobrepasan, se produce en el individuo una rebelión o una neurosis, o se lo hace infeliz. El mandamiento "Amarás al prójimo como a ti mismo" es el rechazo más intenso de la agresividad humana y constituye un excelente ejemplo de la actitud antipsicológica que adopta el *super-yo* cultural. Ese mandamiento es irrealizable; tamaña inflación del amor no puede menos que menoscabar su valor, pero de ningún modo conseguirá remediar el mal. La cultura se despreocupa de todo esto, limitándose a decretar que cuanto más difícil sea obedecer el precepto, tanto más mérito tendrá su acatamiento. Pero quien en el actual estado de la cultura se ajuste a semejante regla, no hará sino colocarse en situación desventajosa frente a todos aquellos que la violen. ¡Cuán poderoso obstáculo cultural debe ser la agresividad si su rechazo puede hacernos tan infelices como su realización! De nada nos sirve aquí la pretendida ética "natural", fuera de que nos ofrece la satisfacción narcisista de poder considerarnos mejores que los demás. La ética basada en la religión, por su parte, nos promete un más allá mejor, pero pienso que predicará en desierto mientras la virtud nos rinda sus frutos ya en esta tierra. También yo considero indudable que una modificación objetiva de las relaciones del hombre con la propiedad sería en este sentido más eficaz que cualquier precepto ético; pero los socialistas malogran tan justo reconocimiento, desvalorizándolo en su realización, al incurrir en un nuevo desconocimiento idealista de la naturaleza humana.

A mi juicio, el concepto de que los fenómenos de la evolución cultural pueden interpretarse en función de un *super-yo*, aún promete revelar nuevas inferencias. Pero nuestro estudio toca a su fin, aunque sin eludir una última cuestión. Si la evolución de la cultura tiene tan trascendentes analogías con la del individuo y si emplea los mismos recursos que esta, ¿acaso no estará justificado el diagnóstico de que muchas culturas —o épocas culturales, y quizá aun la humanidad entera— se habrían tornado "neuróticas" bajo la presión de las ambiciones culturales? La investigación analítica de estas neurosis bien podría conducir a planes terapéuticos de gran interés práctico, y en modo alguno me atrevería a sostener que semejante tentativa de transferir el psicoanálisis a la comunidad cultural sea insensata o esté condenada a la esterilidad. No obstante, habría que proceder con gran prudencia, sin olvidar que se trata únicamente de analogías, y que tanto para los hombres como para los conceptos es peligroso que sean arrancados del suelo en que se han originado y desarrollado. Además, el diagnóstico de las neurosis colectivas tropieza con una dificultad particular. En la neurosis individual disponemos como primer punto de reparo del contraste con que el enfermo se destaca de su medio, que consideramos "normal". Este telón de fondo no existe en una masa uniformemente afectada, de modo que deberíamos buscarlo por otro lado. En cuanto a la aplicación terapéutica de nuestros conocimientos, ¿de qué serviría el análisis más penetrante de las neurosis sociales, si nadie posee la autoridad necesaria para imponer a las masas la terapia correspondiente? Pese a todas estas dificultades, podemos esperar que algún día alguien se atreva a emprender semejante patología de las comunidades culturales.

Múltiples y variados motivos excluyen de mis propósitos cualquier intento de valoración de la cultura humana. He procurado eludir el prejuicio entusiasta según el cual nuestra cultura es lo más precioso que podríamos poseer o adquirir, y su camino habría de llevarnos indefectiblemente a la cumbre de una insospechada perfección. Por lo menos puedo escuchar sin indignarme la opinión del crítico que, teniendo en cuenta los objetivos perseguidos por los esfuerzos culturales y los recursos que estos aplican, considera obligada la conclusión de que todos estos esfuerzos no valdrían la pena y de que el resultado final sólo podría ser un estado intolerable para el individuo. Pero me es fácil ser imparcial, pues sé muy poco sobre todas estas cosas y con certeza sólo una: que los juicios estimativos de los hombres son infaliblemente orientados por los deseos de alcanzar la felicidad, constituyendo, pues, tentativas destinadas a fundamentar sus ilusiones con argumentos. Contaría con toda mi comprensión quien pretendiera destacar el carácter forzoso de la cultura humana, declarando, por ejemplo, que la tendencia a restringir la vida sexual o a implantar el ideal humanitario a costa de la selección natural sería un rasgo evolutivo que no es posible eludir o desviar, y frente al cual lo mejor es someterse, cual si fuese una ley inexorable de la naturaleza. También conozco la objeción a este punto de vista: muchas veces, en el curso de la historia humana, las tendencias consideradas como insuperables fueron descartadas y sustituidas por otras. Así, me falta el ánimo necesario para erigirme en profeta ante mis contemporáneos, no quedándome más remedio que exponerme a sus reproches por no poder ofrecerles consuelo alguno. Pues, en el fondo, no es otra cosa lo que persiguen todos: los más frenéticos revolucionarios con el mismo celo que los creyentes más piadosos.

A mi juicio, el destino de la especie humana será decidido por la circunstancia de si —y a qué punto— el desarrollo cultural logrará hacer frente a las perturbaciones de la vida colectiva emanadas del instinto de agresión y de autodestrucción. En este sentido, la época actual quizá merezca nuestro particular interés. Nuestros contemporáneos han llegado a tal punto en el dominio de las fuerzas elementales que con su ayuda les sería fácil exterminarse mutuamente hasta el último hombre. Bien lo saben, y de ahí buena parte de su presente agitación, de su infelicidad y su angustia. Sólo nos queda esperar que la otra de ambas "potencias celestes", el eterno *Eros*, despliegue sus fuerzas para vencer en la lucha con su no menos inmortal adversario. Mas, ¿quién podría augurar el desenlace final?

SOBRE LA CONQUISTA DEL FUEGO

Título del original en alemán:
Zur Gewinnung des Feuers

EN ALEMÁN:

1932. En la revista *Imago*, vol. XVIII, Internat. Psychoanalytischer Verlag, Leipzing-Viena-Zurich, pág. 8.

1934. En la edición vienesa de las Obras completas: *Gesammelte Schriften*, tomo XII, por la misma editorial.

1950. En la edición londinense de las Obras completas: *Gesammelte Werke*, tomo XVI, Imago Publishing Co., Londres.

EN INGLÉS:

1932. Traducción de Joan Riviere, en *The International Journal of Psychoanalysis*, vol. XIII., pág. 405.

1932. En *The Psychoanalytic Quarterly*, vol. I.

1949. En *Collected Papers*, tomo V, The Hogarth Press, Londres.

EN ESPAÑOL:

1944. Traducción de Ludovico Rosenthal (con el título: *De cómo se obtuvo el fuego*), en *Obras Completas*, tomo XIX, Editorial Americana, Buenos Aires.

En una acotación a mi estudio sobre *El malestar en la cultura* aludí, aunque sólo incidentalmente, a cierta conjetura que el material psicoanalítico nos ofrece respecto de la forma en que el hombre primitivo habría conquistado el dominio sobre el fuego. Me veo ahora inducido a retomar el mencionado tema por las opiniones discrepantes de la mía que expuso Albrecht Schaeffer y por la sorprendente referencia de Erlenmeyer, en su reciente estudio, acerca de la prohibición de orinar sobre las cenizas que rige entre los mogoles[40].

Creo que mi hipótesis —de que la condición previa para la conquista del fuego habría sido la renuncia al placer de extinguirlo con el chorro de orina, placer de intenso tono homosexual— puede ser confirmada mediante la interpretación de la leyenda griega de Prometeo, siempre que se tenga debida cuenta de la obvia deformación que media entre los hechos históricos y su representación en el mito. Estas deformaciones son de la misma

---

[40] Esta prohibición sólo se refiere, sin duda, a las cenizas calientes, en las que aún podría surgir el fuego, y no a las extinguidas.

La discrepancia que expresó Lorenz en *Chaos und Ritus* ("Caos y rito", en *Imago*, XVII, 1931, página 433 y siguientes) se funda en la premisa de que la dominación del fuego sólo habría sido posible, en principio, una vez que el hombre hubo descubierto la capacidad de originarlo a voluntad mediante una maniobra cualquiera. En cambio, el doctor J. Hárnik me señala la tesis contraria del doctor Richard Lasch (en la compilación de Georg Buschan: *Ilustrierte Völkerkunde* ["Antropología ilustrada"], Stuttgart, 1922, tomo I, página 24): "Es de suponer que el arte de la *conservación* del fuego haya precedido en mucho tiempo al de su creación. Una prueba de ello se encuentra en el hecho de que los actuales hombres primitivos, los pigmeos de las islas Andamanes, poseen y conservan el fuego, pero no conocen un método autóctono para producirlo".

índole —y no más violentas— que las que toleramos a diario cuando reconstruimos, a partir de los sueños de nuestros pacientes, sus vivencias infantiles reprimidas, tan extraordinariamente importantes. Los mecanismos aplicados en esta deformación consisten en la *representación simbólica* y en la *sustitución por lo contrario*. No me atrevo a interpretar de tal manera todos los rasgos del mito, pues bien podría ser que en su trama se hubiesen agregado a los hechos primitivos otros sucesos más recientes. Pero los elementos que admiten interpretación analítica son precisamente los más notables e importantes: la manera en que Prometeo transporta el fuego, la índole de su acto (sacrilegio, robo, engaño de los dioses) y el sentido del castigo que se le impone.

El titán Prometeo —un héroe cultural aún dotado de carácter divino[41]; quizá en la versión original un demiurgo y creador de seres humanos— trae, pues, a los hombres, oculto en un bastón hueco, en una rama de hinojo, el fuego que ha robado a los dioses. Si nos hallásemos ocupados en la interpretación de un sueño, de buen grado entenderíamos aquel escondrijo como un símbolo fálico, pese a que nos molesta un tanto la insólita acentuación de su oquedad. Pero, ¿cómo relacionar este tubo fálico con la conservación del fuego? He aquí una conexión que nos parece infructuosa establecer hasta que recordamos el proceso de la transformación o sustitución por lo contrario, de la inversión de las relaciones mutuas, tan frecuente en el sueño y tantas veces revelador de su sentido oculto. No es el fuego lo que el hombre alberga en su tubo fálico, sino, por el contrario, el medio para extinguir la llama, el líquido chorro de su orina. De este vínculo entre fuego y agua surge al punto un material analítico que ya nos es familiar.

---

[41] En este sentido, Heracles, más moderno, sería de naturaleza semidivina, y Teseo ya es completamente humano.

En segundo lugar, nos hallamos con que la conquista del fuego es un crimen sacrílego, pues se obtiene mediante el robo, la sustracción. Henos aquí ante un rasgo constante e invariable de todas las leyendas sobre la conquista del fuego, presente en los pueblos más dispares y distantes, y no sólo en la leyenda griega de Prometeo, el portador de la llama. Aquí debe hallarse, pues, el elemento nuclear de esta deformada reminiscencia humana. Pero, ¿por qué aparece la obtención del fuego indisolublemente ligada a la idea de un sacrilegio? ¿Quién es aquí el perjudicado, el engañado? En la versión de Hesíodo la leyenda nos ofrece una respuesta directa, pues en otra narración, no vinculada directamente con el fuego, Prometeo engaña a Zeus en favor de los hombres, al preparar los sacrificios que le son ofrendados. ¡De manera que los engañados son los dioses! Como se sabe, la mitología concede a los dioses el privilegio de satisfacer todos los deseos a que la criatura humana debe renunciar, como bien lo vemos en el caso del incesto. En términos analíticos, diríamos que la vida instintiva, el *Ello*, es el dios engañado con la renuncia a la extinción del fuego, de modo que en la leyenda un deseo humano se habría transformado en un privilegio de los dioses, pues en este nivel legendario la divinidad de ningún modo tiene carácter de *super-yo*, sino que aún representa a la omnipotente vida instintiva.

La sustitución por lo contrario llega a su grado máximo en el tercer elemento de la leyenda, en el castigo que sufre el conquistador del fuego. Prometeo es encadenado a una peña y un buitre le roe diariamente el hígado. También en las leyendas ígneas de otros pueblos interviene un ave, de modo que ha de tener en el conjunto alguna significación que por el momento me abstengo de interpretar. En cambio, nos hallaremos en terreno seguro al tratar de explicar por qué se eligió el hígado para aplicar el castigo. Para los antiguos, el hígado era asiento de todas las pasiones y de los deseos; así, un castigo como el sufrido por

Prometeo era el más adecuado para un delincuente instintivo, para un delito cometido bajo el impulso de deseos ofensivos. Pero en el demiurgo del fuego nos encontramos precisamente con lo contrario: ha renunciado a sus instintos, demostrando cuán benéfica, pero también cuán imprescindible para los fines culturales es semejante renuncia. Así, ¿qué podía inducir a la leyenda a considerar semejante hazaña cultural como un delito digno de castigo? Pues bien; si en todas las deformaciones se transparenta la circunstancia de que la obtención del fuego tuvo por condición previa una renuncia instintiva, entonces la leyenda expresa sin ambages el rencor que la humanidad instintiva hubo de sentir contra el héroe cultural. Y, por otra parte, esto concuerda con lo que sabemos y esperábamos. Sabemos que la invitación a la renuncia instintiva y la imposición de esta despiertan la misma hostilidad y los mismos impulsos agresivos que sólo en una fase ulterior de la evolución psíquica llegarán a expresarse como sentimiento de culpabilidad.

La impenetrabilidad de la leyenda prometeica, así como la de tantos otros mitos ígneos, es acrecentada por el hecho de que a los primitivos el fuego debe haberles parecido algo similar a las pasiones amorosas; nosotros diríamos: un símbolo de la libido. El calor que el fuego irradia despierta la misma sensación que acompaña el estado de la excitación sexual, y la llama, con su forma y movimiento, nos recuerda el falo activo. No puede cabernos la menor duda con respecto a que la llama era en sentido mítico un falo, pues aun la leyenda genealógica del emperador romano Servio Tulio lo atestigua. Cuando nosotros mismos hablamos del "fuego de la pasión" y de las llamas que "lengüetean" o "lamen" un combustible, es decir, cuando comparamos la llama con la lengua, no nos hemos alejado mucho, por cierto, del pensamiento de nuestros antepasados primitivos. En nuestra derivación del mito ígneo también aceptábamos que para el hombre primitivo la tentativa de extinguir las llamas con su propia agua representó una lucha placentera con un falo ajeno.

Por la puerta de esta asimilación simbólica pueden haber penetrado al mito otros elementos puramente fantásticos que luego se habrían entretejido con los primitivos, históricos. Así, es difícil rechazar la idea de que siendo el hígado asiento de las pasiones signifique simbólicamente lo mismo que el fuego, de manera que su cotidiana consunción y regeneración describiría con fidelidad la fluctuación de los deseos amorosos que, diariamente satisfechos, se renuevan diariamente. Al ave que sacia su apetito en el hígado le correspondería entonces una significación fálica que, por otra parte, no le es nada extraña, como nos lo demuestran las leyendas, los sueños, los giros del lenguaje y las representaciones plásticas de la antigüedad. Un pequeño paso más nos lleva al ave fénix, que renace rejuvenecida de cada muerte en las llamas y que, con toda probabilidad, aludió primitiva y preferentemente al falo reanimado después de cada relajación, más bien que al sol, ocultado en el crepúsculo vespertino para renacer cotidianamente.

Hemos de preguntarnos si es lícito atribuir a la función mito-poética el propósito frívolo de representar, disfrazados, procesos psíquicos dotados de expresión corporal, por todos conocidos, pero sumamente interesantes, sin ser animada por ningún otro motivo, fuera del mero placer representativo. Seguramente es imposible responder a esta pregunta sin penetrar antes en la esencia del mito, pero para nuestros dos casos es fácil reconocer este contenido y con ello una tendencia determinada. Ambos ilustran la reanimación de los deseos libidinales después de haberse consumido en una satisfacción, es decir, representan su perennidad, y el consuelo contenido en este tema predominante está plenamente justificado, ya que el núcleo histórico del mito trata una derrota de la vida instintiva, una renuncia a los instintos que ha sido imprescindible aceptar. Viene a ser como la segunda fase de la comprensible reacción que presentaría un hombre primitivo ofendido en sus instintos: una vez castigado el delincuente, se le asegura que en el fondo nada malo ha cometido.

En un punto inesperado de otro mito, que al parecer muy poco tiene que ver con el del fuego, nos topamos con la sustitución por lo contrario. La hidra de Lerna, con sus innumerables y agitadas cabezas de serpiente —entre ellas hay una inmortal—, es, como su nombre lo atestigua, un dragón acuático. Heracles, el héroe cultural, la destruye cortándole las cabezas, pero estas vuelven a crecer, y sólo logra dominar al monstruo después de haber quemado con fuego la cabeza inmortal. ¡Un dragón acuático dominado por el fuego!:he aquí algo que no da sentido. Pero sí lo tiene, como en tantos sueños, la inversión del contenido manifiesto. En tal caso, la hidra es una hoguera; las cabezas de serpientes son sus llamas, y, como prueba de su índole libidinal, presentan igual que el hígado de Prometeo el fenómeno de la regeneración, de la integridad restablecida luego de su intentada destrucción. Ahora bien: Heracles extingue este incendio con...agua. La cabeza inmortal es, sin duda, el propio falo, y su destrucción representa la castración. Pero Heracles también es el libertador de Prometeo, el que mata al ave cebada en su hígado. ¿Acaso no se habría de aceptar como si el acto de uno de los héroes fuese anulado por el otro? Prometeo había prohibido extinguir el fuego —igual que el precepto de los mogoles—, pero Heracles lo permitió en caso de incendios amenazantes. El segundo mito parece corresponder a la reacción de una época ulterior de la cultura contra el motivo primitivo de la conquista del fuego. Tenemos la impresión de que desde aquí podríamos penetrar profundamente en los misterios del mito, pero, naturalmente, la sensación de seguridad no nos acompañaría muy lejos.

En lo que se refiere a la contradicción entre el fuego y el agua que domina estos mitos en toda su amplitud, podemos

demostrar, junto a los factores históricos y fantástico-simbóli-
cos, un tercero, un hecho fisiológico que cierto poeta describió
en los siguientes versos:

> "Con lo que le sirve para mear,
> el hombre puede a otros crear"[42].

El miembro viril del hombre posee dos funciones, cuya reunión orgánica es para muchos motivo de indignación. Está encargado de evacuar la orina y de realizar el acto sexual que satisface
las necesidades de la libido genital. El niño aún cree reunir ambas
funciones y, según sus teorías, los niños se producen al orinar el
hombre en el vientre de la mujer; pero el adulto sabe que ambos
actos son en realidad mutuamente incompatibles; en efecto, tan
incompatibles como fuego y agua. Cuando el falo llega al estado
erecto que le ha valido la equiparación con el pájaro y durante
el cual se perciben aquellas sensaciones que recuerdan el calor
del fuego, es imposible orinar; por el contrario, cuando el falo
sirve a la evacuación de la orina (el agua del cuerpo), parecen
extinguidas todas sus vinculaciones con la función genital. La
contradicción entre ambas funciones podría llevarnos a afirmar
que el hombre extingue su propio fuego con su propia agua. Y
el hombre primitivo, que se veía librado a tener que captar el
mundo exterior con ayuda de sus propias sensaciones y condiciones corporales, seguramente no dejó de advertir y de utilizar
las analogías que le reveló la conducta del fuego.

---

[42] *Was dem Menschen dient zum seichen / Damit schafft er Seinesgleichen* (Heine).

LAS RESISTENCIAS CONTRA
EL PSICOANÁLISIS

Título del original en alemán:
Die Widerstände gegen die Psychoanalyse

EN ALEMÁN:

1925. En la revista *Imago*, vol. XI, núm. 1 (previa publicación en francés, *vide infra*).

1928. En la edición vienesa de las Obras completas: *Gesammelte Schriften*, tomo XI, Internat. Psychoanalytischer Verlag, Leipzig-Viena-Zurich.

1948. En la edición londinense de las Obras completas: *Gesammelte Werke*, tomo XIV, Imago Publishing Co., Londres.

EN INGLÉS:

1950. Traducción de James Strachey en *Collected Papers*, tomo V, The Hogarth Press, Londres.

EN ESPAÑOL:

1944. Traducción de Ludovico Rosenthal en *Obras Completas*, tomo XIX, Editorial Americana, Buenos Aires.

EN FRANCÉS:

1925. En *La Revue Juive* (publicación original).

El lactante sostenido por el brazo de su nodriza que se aparta sollozando de una cara extraña; el creyente que inicia el nuevo año con una oración y que saluda, bendiciéndolos, los primeros frutos del estío; el aldeano que se niega a comprar una guadaña si no lleva la marca de fábrica familiar a sus antecesores: he aquí tres situaciones cuya discrepancia es manifiesta y que parecía acertado reducir a motivos particulares para cada una.

Sin embargo, sería injusto ignorar lo que tienen de común. En los tres casos se trata de un mismo displacer, que en el niño halla expresión elemental y primitiva, en el creyente aparece artificiosamente elaborado, para el aldeano se convierte en motivo de una decisión. Pero la fuente de este displacer es el esfuerzo que *lo nuevo* exige a la vida anímica, el desgaste psíquico que le impone, su concomitante inseguridad exacerbada hasta la angustiosa expectativa. Sería tentador hacer de la reacción psíquica frente a lo nuevo el tema de un estudio especial, pues en ciertas —aunque ya no primordiales— condiciones también se suele observar la actitud opuesta: una sed de estimulación que se apodera de cuanto nuevo encuentra, simplemente por ser nuevo.

La aprensión ante lo nuevo no debería sentar plaza en la labor científica. La ciencia, eternamente incompleta e insuficiente, está destinada a perseguir su fortuna en nuevos descubrimientos y en nuevas concepciones. Para evitar el engaño fácil le conviene armarse de escepticismo, y rechazar toda innovación que no haya soportado su riguroso examen. Mas este escepticismo muestra en ocasiones dos características insospechadas, pues mientras se opone con violencia a la novedad recién nacida, protege respetuosamente lo que ya conoce y acepta, conformándose, pues, con reprobar aun antes de haber investigado. Pero así se desenmascara como un simple heredero de aquella primitiva reacción contra lo nuevo, como un nuevo disfraz para asegurar su subsistencia. Todos sabemos cuán frecuentemente en la historia de la investigación científica las innovaciones fueron recibidas con intensa y pertinaz resistencia, revelando la evolución ulterior que esta era injusta, y aquellas, valiosas e importantes. Por lo general eran ciertos elementos temáticos de la novedad los que provocaban la resistencia, aunque por otro lado siempre debían concurrir varios factores para poder desencadenar esa reacción primitiva.

Una recepción particularmente ingrata le fue deparada al *psicoanálisis*, que el autor comenzó a desarrollar hace casi 30 años, basándose en las comprobaciones de Josef Breuer, de Viena, relativas al origen de los síntomas neuróticos. Su carácter novedoso era indiscutible, aunque junto a estos hallazgos elaborara cuantioso material ya conocido de otras fuentes, además de resultados emanados de las doctrinas del gran neuropatólogo Charcot y de impresiones surgidas de los fenómenos hipnóticos. Al principio su importancia fue puramente terapéutica: pretendía establecer un nuevo y eficaz tratamiento de las enfermedades neuróticas. Pero ciertas vinculaciones, que originalmente no pudieron ser sospechadas, llevaron al psicoanálisis más allá de su objetivo original. De tal manera, por fin llegó a sustentar la pretensión de haber fundado sobre nuevas bases nuestra entera concepción de la vida psíquica, pretensión que afianza su importancia en cuanto sector del conocimiento se apoye en la Psicología. Después de un decenio de completo desdén, se convirtió de pronto en objeto del interés público, y al mismo tiempo desencadenó una tempestad de indignada reprobación.

Pasemos por alto aquí las *formas* tras las cuales se manifestó la resistencia contra el psicoanálisis; baste observar que la lucha en torno de esta novedad de ningún modo ha tocado a su fin, aunque ya es posible reconocer la orientación que adoptará en el futuro: sus enemigos no han logrado suprimir el movimiento. El psicoanálisis, cuyo representante único fui hace veinte años, halló desde entonces numerosos adherentes de importancia, animados por diligente afán, tanto médicos como profanos, que lo ejercen como procedimiento terapéutico para los enfermos nerviosos, como método de investigación psicológica y como recurso auxiliar de la labor científica en los más diversos campos del espíritu. Nuestro interés sólo ha de dirigirse aquí a los *motivos* de la resistencia contra el psicoanálisis, atendiendo particularmente a la composición de esta y a la distinta valía de sus componentes.

La consideración clínica ha de ubicar las neurosis junto a las intoxicaciones o los procesos análogos a la enfermedad de Basedow. Trátase de estados producidos por exceso o falta relativa de determinadas sustancias muy potentes, ya se formen estas en el propio organismo o sean introducidas desde fuera; es decir, que son en realidad trastornos del quimismo: toxicosis. Si alguien lograse demostrar y aislar la o las sustancias hipotéticas que intervienen en la génesis de la neurosis, tal hallazgo no tropezaría por cierto con la protesta de los médicos. Mas por ahora no disponemos de ningún camino que nos lleve a semejante meta. Sólo podemos tomar como punto de partida el cuadro sintomático que presentan las neurosis; por ejemplo, en la histeria, el cortejo de trastornos somáticos y psíquicos. Ahora bien: tanto las experiencias de Charcot como las observaciones clínicas de Breuer nos enseñaron que también los síntomas *somáticos* de la histeria son *psicogénicos*, es decir, que presentan sedimentos de procesos psíquicos transcurridos. Gracias al establecimiento del estado hipnótico se pudo provocar arbitraria y experimentalmente dichos síntomas somáticos de la histeria.

El psicoanálisis tomó este nuevo conocimiento como punto de partida, comenzando por preguntarse acerca de la índole de esos procesos psíquicos que dan lugar a tan singulares conse-cuencias. Pero semejante orientación científica no podía agradar a la generación médica de entonces, educada en el sentido de la valoración exclusiva de los factores anatómicos, físicos y quí-micos, sin estar preparada para apreciar lo psíquico, de modo que lo enfrentaron con indiferencia y aversión. Evidentemente, los médicos dudaban de que los hechos psíquicos pudieran ser sometidos, en principio, a una elaboración científica exacta. Reaccionando desmesuradamente contra una fase superada de la medicina en la que habían reinado las concepciones de la llamada filosofía de la naturaleza, esa generación consideraba nebulosas, fantásticas y místicas a las abstracciones del tipo que la psicología debe por fuerza utilizar; en cuanto a los fenómenos enigmáticos que podrían convertirse en puntos de partida para la investigación, simplemente les negaba todo crédito. Los síntomas de la neurosis histérica eran tenidos por productos de la simulación; las manifestaciones del hipnotismo, por supercherías. Hasta los psiquíatras, cuya atención se ve asediada por los fenómenos psíquicos más extraordinarios y asombrosos, no se mostraban dispuestos a considerarlos en detalle y a perseguir sus vinculaciones, conformándose con clasificar el abigarrado cuadro de las exteriorizaciones mórbidas y con reducirlas, siempre que fuera posible, a factores patógenos somáticos, anatómicos o químicos. En esta época materialista —o, más bien, mecanicista— la medicina realizó magníficos progresos, pero, no obstante, ignoró ciegamente el más excelso y difícil de los problemas que plantea la vida.

Es comprensible que los médicos, embargados por seme-jante posición frente a lo psíquico, no concedieran su favor al psicoanálisis ni se mostraran dispuestos a seguir su invitación para aplicar nuevos enfoques y para encarar muchas cosas de distinto modo. Pero cabría aceptar que la nueva doctrina despertara tanto más fácilmente el aplauso de los filósofos, ya que estos solían encabezar sus explicaciones del universo con conceptos abstractos —o, al decir de malas lenguas, con palabras sin significado—, de modo que no tenían por qué condenar la dilatación del campo psicológico que emprendía el psicoanálisis. Pero aquí tropezó con un nuevo obstáculo, pues lo psíquico de los filósofos no equivalía a lo psíquico del psicoanálisis. En su mayoría, los filósofos sólo califican de psíquico a lo que es un fenómeno de conciencia; para ellos el mundo de lo consciente coincide con el ámbito de lo psíquico. Cuanto pueda suceder, fuera de esto, en el "alma", tan difícil de captar, lo adjudican a las precondiciones orgánicas o a los procesos paralelos de lo psíquico. En términos más concisos, el alma no tiene otro contenido sino los fenómenos conscientes, de modo que la ciencia del alma, la psicología, mal puede tener otro objeto. Tampoco el profano piensa de distinta manera.

¿Qué puede decir, pues, el filósofo ante una ciencia como el psicoanálisis, según la cual lo psíquico, en sí, sería *inconsciente*, y la conciencia, sólo una *cualidad* que puede agregarse, o no, a cada acto psíquico, sin que su eventual ausencia modifique algo en este? Naturalmente, el filósofo afirmará que un ente psíquico inconsciente es un desatino, una *contradictio in adjecto*, y no advertirá que con semejante juicio no hace sino repetir su propia —y quizá demasiado estrecha— definición de lo psíquico. Al filósofo le resulta fácil lograr esta certidumbre, pues ignora el material cuyo estudio impuso al analista la convicción de los actos psíquicos inconscientes. No ha considerado el hipnotismo; no se esforzó en la interpretación de los sueños —que prefiere considerar, como el médico, cual productos sin sentido, resultantes de la actividad mental atenuada durante el reposo—; apenas sospecha que existen cosas como las ideas obsesivas y delirantes, y se le pondría en gran aprieto invitándole a explicarlas mediante sus premisas psicológicas. También el analista se niega a declarar qué es lo inconsciente, pero al menos puede señalar un sector fenoménico cuya observación le impulso la aceptación de lo inconsciente. El filósofo, que no conoce otra forma de observación más que la de sí mismo, no puede seguir al analista por este camino. Así, el psicoanalista sólo saca desventajas de su posición intermedia entre la medicina y la filosofía. El médico lo considera como un sistema especulativo y se niega a creer que, como cualquier otra ciencia de la naturaleza, se base en una paciente y afanosa elaboración de hechos procedentes del mundo perceptivo; el filósofo, que la mide con la vara de sus propios sistemas artificiosamente edificados, considera que parte de premisas inaceptables y le achaca el que sus conceptos principales —aún en pleno desarrollo— carezcan de claridad y precisión.

Semejante situación bastaría para explicar la recepción indignada y reticente que los círculos científicos dispensaron al psicoanálisis, pero no permite comprender cómo se pudo llegar a esos estallidos de furia, sarcasmo y desprecio, al abandono de todos los preceptos de la lógica y del buen gusto en la polémica. Tal reacción permite adivinar que debieron haberse animado otras resistencias, fuera de las meramente intelectuales; que fueron despertadas fuertes potencias afectivas. La doctrina psicoanalítica contiene, en efecto, bastantes elementos a los cuales se podría atribuir tal repercusión sobre las pasiones humanas, y no sólo sobre las de los hombres de ciencia.

Así, nos encontramos ante todo con la fundamental importancia que el psicoanálisis concede a los denominados *instintos sexuales* en la vida psíquica del hombre. Según la teoría psicoanalítica, los síntomas neuróticos son deformadas satisfacciones sustitutivas de energías instintivas sexuales, cuya satisfacción directa ha sido frustrada por resistencias interiores. Más tarde, cuando el psicoanálisis traspuso los límites de su primitivo campo de labor, permitiendo su aplicación a la vida psíquica normal, procuró demostrar que los mismos componentes sexuales, desviados de sus fines más directos a otros más lejanos, constituyen los más importantes aportes a las obras culturales del individuo y de la comunidad. Estas afirmaciones no eran totalmente nuevas, pues ya el filósofo Schopenhauer había señalado con palabras de inolvidable vigor la incomparable importancia de la vida sexual; por otra parte, lo que el psicoanálisis denominó "sexualidad", de ningún modo coincidía con el impulso a la unión de los sexos o a la provocación de sensaciones placenteras en los órganos genitales, sino más bien con el *Eros* del *Symposion* platónico, fuerza ubicua y fuente de toda vida.

Pero los adversarios olvidaron la existencia de tan ilustres precursores, ensañándose con el psicoanálisis como si este hubiera cometido un atentado contra la dignidad de la especie humana. Le achacaron un "pansexualismo", aunque la teoría psicoanalítica de los instintos siempre fue estrictamente dualista y en ningún momento dejó de reconocer, junto a los instintos sexuales, la existencia de otros, a los cuales atribuía precisamente la energía necesaria para rechazar los instintos sexuales. Originalmente esta antítesis de los instintos se había establecido entre los instintos sexuales y los del *yo*, mientras que una orientación más reciente de la teoría la plantea entre el *Eros* y el instinto de muerte o de destrucción.

La parcial atribución del arte, la religión y el orden social a la injerencia de energías instintivas sexuales fue recibida como una denigración de los más altos patrimonios de la cultura, proclamándose solemnemente que el hombre también tendría otros intereses, además de los sexuales, pero olvidando, en el apuro, que también los tiene el animal —pues sólo está supeditado a la sexualidad esporádicamente, en ciertas épocas, y no permanentemente, como el hombre—, olvidando que estos otros intereses jamás fueron negados en el hombre, y que al demostrarse su origen de elementales fuentes instintivas animales, en nada se reduce el valor de una conquista cultural.

Tanta falta de lógica y tamaña injusticia exige una explicación. No será difícil hallar su causa provocadora. La cultura humana reposa sobre dos pilares: uno, la dominación de las fuerzas naturales; el otro, la coerción de nuestros instintos. Esclavos encadenados son los que soportan el trono de la soberana. Entre los elementos instintivos así sometidos a su servicio descuellan por su fuerza y su salvajez los instintos sexuales en sentido más estricto. ¡Ay si quedasen en libertad!: el trono sería derribado estrepitosamente, y la soberana, pisoteada sin conmiseración. Bien lo sabe la sociedad, y no quiere que de ello se hable.

Pero, ¿por qué no? ¿Qué mal podría traer su comentario? El psicoanálisis jamás estimuló el desencadenamiento de nuestros instintos socialmente perniciosos; bien al contrario, señaló su peligro y recomendó su corrección. Pero la sociedad nada quiere saber de que se revelen tales condiciones, porque su conciencia le remuerde en más de un sentido. Ante todo, ha implantado un alto ideal de moralidad —moralidad significa coerción de los instintos—, cuyo cumplimiento exige a todos sus miembros, sin preocuparse de lo difícil que esta obediencia pueda resultarle al individuo. Pero, en cambio, no cuenta con una organización tan íntegra y perfecta como para poder indemnizar al individuo por su renuncia a los instintos. Por consiguiente, quédale librado a este el camino por el cual podrá conseguir compensación suficiente para el sacrificio que se le impuso, conservando así su equilibrio psíquico. Pero, en suma, el hombre se ve obligado a exceder psicológicamente sus medios de vida, mientras que por otro lado sus exigencias instintivas insatisfechas le hacen sentir las imposiciones culturales como una constante opresión. Con esto, la sociedad sostiene un estado de *hipocresía cultural* que necesariamente será acompañado por un sentimiento de inseguridad y por la imprescindible precaución, que consiste en prohibir toda crítica y discusión al respecto. Esto rige para todas las tendencias instintivas, es decir, también para las egoístas;

no hemos de investigar aquí la medida en que se puede aplicar el mismo patrón a todas las culturas, y no solamente a las que ya han completado su evolución. Agregase a esto, en lo que a los instintos estrictamente sexuales se refiere, el hecho de que la mayoría de los hombres los dominan en forma insuficiente y psicológicamente incorrecta, de modo que son estos, precisamente, los más propensos a desencadenarse.

El psicoanálisis pone al descubierto las flaquezas de este sistema y recomienda su corrección. Propone ceder en la rigidez de la represión instintiva, concediendo, en cambio, más espacio a la sinceridad. Ciertos impulsos instintivos, en cuya supresión la sociedad ha ido demasiado lejos, han de ser dotados de mayor satisfacción; en otros, el ineficaz método de dominio por vía de la represión debe ser sustituido por un procedimiento mejor y más seguro. Debido a esta crítica, el psicoanálisis fue tachado de "enemigo de la cultura", condenándoselo como un "peligro social". Semejante resistencia no puede gozar de vida eterna; a la larga, ninguna institución humana podrá escapar a la influencia de una crítica justificada, pero hasta ahora la actitud del hombre frente al psicoanálisis sigue siendo dominada por este miedo que desencadena las pasiones y menoscaba la pretensión de argumentar lógicamente.

Con su teoría de los instintos, el psicoanálisis ofendió al hombre en su orgullo de sentirse miembro de la comunidad social; otro elemento de su sistema teórico, en cambio, pudo herir a todo individuo en el punto más sensible de su propia evolución psíquica. El psicoanálisis puso fin a la fábula de la infancia asexual, demostrando que los intereses y las actividades sexuales existen en el niño pequeño desde el comienzo de su vida, revelando las transformaciones que sufren, mostrando cómo experimentan cierta inhibición alrededor de los cinco años, para ponerse al servicio de la función genésica a partir de la pubertad. Reconoció que la temprana vida sexual infantil culmina en el denominado *complejo de Edipo*, en la vinculación afectiva con el personaje parental del sexo opuesto, acompañada de rivalidad frente al del mismo sexo, tendencia que en esa época de la vida aún se manifiesta libremente, como deseo sexual directo. Todo esto se puede confirmar con tal facilidad, que realmente fue preciso desplegar un enorme esfuerzo para lograr pasarlo por alto. En efecto, cada individuo recorre esta fase, pero luego reprime enérgicamente su contenido, llegando a olvidarlo. La repugnancia ante el incesto y un enorme sentimiento de culpabilidad son residuos de esa prehistoria individual. Quizá sucedió algo muy parecido en la prehistoria de la especie humana, y los orígenes de la moralidad, de la religión y del orden social estarían íntimamente vinculados a la superación de esa época arcaica. Al hombre adulto no debía recordársele esa prehistoria que más tarde se le tornó tan digna de vergüenza; sufría un acceso de furia cada vez que el psicoanálisis pretendía descorrer el velo de la amnesia que oculta sus años infantiles. Así, sólo quedó un recurso: cuanto afirmaba el psicoanálisis debía ser falso, y esta pretendida ciencia nueva no había de ser más que un tejido de fantasías y supercherías.

Las fuertes resistencias contra el psicoanálisis no eran, pues, de índole intelectual, sino que precedían de fuentes afectivas; esto permitía explicar su apasionamiento y su falta de lógica. La situación se adaptaba a una fórmula muy simple: los hombres, en tanto que masa humana, se conducían frente al psicoanálisis exactamente igual que un individuo neurótico sometido a tratamiento por sus trastornos, pero al cual se podía demostrar pacientemente que todo había sucedido como el análisis lo afirmaba. Por otra parte, tales hechos no fueron inventados por esta ciencia, sino hallados en el estudio de otros neuróticos mediante esfuerzos prolongados durante varios decenios.

Semejante situación tenía, al mismo tiempo, algo terrible y algo grato: terrible, porque no era ninguna minucia tomar a la especie humana entera como paciente; grato, porque a fin de cuentas todo venía a suceder como, de acuerdo con las hipótesis del psicoanálisis, debía ocurrir.

Si repasamos una vez más las ya descritas resistencias contra el psicoanálisis, debemos reconocer que sólo en su menor parte son de la especie que se suele enfrentar a la mayoría de las innovaciones científicas. La parte más considerable obedece a que el contenido de esta doctrina había herido fuertes sentimientos de la humanidad. Por otra parte, sucedió otro tanto con la teoría evolucionista de Darwin, que aniquiló la valla entre el hombre y el animal, levantada por la vanidad humana. En un breve ensayo anterior ("Una dificultad del psicoanálisis", en *Imago*, 1917)[43] ya señalé esta analogía. Destaqué allí que el concepto psicoanalítico de la relación entre el *yo* consciente y el todopoderoso inconsciente constituye una grave afrenta contra el amor propio humano, afrenta que califiqué de *psicológica*, equiparándola a la *biológica*, representada por la teoría evolucionista, y a la anterior, *cosmológica*, infligida por el descubrimiento de Copérnico.

La resistencia contra el psicoanálisis también fue reforzada parcialmente por dificultades puramente exteriores. No es fácil formarse un juicio independiente en las cosas psicoanalíticas, a menos que se haya experimentado esta ciencia en carne propia o en el prójimo. No es posible hacer lo último sin haber aprendido antes determinada técnica harto dificultosa, y hasta hace poco no se disponía de medios accesibles para aprender el psicoanálisis y su técnica. Tal situación ha mejorado ahora, al fundarse en Berlín el Policlínico Psicoanalítico y el Instituto de Enseñanza (1920). Poco después (1922) se fundó en Viena un instituto análogo.

Finalmente, el autor puede plantear con toda modestia la pregunta de si su propia personalidad de judío, que jamás

---

[43] En el tomo XVIII de estas *Obras Completas*.

intentó ocultar tal carácter, no habría participado en la antipatía que el mundo ofreció al psicoanálisis. Sólo raramente fue expresado un argumento de esta clase, pero por desgracia nos hemos tornado tan suspicaces, que no podemos menos de sospechar que esta circunstancia debe haber ejercido algún efecto. Quizá tampoco sea simple casualidad el hecho de que el primer representante del psicoanálisis fuese un judío. Para profesar esta ciencia era preciso estar muy dispuesto a soportar el destino del aislamiento en la oposición, destino más familiar al judío que a cualquier otro hombre.

APORTACIONES A LA INTERPRETACIÓN DE LOS SUEÑOS

He aumentado considerablemente la extensión de esta parte del tomo XIX, con respecto a la edición de 1944, a fin de reunir todos los trabajos de Freud sobre la interpretación de los sueños y la teoría onírica, aún inéditos en español, con una sola excepción: *Una premonición onírica cumplida* (1899), el cuál fue compilado en las Obras Póstumas, pues no fue publicado en vida de Freud.

He aquí la lista de dichos trabajos recopilados en esta parte del tomo XIX:

1913: *Un sueño como testimonio.*

1913: *Sueños con temas de cuentos infantiles.*

1914: *Representación de la «gran hazaña» en el sueño.*

1920: *Complementos a la teoría onírica.*

1922: *El sueño y la telepatía.*

1923: *Observaciones sobre la teoría y la práctica de la interpretación onírica.*

1923: *J. Popper-Lynkeus y la teoría onírica.*

1925: *La significación ocultista del sueño.*

1925: *Los límites de la interpretabilidad de los sueños.*

1925: *La responsabilidad moral por el contenido de los sueños.*

1929: *Carta a Maxim Leroy sobre un sueño de Descartes.*

1932: *Mi relación con Josef Popper-Lynkeus.*

1900/1930: *Agregados y modificaciones de «La interpretación de los sueños.»*

UN SUEÑO COMO TESTIMONIO

Título del original en alemán:
Ein Traum als Beweismittel

EN ALEMÁN:

1913. En la *Internationale Zeitschrift für artzliche Psychoanalyse*, vol. I, págs. 72-79.

1918. En la recopilación *Sammlung kleiner Schriften zur Neurosenlechre*, cuarta serie, Editorial Hugo Heller, Leipzig-Viena.

1922. Segunda edición de la misma. Internat. Psychoanalytischer Verlag, Leipzig-Viena-Zurich.

1925. En la edición vienesa de las Obras completas: *Gesammelte Schriften*, tomo III, por la misma editorial.

1931. En la recopilación *Kleine Schriften zur Sexualtheorie und zur Traumlehre*, por la misma editorial.

1946. En la edición londinense de las Obras completas: *Gesammelte Werke*, tomo X, Imago Publishing Co., Londres.

EN INGLÉS:

1924. Traducción de Edward Glover, en *Collected Papers*, tomo II, The Hogarth Press, Londres.

EN ESPAÑOL:

1944. Traducción de Ludovico Rosenthal, en *Obras Completas*, tomo XIX, Editorial Americana, Buenos Aires.

Una señora aquejada de manía dubitativa y de un ceremonial obsesivo exige a sus enfermeras que no la pierdan de vista ni por un solo instante, pues de lo contrario podría echarse a cavilar sobre alguna cosa prohibida que pudiera haber cometido en el ínterin. Cierta noche, estando recostada en su diván, cree advertir que la enfermera de turno se ha dormido. Preguntándole al punto si no la perdió de vista, aquella se incorpora sobresaltada y le contesta: "No, por cierto". Con lo que la enferma ha encontrado motivo para una nueva duda, repitiendo su pregunta al cabo de un momento, sin que la muchacha deje de hacer protestas de su constante atención. Entonces entra otra sirvienta, trayéndole la cena.

Esto sucedió un viernes por la noche. A la mañana siguiente la enfermera le cuenta un sueño que disipa las dudas de la paciente.

Sueño: *Le han dejado un niño para cuidar; la madre se fue de viaje y el niño se le ha perdido. Yendo por la calle, pregunta a todo el mundo si por ventura no lo han visto. Así llega a un gran lago y lo cruza por una estrecha pasarela. (A lo cual agrega más tarde: En esta pasarela se le apareció de pronto, como un espejismo, la figura de otra enfermera). Luego llega a una región que le parece familiar, donde se encuentra con una mujer a la que conoció de niña y que era entonces vendedora en un despacho de comestibles, habiéndose casado más tarde. A esa mujer, que está parada ante la puerta de su casa, le pregunta: «¿No vio usted al niño?» Pero ella no parece interesarse por su pregunta, refiriéndole en cambio que ahora está divorciada de su marido y agregando que tampoco en el matrimonio todo es felicidad.*

Entonces se despierta tranquilizada, pensando que el niño ya acabará por encontrarse en casa de alguna vecina.

Análisis: Mi paciente aceptó que este sueño debía referirse a la imputada distracción negada por su enfermera. Lo que esta le había contado espontáneamente en relación con el sueño le permitió llegar a una interpretación prácticamente suficiente, aunque incompleta en muchas partes. En cuanto a mis informaciones, sólo me enteré de las comunicadas por mi paciente, sin tener oportunidad de conversar con la protagonista del sueño. Luego de exponer la interpretación de la primera, agregaré cuanto sea posible colegir fundándonos en nuestros conocimientos generales sobre las leyes de la elaboración onírica.

«La enfermera me dice que el niño del sueño le recuerda un caso cuya asistencia le resultó muy grata. Tratábase de un niño que había sufrido una oftalmía blenorrágica, estando privado de la visión. Pero la madre de este niño no se había ido de viaje, sino que participó en su cuidado. A mi vez, sé que mi marido, cuya opinión sobre esta enfermera es excelente, le encareció me atendiera bien durante su ausencia, prometiéndole ella que me cuidaría ¡como a un niño!»

Por otra parte, el análisis de nuestra paciente nos ha enseñado que con su exigencia de no quitarle los ojos de encima pretende a su vez colocarse en una situación infantil.

«El habérsele perdido el niño —prosigue mi paciente— significa que ha dejado de vigilarme, que me ha perdido de vista. He aquí su confesión de que realmente se durmió por un instante y de que luego me mintió.»

La señora no logra explicarse la pequeña parte del sueño en que la muchacha pregunta por el niño a todos los que encuentra en su camino, pero da buena cuenta de los demás detalles contenidos en el sueño manifiesto.

«El gran lago le recuerda el Rin, pero agrega que aquel era mucho más vasto que este río. Luego recuerda que la noche anterior yo le había leído el cuento de *Jonás y la ballena*, refiriéndole que yo misma había visto cierta vez una ballena en el Canal de la Mancha. Creo que el lago representa el mar; es decir, una alusión a la leyenda de Jonás.»

«También creo que el puente corresponde a cierta versión jocosa de la leyenda, escrita en un dialecto regional. En ella se cuenta cómo un maestro de religión narra a sus alumnos la maravillosa aventura de Jonás, objetando uno de los niños que eso no podría ser cierto, pues el señor maestro les habría enseñado en otra oportunidad que la ballena tiene fauces tan estrechas, que sólo lo puede tragar animalejos muy pequeños. El maestro sale del paso explicando que Jonás era un judío, y que los judíos se meterían por todas partes. Mi enfermera es muy religiosa, pero propensa a dudas sobre la fe, de modo que me reproché porque mi lectura quizá habría podido despertarlas en su mente.»

«En este puente angosto se le apareció, pues, la imagen de otra enfermera conocida. Me narró su historia, contándome que se había arrojado al Rin porque la despidieron de un puesto en que había cometido una falta[44]. De modo que teme ser despedida por haberse dormido aquella noche. Por otra parte,

---

[44] Aquí he incurrido en una condenación del material, que pude corregir al revisar mis anotaciones junto con la paciente que me refiere al sueño. La enfermera aparecida en el puente no había cometido ninguna falta en su trabajo, siendo despedida porque la madre del niño, obligada a emprender viaje, declaró que durante su ausencia quería confiar a su hijo al cuidado de una persona de mayor edad, es decir, en efecto, una de más confianza. A este elemento se agregaba una segunda narración de otra enfermera que realmente había sido despedida por un descuido, pero no se había suicidado por ello. El material necesario para la interpretación del elemento onírico se encuentra aquí, como en muchas otras ocasiones, repartido en dos fuentes. Mi memoria realizó en este caso la síntesis que conduce a la interpretación. Por otra parte, en la narración de la enfermera suicida se encuentra el elemento de la madre que parte de viaje,

a la mañana siguiente, después de haberme contado el sueño, se echó a llorar violentamente, y al preguntarle yo sobre el motivo, me respondió con cierta brusquedad: ¡Bien lo sabe usted, y ahora ya no me tendrá confianza!»

Apareciendo esta enfermera ahogada, como un complemento del sueño, y como uno de particular nitidez, deberíamos haber aconsejado a nuestra paciente que comenzara la interpretación onírica por este punto. Además, según la narración de la protagonista, esta primera parte del sueño estaba dominada por intensa angustia, mientras que en la segunda comienza a tranquilizarse, despertando así.

«En el siguiente trozo del sueño —prosigue la paciente, improvisada psicoanalista— vuelvo a encontrar una prueba segura de que se refiere a lo sucedido el viernes por la noche, pues la mujer que había sido vendedora en un despacho de comestibles sólo puede representar a la muchacha que en aquella oportunidad entró trayéndome la cena. He de agregar que durante todo ese día mi enfermera se quejó de sentir náuseas. La pregunta que le dirige —"¿No vio usted al niño?"— seguramente se deriva de mi propia pregunta acerca de si no me había perdido de vista, palabras que volví a enrostrarle cuando la sirvienta entró con mi cena.»

También en el sueño se pregunta dos veces por el paradero del niño. El hecho de que la mujer no le responda, de que no se interese por la pregunta, quisiéramos interpretarlo como un menosprecio de la otra sirvienta a favor de la protagonista del sueño, que manifiesta en el mismo su superioridad sobre su colega, precisamente porque debe enfrentarse el reproche de negligencia en sus deberes.

---

vinculado por mi paciente a la partida de su marido. Como vemos, se trata de una sobredeterminación que menoscaba la elegancia de la interpretación.

«La mujer que aparece en el sueño no está realmente divorciada de su marido. Toda esta parte tiene su origen en la historia de aquella otra sirvienta, a quien sólo el imperio de sus padres alejó —divorció— de un hombre que la pretendía. Lo de que tampoco en el matrimonio todo es felicidad, quizá represente una expresión de consuelo que ambas mujeres bien pueden haber pronunciado en alguna conversación. Este consuelo le servirá de modelo para el otro, el de que el niño ya acabará por encontrarse, con el cual concluye el sueño.»

«Deduzco de este sueño que mi enfermera realmente se durmió aquella tarde, temiendo ser despedida por ello. En consecuencia, pude sobreponerme a la duda de si mí propia percepción había sido acertada. Además, agregó a la narración del sueño, que sentía no haber traído consigo algún libro de oniromancia, y al advertirle yo que esos libros no contienen sino las peores supersticiones, me respondió que, sin ser supersticiosa, debía reconocer que todas las desgracias sufridas en su vida le habían ocurrido los viernes. Por fin, mi enfermera me trata ahora bastante mal, mostrándose pusilánime, irritable y propensa a arrebatos.»

Creo que debemos acreditarle a mi paciente el haber interpretado y aprovechado correctamente el sueño de su enfermera. Como tan frecuentemente sucede al interpretar sueños en el psicoanálisis, esta tarea no sólo se basa en los resultados de la asociación, sino también sobre las circunstancias accesorias de la narración, en la conducta del protagonista antes y después del análisis onírico, así como en todo lo que exprese y revele más o menos simultáneamente con el sueño, es decir, en la misma sesión analítica. Si agregamos a todo lo mencionado la irritabilidad de la enfermera, su alusión al funesto día viernes, etcétera, podremos confirmar el juicio de que el sueño contiene la confesión de haberse dormido realmente en la ocasión en que lo negara, temiendo que su ama la despidiese por ello[45].

Pero este sueño, que para mi paciente sólo tenía importancia práctica, despierta en nosotros doble interés teórico. Es verdad que termina con una consolación, pero contiene esencialmente una *confesión* importante para las relaciones con su ama. ¿Cómo puede expresar el sueño —que ha de servir a la realización de deseos— una confesión que ni siquiera le conviene a su protagonista? ¿Acaso deberemos aceptar, junto a los sueños de deseo y de angustia, la existencia de sueños de confesión, de advertencia, de reflexión, de adaptación, y otros por el estilo?

Ahora bien: reconozco que aún no he llegado a comprender por qué mi punto de vista, contrario a tales categorías, formulado en mí *Interpretación de los sueños*, es objeto de reservas por parte de tantos y, entre ellos, tan calificados psicoanalistas. El distinguir sueños de deseos, de confesión, de advertencia, de adaptación, etcétera, no me parece mucho más sensato que la forzosamente aceptada diferenciación de los especialistas médicos en ginecólogos, pediatras y odontólogos, entre otros. Me tomo la libertad de repetir aquí, muy sucintamente, los pasajes respectivos de *La interpretación de los sueños*[46].

Como perturbadores del reposo y motivadores de los sueños pueden actuar los denominados *restos diurnos*, procesos ideativos con carga afectiva, procedentes del día anterior al sueño, que han resistido en cierto grado a la atenuación general del reposo. Se pueden revelar estos restos diurnos reduciendo el sueño manifiesto a las ideas oníricas latentes;

---

[45] Por otra parte, pocos días después, la enfermera confesó a una tercera persona que realmente se había dormido aquella tarde, confirmando así la interpretación de mi paciente.

[46] "La realización de deseos", en *La interpretación de los sueños*, tomo VII de estas *Obras Completas*.

aquellos forman parte de estas últimas, perteneciendo, pues, a las actividades —conscientes o mantenidas inconscientes— de la vigilia, que pueden continuarse durante el reposo. Dada la multiplicidad de los procesos ideativos en lo consciente y en lo preconsciente, estos restos diurnos poseen las más diversas y múltiples significaciones, pudiendo consistir en deseos o temores no solucionados, así como en propósitos, reflexiones, advertencias, tentativas de adaptación a tareas inminentes, etcétera. En este sentido, ajustándose al contenido que los sueños presentan una vez interpretados, parecería justificado caracterizarlos según las categorías mencionadas; pero sucede que estos restos diurnos, por sí solos, aún no constituyen el sueño, pues les falta precisamente el elemento más esencial de este. De por sí, no son capaces de formar un sueño. En puridad, no representan sino el material psíquico para la elaboración onírica, tal como los casuales estímulos sensoriales y orgánicos, o las condiciones experimentalmente provocadas, constituyen su material somático. Adjudicarles el principal papel en la formación onírica significaría repetir en nueva versión el error preanalítico de explicar los sueños por un empacho gástrico o una magulladura cutánea. Tan acérrimos son los errores científicos y tal es su disposición a insinuarse bajo nuevo disfraz, cuando se los ha rechazado.

En la medida en que comprendemos la formación del sueño, hemos de afirmar que su factor esencial es un deseo inconsciente, por lo general infantil, pero actualmente reprimido, que puede manifestarse por medio de aquel material somático o psíquico (es decir, también por los restos diurnos), confiriéndoles con ello la energía necesaria para irrumpir a la conciencia, aun durante el reposo mental nocturno. El sueño siempre es la realización de este deseo inconsciente, cualquiera que sea su restante contenido: advertencia, reflexión, confesión, o algún otro trozo de la profusa vida diurna preconsciente que haya llegado a la noche sin haber sido resuelto. Este deseo inconsciente es el que impone a la labor onírica su peculiar carácter de elaboración inconsciente de un material preconsciente. El psicoanalista sólo puede definir el sueño como un resultado de la elaboración onírica; no puede adjudicar las ideas oníricas latentes al sueño, sino a la ideación preconsciente, por más que sólo haya llegado a averiguarlas mediante la interpretación del sueño. (Aquí, la elaboración secundaria por la instancia consciente es incluida en la elaboración onírica, pero esta concepción no precisa ser alterada si se la aísla, debiendo expresarse entonces que el sueño, en el sentido psicoanalítico, comprende la elaboración onírica propiamente dicha y la elaboración secundaria de su producto). De estas consideraciones deducimos, en suma, que no es lícito equiparar el carácter realizador de deseos que tiene el sueño con su carácter de advertencia, confesión, tentativa de solución, etcétera, so pena de negar el punto de vista psicoanalítico.

Volvamos ahora al sueño de la enfermera para demostrar en este ejemplo el carácter profundo de la realización del deseo. Ya anticipamos que la interpretación efectuada por mi paciente no es completa, pues deja intactas las partes del contenido onírico que no se encontraban al alcance de su capacidad. Además, esta señora padece de una neurosis obsesiva, que, según mi impresión, dificulta notablemente el entendimiento de los símbolos oníricos, así como, por el contrario, la demencia precoz lo facilita.

Pero nuestro conocimiento del simbolismo onírico nos permite comprender las partes no interpretadas de este sueño y adivinar un sentido más profundo tras los elementos ya interpretados. No puede menos que sorprendernos el que una parte del material utilizado por la enfermera se origine en el complejo del parir y tener hijos. El gran curso de agua (el Rin, el canal donde fue vista la ballena) seguramente es el agua de la que proceden los niños; en efecto, la protagonista llega a sus orillas "en busca del niño". El mito de Jonás, contenido en la determinación del agua; la pregunta de cómo pudo Jonás (el niño) pasar por la estrecha hendidura, son elementos integrantes del mismo complejo. Por otra parte, la enfermera que por despecho se arrojó al Rin, que se sumergió en el agua, no dejó de hallar, en medio de su desesperación ante la vida, el consuelo simbólicamente sexual que le ofrecía la forma de muerte elegida. La pasarela donde se le aparece la figura de aquella también es probablemente un símbolo genital, aunque he de confesar que todavía carecemos de su determinación exacta.

El deseo de tener un hijo vendría a ser, pues, el elemento inconsciente que ha formado el sueño, y, en efecto, ningún otro podría ser más apto para consolar a la enfermera por la penosa situación que le enfrenta la realidad: "Me despedirán, perderé a mi paciente. Pero, ¿qué me importa? Me procuraré, en cambio, un hijo propio, carnal"[47]. El trozo no interpretado, en el cual pregunta a cuantos encuentra en la calle por el paradero del niño, quizá también forme parte de esta relación; entonces tendríamos que interpretarlo así: aunque tuviera que ofrecerme en la calle, ya sabría cómo conseguir un hijo. Aquí se manifiesta de pronto una obstinación de la protagonista, hasta ahora encubierta, concordando con ella la confesión: "Pues bien, efectivamente cerré los ojos y comprometí la confianza en mí depositada, de modo que ahora perderé mi puesto. Pero, ¿seré tan tonta que vaya a arrojarme al agua, como X? No; ni siquiera seguiré siendo una enfermera; me casaré, seré esposa, tendré un hijo propio, y nadie podrá impedírmelo". Esta interpretación se justifica considerando que el "tener hijos" seguramente es la expresión infantil para el deseo de las relaciones sexuales,

---

[47] N del Traductor. —La sustitución tiene más realce en alemán: la enfermera trueca a su paciente (*Pflegekind*) por un hijo (*Kind*).

como, por otra parte, puede ser elegido por la conciencia para dar expresión eufémica a este deseo condenado.

Así, la confesión desfavorable para la protagonista, que seguramente estaría un tanto dispuesta a realizarla en la vida diurna, ha sido posibilitada en el sueño gracias a que un rasgo latente de su carácter la aprovechó para lograr la realización de un deseo infantil. Podemos sospechar que este rasgo del carácter está íntimamente vinculado, tanto en el tiempo como en su fondo, con el deseo del hijo y del placer sexual.

Nuevas informaciones proporcionadas por la paciente, a la cual debo la primera parte de esta interpretación onírica, me suministraron los siguientes datos inesperados sobre la vida de la enfermera. Antes de adoptar esta profesión quiso casarse con un hombre que la cortejaba asiduamente, pero renunció al proyecto debido a los reparos de su tía, con la que está ligada por una extraña relación, mezcla de dependencia y porfía. Esta parienta que le impidió casarse es, a su vez, superiora de una congregación de enfermeras; la soñante siempre la consideró como personaje ejemplar y está fijada a ella por consideraciones de herencia, pero se resistió a su voluntad, negándose a ingresar en la congregación a la cual su tía la había destinado. De modo que la terquedad expresada en el sueño está dirigida contra la tía. Hemos atribuido un origen anal-erótico a este rasgo del carácter y, en efecto, advertimos que son intereses pecuniarios los factores que la colocan en dependencia de la tía. Recordemos también que los niños profesan la teoría anal del nacimiento.

Este factor de la terquedad infantil quizá nos suministre una relación más íntima entre la primera y la última escena del sueño. La antigua vendedora de comestibles que aparece en el sueño es, ante todo, la otra sirvienta de la señora, que entró en la habitación para traer la cena, precisamente cuando esta la interrogaba. Pero al parecer está destinada a representar a cualquier competidora enemiga. Es menospreciada como nodriza,

156

al no interesarse por el niño perdido, replicando con cuestiones que atañen a su vida personal. De modo que se desplaza a ella la negligencia en el trabajo que preocupa a la soñante en su sueño. A ella se le adjudica también el matrimonio desgraciado y el divorcio que la soñante podría temer si se realizarán sus más íntimos deseos. Pero nosotros sabemos que es la tía quien ha separado a la protagonista de su novio. Así, esta "vendedora de comestibles" (elemento que no deja de tener significación simbólica infantil) se convierte en representante de la tía-superiora, por otra parte poco más vieja que la protagonista del sueño, y que ocupa frente a esta el papel tradicional de la madre competidora. Esta interpretación es confirmada satisfactoriamente por la circunstancia de que el lugar "conocido" del sueño, donde se encuentra con la persona de referencia parada ante la puerta de su casa, es precisamente el lugar donde vive su tía.

Debido a la distancia que media entre en analista y el objeto del análisis, convendrá no penetrar más profundamente en la trama de este sueño. Con todo, cabe reconocer que, aun en los límites de lo accesible a la interpretación, ha demostrado contener cuantiosas confirmaciones de problemas ya resueltos y planteamientos de otros nuevos.

SUEÑOS CON TEMAS DE CUENTOS INFANTILES

Título del original en alemán:
Märchenstoffe in Träumen

En alemán:

1913. En la *Internationale Zeitschrift für artzliche Psychoanalyse*, vol. I, págs. 147-151.

1918. En la recopilación *Sammlung kleiner Schriften zur Neurosenlechre*, cuarta serie, Editorial Hugo Heller, Leipzig-Viena.

1922. Segunda edición de la misma. Internat. Psychoanalytischer Verlag, Leipzig-Viena-Zurich.

1925. En la edición vienesa de las Obras completas: *Gesammelte Schriften*, tomo III, por la misma editorial.

1931. En la recopilación *Kleine Schriften zur Sexualtheorie und zur Traumlehre*, por la misma editorial.

1946. En la edición londinense de las Obras completas: *Gesammelte Werke*, tomo X, Imago Publishing Co., Londres.

En inglés:

1924. Traducción de James Strachey, en *Collected Papers*, tomo IV, The Hogarth Press, Londres.

En español:

1944. Traducción de Ludovico Rosenthal, en *Obras completas*, tomo XIX, Editorial Americana, Buenos Aires.

En japonés:

1931. Traducción de Kenyi, Edición Shunyodo, Tokio.

1937. Segunda edición de la misma.

1932. Traducción de Jsmika Shioji, Edición Ars, Tokio.

Nada tiene de sorprendente el que también el psicoanálisis pueda demostrarnos la importancia que nuestros cuentos populares han adquirido en la vida psíquica de nuestros niños. En algunas personas, el recuerdo de sus cuentos favoritos sustituye los recuerdos de la propia infancia; los cuentos se han convertido, simplemente, en recuerdos encubridores.

Pero los elementos y las situaciones de estos cuentos también se encuentran con frecuencia en los sueños, y al tratar de interpretar los pasajes respectivos, los pacientes asocian los cuentos que para ellos vienen el caso. Quiero exponer aquí dos ejemplos de esta comprobación harto frecuente, pero sólo podré esbozar ligeramente las relaciones entre los cuentos y la historia infantil o la neurosis del soñante, exponiéndome al riesgo de destruir los nexos más valiosos para el analista.

I

Sueño de una mujer joven que hace pocos días recibió la visita de su marido: *Se encuentra en un cuarto completamente castaño. Una pequeña puerta da a una escalera empinada por la cual entra al cuarto un curioso hombrecillo con cabellos blancos, calva y nariz roja, que se pone a bailotear ante ella con actitudes muy cómicas, yéndose luego escalera abajo. Está vestido con una prenda color gris que permite reconocer todas sus formas. (Corrección: lleva un largo gabán negro y un pantalón gris).*

ANÁLISIS: Los rasgos físicos del hombrecillo concuerdan fielmente con los de su suegro[48]. Pero inmediatamente se le ocu-

---

[48] Salvo el detalle de los pelos cortados, pues el suegro lleva el cabello largo.

rre el cuento de *Rompelimpón*, que bailotea tan cómicamente como el hombrecillo del sueño, revelando así su nombre a la reina y perdiendo con ello su derecho al primer hijo de esta, de modo que en su cólera termina por partirse en dos.

El día anterior al sueño, ella misma había sentido tal rabia contra su marido, que dijo: "Podría partirlo en dos".

El cuarto castaño comienza por ofrecer dificultades; sólo se le ocurre el comedor de la casa paterna, que está entablado en castaño, y luego algo acerca de esas camas en que resulta tan incómodo dormir en pareja. Hace unos días, girando la conversación acerca de camas en otros países, dijo alguna torpeza —según cree, inocentemente— que provocó las carcajadas de quienes la escuchaban.

El sueño ya es ahora comprensible. El cuarto castaño como la madera[49] es ante todo una cama, y por su relación con el comedor, una cama matrimonial[50]. De modo que ella se encuentra en la cama matrimonial. El curioso visitante ha de ser su joven marido, que al cabo de varios meses de ausencia habría vuelto junto a ella para desempeñar su papel en la cama matrimonial. Pero por el momento es el padre del marido, es decir, el suegro.

Tras esta primera interpretación hallamos un contenido más profundo, puramente sexual. El cuarto es ahora la vagina. (El cuarto viene a quedar dentro de ella, al revés de lo sucede en el sueño). El hombrecillo que gesticula y se conduce tan cómicamente es el pene; la puerta estrecha y la escalera empinada son confirmaciones que permiten interpretar esta escena como una representación del coito. En general, el niño suele ser un símbolo del pene, pero comprendemos que en este caso tiene pleno sentido el empleo del padre para representar al pene.

---

[49] Como se sabe, la madera es un frecuente símbolo femenino o materno (materia, Madeira, etcétera).

[50] Mesa y cama representan, en efecto, el matrimonio.

La solución de los restantes elementos terminará por consolidar nuestra interpretación. El traje gris, transparente, lo explica ella misma como un preservativo, comunicándonos también que entre los motivos de este sueño se encuentra su preocupación anticoncepcional y sus cavilaciones sobre si esta visita del marido no le habría dejado el germen de un segundo hijo.

El gabán negro: este le viste muy bien a su marido; ella querría inducirlo a que siempre lo llevase puesto, en lugar de su traje común. Por consiguiente, en el gabán negro está su marido tal como desearía verlo. Gabán negro y pantalón gris; es decir, formado por dos capas distintas y superpuestas: "Así vestido quiero tenerte: así me agradas".

Rompelimpón está vinculado a las ideas actuales del sueño —a los restos diurnos— por medio de una hermosa formación antitética. En el cuento aparece para quitarle a la reina su primer hijo; el hombrecillo del sueño, en cambio, viene como padre, quizá por haberle traído un segundo hijo. Pero Rompelimpón también nos facilita el acceso a la capa más profunda, infantil, de las ideas oníricas. El gracioso hombrecillo cuyo nombre nadie conoce, cuyo secreto se querría desentrañar, el que sabe hacer tan extraordinarias tramoyas (en el cuento convierte la paja en oro); la rabia que se le tiene, o más bien a su propietario, por envidiarle su posesión; la envidia fálica de las niñas; todos estos son elementos cuyas vinculaciones con los fundamentos de la neurosis sólo podemos apuntar en esta ocasión. También los cabellos cortados del hombrecillo que aparece en el sueño se relacionan seguramente con el tema de la castración.

Quizá sería posible obtener preciosas orientaciones para la interpretación de estos cuentos —tarea con aún tenemos por delante— prestando atención, en los ejemplos más claros de sueños con temas de cuentos infantiles, a la manera en que el soñante aprovecha el cuento y a la ubicación que le adjudica en el contexto del sueño.

II

Un joven cuyos recuerdos infantiles tienen por punto de referencia el hecho de que sus padres se trasladaran de una finca que poseían a otra cuando aquel aún no contaba cinco años, refiere el siguiente sueño más temprano que pueda recordar, acaecido cuando todavía residían en la primera de las fincas:

«Soñé que era de noche y estaba acostado en mi cama (esta tenía los pies junto a la ventana, a través de la cual se veía una fila de viejos nogales; sé que cuando tuve este sueño era invierno y de noche). De pronto la ventana se abre sola y veo, con gran sobresalto, que en el grueso nogal que se alza ante la ventana hay encaramados unos cuantos lobos blancos. Eran seis o siete, totalmente blancos, y parecían más bien zorros o perros ovejeros, pues tenían grandes colas, como los zorros, y las orejas enhiestas, como los perros cuando ventean algo. Presa de horrible miedo, sin duda de ser devorado por los lobos, eché a gritar... y me desperté. Mi niñera acudió para ver qué me había pasado, y tardé largo rato en convencerme de que sólo había sido un sueño: tan natural y claramente se me había aparecido la imagen de la ventana que se abría y de los lobos posados en el árbol. Por fin me tranquilicé, sintiéndome como salvado de un peligro, y volví a dormirme.

»La única acción del sueño fue la de abrirse la ventana, pues los lobos permanecían sentados, quietos e inmóviles, en las ramas del árbol, a derecha e izquierda del tronco, contemplándome. Parecía como si toda su atención estuviera fijada en mí. Creo que fue este mi primer sueño de angustia. Tendría yo entonces tres o cuatro años; cinco a lo más. Desde esa noche, hasta las once o los doce años siempre tuve miedo de ver algo terrible en sueños.»

El paciente me trajo además un dibujo del árbol con los lobos que confirma su descripción (Fig. 1). El análisis del sueño hace aparecer el siguiente material:

El soñante siempre vinculó este sueño con el recuerdo de que en aquellos años de su infancia sentía extraordinario miedo a la estampa de un lobo reproducida en un libro de cuentos. Su hermana, mayor y muchos más despierta que él, solía divertirse a costa suya exhibiéndole precisamente aquella estampa con cualquier pretexto, ante lo cual se echaba a gritar, horrorizado. En esa imagen el lobo estaba parado en dos patas, con una levantada, las garras extendidas y las orejas enderezadas. Cree recordar que la imagen correspondía a una ilustración del cuento de *Caperucita Roja*.

Fig. 1

¿Por qué son blancos los lobos de su sueño? Este detalle lo hace pensar en las grandes manadas de ovejas que pastaban en los prados cercanos a la finca. Su padre en ocasiones lo llevaba consigo cuando iba a visitar dichas manadas, favor que lo hacía sentirse encantado y orgulloso. Más tarde, en una fecha que, según los informes obtenidos, pudo ser poco antes del sueño, estalló una epidemia entre las ovejas. El padre hizo venir a un discípulo de Pasteur, que vacunó a los animales; pero estos siguieron sucumbiendo después de la vacuna en número mayor aún que antes de la misma.

¿Cómo aparecen los lobos encaramados en el árbol? A esto asocia el paciente un cuento que había oído contar a su abuelo. No recuerda si fue antes o después del sueño, pero su contenido indicaría decididamente lo primero. El cuento rezaba así: Un sastre estaba trabajando en su cuarto, cuando se abrió de pronto la ventana y de un salto entró por ella un lobo. El sastre lo golpeó con la vara de medir...; no —rectifica enseguida—, lo tomó de la cola y se la arrancó de un tirón, logrando que el lobo huyese asustado. Poco después el sastre salió a pasear por el bosque y vio venir de pronto una manda de lobos, teniendo que subirse a un árbol para librarse de ello. Al principio los lobos se quedaron confundidos, pero el mutilado, que estaba entre ellos y quería vengarse del sastre, propuso a los demás que se treparan unos encima de otros, hasta que el último alcanzarse al sitiado, ofreciéndose él mismo —era un lobo viejo y fuerte— para servir de base y sostén a la pirámide. Los lobos siguieron su consejo, pero el sastre, que había reconocido a su mutilado visitante, gritó de pronto: "¡Agarrad al gris de la cola!" El lobo rabón se asustó tanto al recordar su aventura, que echó a correr e hizo caer a todos los demás.

En este cuento hallamos el antecedente del árbol en el cual aparecen encaramados los lobos en el sueño. Pero también contiene una alusión inequívoca al complejo de castración. El sastre mutiló al *viejo* lobo arrancándole la cola. Las largas colas de zorro que ostentan los lobos en el sueño seguramente son compensaciones de tal mutilación.

¿Por qué son seis o siete los lobos del sueño? El paciente parecía no poder contestar a esta pregunta, hasta que yo puse en duda que la estampa angustiante pudiese corresponder al cuento de *Caperucita Roja*. Este cuento, en efecto, sólo da ocasión a dos ilustraciones: la del encuentro de Caperucita con el lobo en el bosque y la escena en la cual el lobo aparece acostado y con la cofia de la abuela puesta. Tras el recuerdo de aquella estampa debía ocultarse, pues, otro cuento. En efecto, no tardó en hallar que sólo podrá tratarse del cuento *El lobo y los siete cabritos*. En él aparece el número siete, pero también el seis, pues el lobo devora tan sólo a seis cabritos, ya que el séptimo se esconde en la caja del reloj. También el color blanco aparece en este cuento, pues el lobo se hace blanquear una pata por el panadero, después que los cabritos lo reconocieron por su pelaje gris en la primera visita. Ambos cuentos tienen, por lo demás, muchos elementos comunes. En ambos se encuentra el devorar, el cortar el vientre, la extracción de las personas devoradas y su sustitución por pesadas piedras; finalmente, en ambos el lobo malo termina por perecer. En el cuento de los cabritos aparece además el árbol, pues luego de su comida el lobo se tumba bajo un árbol y se echa a roncar.

Debido a una circunstancia particular, este sueño aún habrá de ocuparme en otra ocasión[51], y entonces tendré oportunidad de completar su estudio y su interpretación. Tratase de un primer sueño de angustia recordado desde la infancia y cuyo contenido, relacionado con otros sueños que lo siguieron al poco tiempo, así como con ciertos acontecimientos de la niñez, despierta un particularísimo interés. Aquí nos limitaremos a la relación del sueño con los que presentan amplías coincidencias: *Caperucita Roja* y *El lobo y los siete cabritos*. La impresión que estos cuentos le causaron se manifestó en el pequeño soñante por una verdadera zoofobia, que únicamente se diferenciaba

---

[51] *Historia de una neurosis infantil (Caso «El hombre de los lobos»)*, en el tomo XVI de estas *Obras Completas*.

de otros casos análogos porque el animal temido no era un objeto fácilmente accesible a la percepción (como, por ejemplo, el perro y el caballo), sino que tan sólo era conocido de oídas y por las estampas de un libro de cuentos.

Ya expondré en otra ocasión qué explicación tienen estas zoofobias y cuál es su significado. Mas me apresuro a adelantar que tal explicación concuerda perfectamente con el carácter fundamental que la neurosis de nuestro soñante reveló poseer en épocas posteriores de su vida. El miedo al padre había sido el motivo más poderoso de su enfermedad, y tanto su existencia como su conducta en el tratamiento estuvieron dominados por su actitud ambivalente ante todo sustituto del padre.

Si para mi paciente el lobo había sido sólo el primer sustituto del padre, cabe preguntarse si el cuento del lobo que devora a los cabritos y el de *Caperucita Roja* tiene por contenido secreto algo distinto del miedo infantil al padre[52]. Por otra parte, el padre de mi paciente tenía la costumbre del *regañeo cariñoso*, que tantas personas adoptan en la relación con sus hijos, y es posible que en los primeros años de la infancia, cuando jugaban y retozaba con el niño, ese padre, posteriormente tan severo, más de una vez lo haya amenazado en broma: "¡Te voy a comer!" Una de mis pacientes me narró cierta vez que sus dos hijos nunca habían podido tomar afecto al abuelo, pues este solía amenazarlos en sus juegos cariñosos diciéndoles que le abriría el vientre.

---

[52] Confróntese la analogía de estos dos cuentos con el mito de Cronos, señalada por O. Rank: "Völkerpsychologische Parallelen zu den infantilen Sexualtheorien" (*Paralelos etnológicos de las teorías sexuales infantiles*), en *Zentralblatt für Psychoanalyse*, vol. II, 1912.

REPRESENTACIÓN DE LA
"GRAN HAZAÑA" EN EL SUEÑO

Título del original en alemán:
Darstellung der «Grossen Leistung» in traum

En alemán:

1914. En la *Internationale Zeitschrift für Psychoanalyse*, vol. II, p. 384-385.

Parcialmente incluido en *La interpretación de los sueños*, tomo VII. Los pasajes omitidos se destacan con bastardilla.

El sujeto sueña que es una mujer grávida y que está tendido en la cama. Su estado se le hace muy penoso, y exclama: "Antes que esto preferiría..." (en el análisis, después de recordar a una persona que lo había cuidado, agregó: "picar piedras"). A la cabecera de la cama cuelga un mapa cuyo borde inferior es mantenido tenso por un listón de madera (*Holzleiste*). El soñante arranca este listón (*Leiste*) tomándolo por los dos extremos, pero en vez de quebrarse en dos partes, se hiende longitudinalmente en dos. Con esto el sujeto se siente aliviado y también facilita el parto.

Sin ayuda alguna interpreta el arrancamiento del listón (*Leiste*) como una "gran hazaña" (*grosse Leistung*), por medio de la cual se libra de su desagradable situación (en el tratamiento), arrancándose a sí mismo de su actitud femenina. *Nada puede objetarse contra esta interpretación del sujeto; pero yo no la calificaría de «funcional» por el simple hecho de que sus ideas oníricas se refieran a su situación en el tratamiento. Tales ideas constituyen el «material» para la formación onírica, igual que todo lo demás. No llego a comprender por qué la actividad ideativa de un analizado no habría de referirse a su actitud en el tratamiento. La diferenciación del fenómeno funcional y del fenómeno material, según Silberer, sólo tiene valor si existe —como en las conocidas autoobservaciones de este autor al dormirse— la alternativa de que la atención se ocupe con un contenido ideacional dado, o bien con el estado psíquico del sujeto, pero no cuando este estado mismo constituye el contenido ideacional.*

La interpretación del sueño no está, sin embargo, concluida: el detalle absurdo de que el listón no sólo se quiebra, sino que se hiende longitudinalmente, exige una explicación que no puede ser «funcional» y que resulta un tanto difícil hallar. El soñante concluye por recordar que la duplicación de algo, unida a su destrucción, alude a la castración. El sueño suele representar la castración por una pertinaz formación antinómica que responde al deseo, figurando no uno, sino dos símbolos fálicos. Por otra parte, la *Leiste* ("listón" e "ingle") es una región del cuerpo vecina a los órganos genitales. Concretando su interpretación, el sujeto declara que en el sueño vence la amenaza de castración que lo ha llevado a la actitud femenina.

COMPLEMENTOS A LA TEORÍA ONÍRICA

Título del original en alemán:
Ergaenzungen zur Traumlehre

En alemán:

1920. En la *Internationale Zeitschrift für Psychoanalyse*, vol. VI.

El conferenciante dedicó su breve exposición a tres puntos de la teoría de los sueños. Los dos primeros conciernen al postulado de que el sueño sería una realización de deseos, presentando ciertas modificaciones imprescindibles del mismo; el tercero se refiere a la plena confirmación del ya formulado rechazo de las denominadas tendencias prospectivas en el sueño. Sostiene que hay motivos suficientes para aceptar, junto a los conocidos sueños desiderativos y a los sueños de angustia, que se ajustan fácilmente a la teoría, una tercera categoría que denomina "sueños punitivos" o "de castigo". Si se tiene en cuenta la justificada aceptación de una instancia particular en el *yo*, autoobservadora y crítica (ideal del *yo*, censor, conciencia), también aquellos sueños punitivos se adaptarían a la teoría de la realización del deseo de esta instancia crítica. Guardarían con los sueños desiderativos propiamente dichos la misma relación que tienen los síntomas de la neurosis obsesiva, producidos por formación reactiva, con los síntomas histéricos. Una excepción más valedora a la regla de que el sueño sería una realización de deseos, el conferenciante la ve en los denominados sueños "traumáticos", como ocurren en los accidentados, pero también en los psicoanálisis de neuróticos, trayendo a luz los traumas psíquicos infantiles olvidados. Con respecto a la conciliación de estos sueños con la teoría de la realización del deseo, remito a un trabajo próximo a publicarse, que se titulará *Más allá del principio del placer*[53].

---

[53] Tomo II de estas *Obras Completas*.

El tercer punto de su comunicación se refiere a un estudio aún idéntico del doctor Varendonck, de Gante, quien logró observar conscientemente, en amplia escala, la actividad fantaseadora inconsciente en estados crepusculares (llamada "pensamiento autístico" por dicho autor). En el curso de dicho estudio se demostró que también la previsión de las eventualidades del día siguiente, la preparación de intentos de solución y adaptación, etc., cae plenamente en el dominio de esta actividad preconsciente, que es también la productora de las ideas latentes del sueño, de modo que, como el conferenciante siempre ha afirmado, nada tiene que ver con la elaboración onírica.

EL SUEÑO Y LA TELEPATÍA

Título del original en alemán:
Traum und Telepathie

EN ALEMÁN:

1922. Publicación original en la revista *Imago*, vol. III, págs. 1-22.

1925. En la edición vienesa de las Obras completas: *Gesammelte Schriften*, tomo III, Internat. Psychoanalytsicher Verlag, Leipzig-Viena-Zurich.

1931. En la recopilación *Kleine Schriften zur Sexualtheorie und zur Traumlehre*, págs. 326-353, por la misma editorial.

1940. En la edición londinense de las obras completas: *Gesammelte Werke*, tomo XIII, Imago Publishing Co., Londres.

EN INGLÉS:

1922. Traducción de C. J. M. Hubback, en el *International Journal of Psychoanalysis*, vol. III, págs. 283-305.

1925. Reimpresa en *Collected Papers*, tomo IV, The Hogarth Press, Londres.

EN ESPAÑOL:

1944. Traducción de Ludovico Rosenthal, en *Obras Completas*, tomo XIX, Editorial Americana, Buenos Aires.

En los tiempos que corren, tan plenos de interés por los fenómenos que se ha dado en llamar "ocultistas", un anuncio como el que pregonan mis palabras debe despertar por fuerza determinadas expectativas, razón por la cual me apresuro a defraudarlas. Mi trabajo no contribuirá en lo mínimo a revelar el enigma de la telepatía, y ni siquiera permitirá colegir si creo o no en la existencia misma de una "telepatía". En esta ocasión me propongo la muy modesta tarea de investigar las relaciones entre los fenómenos telepáticos —cualquiera sea su origen— y el fenómeno onírico, o más precisamente nuestra teoría del sueño. Bien sabemos que se suele considerar muy íntima la relación entre el sueño y la telepatía; por mi parte, defenderé aquí la tesis de que ambos fenómenos tienen muy poco en común, y que, si se estableciera con certeza la existencia de sueños telepáticos, ello no obligaría a modificar en absoluto nuestra concepción del sueño.

El material que fundamenta mi exposición es muy reducido. Ante todo, debo lamentarme por no haber podido trabajar con sueños propios, como lo hice una vez cuando escribí *La interpretación de los sueños* (1900); pero sucede que jamás tuve un sueño "telepático". No es que me hayan faltado los sueños con comunicaciones sobre determinado suceso acaecido en cierto lugar lejano, quedando librado a la concepción del soñante decidir si el suceso estaba ocurriendo precisamente o si acaecería en alguna oportunidad futura; también tuve frecuentemente, en plena vida vigil, presentimientos de sucesos alejados, pero ninguno de estos anuncios, profecías y presunciones se realizó, como suele decirse; resultó que no les correspondía realidad exterior alguna, y por ello hube de considerarlos como expectativas puramente subjetivas.

Así, por ejemplo, soñé una vez durante la guerra que había muerto uno de mis hijos, a la sazón en el frente[54]. El sueño no lo expresaba en forma directa, pero sí inequívoca, mediante el conocido simbolismo de la muerte que W. Stekel fue el primero en señalar. (¡No dejemos de cumplir aquí con el deber de la escrupulosidad literaria, tan incómodo en ocasiones!) Veía al joven guerrero parado junto a un muelle, en el límite entre tierra y agua; me parecía muy pálido; le hablé, pero no me contestó. A esto se agregaban otras alusiones inconfundibles. No tenía puesto su informe militar, sino un traje de esquiador como el que llevara años antes de la guerra, al ocurrirle un grave accidente de esquí. Estaba parado sobre una elevación en forma de taburete, ante un armario, situación que me indujo a interpretarla como una "caída", teniendo en cuenta un recuerdo de infancia mío, pues siendo niño de poco más de dos años, cierta vez me había subido sobre un taburete semejante para bajar algo de un armario —probablemente algo apetecido—, cayéndome e infiriéndome una herida cuya cicatriz aún puedo exhibir. Pero mi hijo, cuya muerte anunciara aquel sueño, volvió sano y salvo de los peligros de la guerra.

Aun no hace mucho tuve otro sueño de mal agüero y, según creo, fue poco antes de resolverme a redactar esta breve comunicación. En este caso el contenido del sueño aparecía bien a las claras: yo veía a mis dos sobrinas que viven en Inglaterra, vestidas de negro y diciéndome: "El jueves la hemos enterrado". Sabía que debían referirse a la muerte de su madre, ahora de ochenta y siete años, esposa del mayor de mis hermanos, ya fallecido.

---

[54] N. del Traductor. —Este sueño es, sin duda, el mismo que ha sido expuesto más detalladamente en *La interpretación de los sueños* (tomo VII).

Pasé, desde luego, por momentos de penosa expectativa, pues el fallecimiento repentino de una mujer tan anciana nada había tenido de sorprendente, y sin duda no me hubiera sido grato que mi sueño coincidiese precisamente con tan funesto suceso. Mas la primera carta que me llegó de Inglaterra disipó mi inquietud. Para todos aquellos que se preocupan por la teoría de la realización del deseo en el sueño, he de intercalar la tranquilizadora aseveración de que el análisis también pudo revelar sin dificultad alguna, en estos sueños de muerte, las motivaciones inconscientes que en ellos cabe presumir.

No se me interrumpa ahora con la objeción de que tales comunicaciones no tendrían valor alguno, ya que las experiencias negativas tienen tan poco valor probatorio en este terreno como en otros menos ocultos. Bien lo sé, y de ningún modo he presentado estos ejemplos con el propósito de demostrar algo o de sugerir determinada actitud ante el problema. Sólo he querido justificar el carácter limitado del material que puedo ofrecer.

En cambio, hay otra circunstancia que me parece más contundente: la de que durante mis veintisiete años de actividad analítica jamás me haya sido posible observar un verdadero sueño telepático en ninguno de mis pacientes. Las personas con que trabajé constituían por cierto una buena colección de seres gravemente neuropáticos e "hipersensitivos" en grado sumo; además, muchos de ellos me narraron los más extraños acaecimientos de su vida pasada, basando en ellos su creencia en los influjos ocultos y misteriosos. Sucesos como accidentes, enfermedades de parientes cercanos y especialmente el fallecimiento de alguno de los padres, acaecieron muchas veces en el curso del tratamiento, llegando aun a interrumpirlo; pero tales hechos fortuitos, cuya índole es tan adecuada para este fin, jamás me ofrecieron la oportunidad de captar un telepático, pese a que el tratamiento se prolongó durante semestres, años enteros y aun varios años. Quien desee hacerlo puede intentar la explicación de esta circunstancia que viene a imponer una nueva limitación de mi material; en cuanto a su injerencia en el tema de mi estudio, se advertirá que no cabe considerarla.

Tampoco puede resultarme embarazosa la pregunta de por qué no he recurrido al copioso material de sueños telepáticos registrados en la bibliografía especializada. No me habría sido difícil hallarlos, ya que en mi calidad de miembro de la Society for Psychical Research, tanto inglesa como americana, dispongo de sus publicaciones; pero en ninguna de ellas se intenta considerar analíticamente los sueños, elaboración esta que ha de interesarnos en primer lugar[55]. Por otra parte, pronto se advertirá que los propósitos de esta comunicación bien pueden ser cumplidos mediante un único ejemplo onírico.

De modo que mi material consiste tan sólo en dos comunicaciones que me han sido enviadas por corresponsales alemanes. Aunque no los conozco personalmente, me indican su nombre y domicilio, y no tengo el mínimo motivo y para sospechar en ellos el propósito de inducirme en confusión y engaño.

I

Con una de ambas personas ya mantuve anteriormente una comunicación epistolar, en la cual tuvo la gentileza de comunicarme observaciones de la vida cotidiana y sucesos análogos, como suelen hacerlo muchos de mis lectores. En esta oportunidad, mi corresponsal, persona sin duda alguna culta e inteligente, pone expresamente su material a mi disposición, por si yo pudiera "aprovecharlo literariamente".

---

[55] Dos obras del ya citado autor, W. Stekel: *Der telepathische Traum* (*El sueño telepático*), Berlín, sin fecha, y *Die Sprache des Traumes* (*El lenguaje del sueño*), 2.ª edición, 1922, presentan al menos un intento de aplicar la técnica analítica a sueños pretendidamente telepáticos. El autor profesa su creencia en la realidad de la telepatía.

190

Su carta dice así:

«Considero el siguiente sueño lo bastante interesante como para ofrecérselo en calidad de material para sus estudios.

»Debo anticipar lo siguiente: mi hija, casada en Berlín, espera tener un hijo a mediados de diciembre próximo. Tengo la intención de ir a esa ciudad para tal fecha, junto con mi segunda mujer, madrastra de mi hija. La noche del 16 al 17 de noviembre soñé tan viva y claramente como nunca *que mi mujer ha dado a luz mellizos. Veo claramente a ambos niños, de espléndido aspecto, con sus cachetes rojos, acostados uno junto al otro en su cuna; no puedo establecer el sexo; uno de ellos, rubio, tiene evidentemente mis facciones, con algunos rasgos de mi mujer; el otro, de cabello castaño, se parece a todas luces a mi mujer, pero también tiene rasgos míos. Le digo a mi mujer, que tiende a ser pelirroja: «El cabello castaño de «tu» hijo quizá también se vuelva rubicundo más adelante.» Mi mujer amamanta a los niños. Ella había hecho mermelada en una batea de lavar* (en el sueño, desde luego), *y ambos niños gatean en esta, lamiéndola hasta dejarla limpia.*

»He aquí el sueño, en cuyo transcurso me desperté cuatro o cinco veces, preguntándome si era verdad que habíamos tenido mellizos, sin poder llegar a convencerme de que sólo había soñado. El sueño duró hasta despertarme por la mañana, y aún tardé un buen rato en percatarme de la realidad. Durante el desayuno le conté a mi mujer este sueño, que la regocijó mucho, respondiéndome: "¿No habrá Ilse (mi hija) tenido mellizos?" A lo que contesté: "Apenas puedo creerlo, pues ni en mi familia ni en la de G. (su marido) hubo mellizos". El 18 de noviembre, a las 10 de la mañana, recibo de mi yerno un telegrama, despachado la tarde anterior, en el cual me anuncia el nacimiento de mellizos, un varón y una mujer. Por consiguiente, estos nacieron precisamente cuando yo soñaba que mi mujer había tenido mellizos. El parto sobrevino cuatro semanas antes de la fecha que todos habíamos calculado de acuerdo con las presunciones de mi hija y de su marido.

»Ahora prosigo: la noche siguiente soñé *que mi difunta mujer, madre de mi hija, había tomado a su cuidado cuarenta y ocho niños recién nacidos. Cuando traen la primera docena, yo protesto.* Con esto termina el sueño.

»Mi primera mujer era muy amante de los niños. Muchas veces decía que le gustaría tener a su alrededor una cantidad de ellos, cuantos más, mejor; que sería muy apta y se sentía muy a gusto como cuidadora de un jardín de infantes, para ella era música el bullicio y la algaraza de los niños. También sucedía de tanto en tanto que invitara a todo un grupo de niños de la calle y les obsequiara chocolate y golosinas en el jardín de nuestra casa. Después del parto, y especialmente después de la sorpresa que le causó su ocurrencia prematura y el hecho de que fueran mellizos de distinto sexo, mi hija seguramente debe haber pensado al punto en su madre, de la cual sabía que habría recibido el suceso con gran alborozo. "¿Qué diría mamá si estuviera ahora junto a mí?" Esta idea, sin duda, le pasó por la mente. Y ahora se agrega a esto mi sueño de mi primera mujer difunta, con la cual sueño muy raramente, de la que tampoco hablé y en la que en ningún momento pensé después del primer sueño.

»¿Considera usted casual en ambos casos la coincidencia entre el sueño y el hecho real? Mi hija, que me quiere mucho, seguramente pensó ante todo en mi durante sus horas penosas; quizá también porque muchas veces le escribí dándole consejos sobre su conducta durante el embarazo.»

Es fácil adivinar cuál fue mi respuesta a esta carta. Me pensaba el que también en mi corresponsal el interés analítico hubiera sido desplazado tan completamente por el telepático, de manera que eludí su pregunta directa, haciéndole notar que el sueño contenía muchos otros elementos, además de su relación con el nacimiento de los mellizos, rogándole, pues, me comunicara datos y asociaciones que me permitieran interpretar el sueño.

En respuesta recibí la siguiente segunda carta, que por cierto no satisfizo del todo mis deseos:

«Sólo hoy encuentro ocasión para responder a su amable carta del 24 de este mes. Estoy muy dispuesto a comunicarle, "sin lagunas ni reticencias", todas las asociaciones que se me ocurran; pero, por desgracia, no son muchas, y seguramente habría producido más en una entrevista personal.

»Ni mi mujer ni yo deseábamos tener más hijos. Por otra parte, apenas tenemos relaciones sexuales, y, en todo caso, en la época del sueño no existía "peligro" alguno. Naturalmente, el parto de mi hija, esperado para mediados de diciembre, fue frecuente objeto de nuestras conversaciones. Mi hija había sido revisada y radiografiada en el verano, estableciendo el médico que tendría un varón. Mi mujer dijo alguna vez: "¡Cómo me reiría si ahora naciese una niña!" También opinó en cierta ocasión que sería mejor si fuese un H... y no un G... (apellido de mi yerno), pues mi hija es más bella y apuesta que mi yerno, aunque este es oficial de marina. Yo me suelo ocupar con problemas de herencia, y tengo la costumbre de observar a los niños pequeños para ver a quién se parecen. Y aún otra cosa: tenemos un perrito que por la noche se sienta junto a nuestra mesa, recibe su comida y lame todos los platos y fuentes. Todo este material vuelve a aparecer en el sueño.

»A mí me gustan mucho los pequeñuelos, y muchas veces expresé que me agradaría volver a criar a un niño, especialmente ahora, cuando podría hacerlo con mucho más comprensión, interés y calma; pero no quisiera tener un hijo con mi mujer, que carece de aptitudes para educar racionalmente a un niño. Ahora bien: el sueño me depara dos hijos, sin que pueda establecer el sexo. Aún hoy los veo con nitidez, acostados en su cuna, y reconozco claramente sus rasgos: los del primero, más "míos"; los de otro, más de mi mujer; pero cada uno de ellos con pequeños rasgos del otro. Mi mujer tiende a ser pelirroja; pero uno de los niños tiene cabellos de color castaño con tinte rojizo. Yo digo: "Bueno, también ese se volverá pelirrojo más adelante". Ambos niños gatean por una gran batea de lavar en la que mi mujer ha estado cociendo una mermelada; los niños lamen su fondo y los bordes (esto forma parte del sueño). El origen de ese detalle es fácilmente comprensible, como, por otra parte, todo el sueño no ofrece dificultades y se interpreta con facilidad, excepto en el hecho de que haya coincidido casi a la hora con el nacimiento inesperadamente anticipado (en tres semanas) de mi nietos (no puedo establecer con certeza cuándo comenzó el sueño; mis nietos nacieron a las nueve y a las nueve y cuarto; yo me acosté a las once y soñé esa misma noche); además, es interesante que nosotros ya supiéramos que iba a ser un varón. Naturalmente, la duda de si esta predicción —varón o mujer— sería exacta, puede hacer que en el sueño aparezcan mellizos; pero aún queda por explicar la coincidencia temporal entre el sueño de los mellizos y el nacimiento acaecido con tres semanas de antelación.

»No es la primera vez que sucesos lejanos llegan a mi conciencia antes de que tenga noticias de ellos. He aquí un ejemplo entre muchos otros. En octubre me visitaron mis tres hermanos. Desde hacía treinta años no nos habíamos visto por separado, salvo breves encuentros en el entierro de mi padre y en el de mi madre. El fallecimiento de ambos era de esperar, y en ningún modo *presentí*. Pero cuando mi hermano menor murió repentina e inesperadamente a los diez años de edad, hace de esto unos veinticinco años, al traerme el cartero la carta con la noticia de su muerte se me ocurrió inmediatamente, sin que le hubiera echado una mirada, la idea de que anunciaría su muerte. Sin embargo, este hermano, el único que quedaba en la casa paterna, era un muchacho sano y fuerte, mientras que nosotros, los cuatro mayores, ya nos habíamos independizado y vivíamos lejos del hogar. Al visitarme mis hermanos, la conversación recayó casualmente en esta experiencia mía, y como ante una orden, los tres manifestaron que en aquella ocasión les había sucedido exactamente lo mismo. No sé si les ocurrió en la misma forma; pero, en todo caso, cada uno de ellos dijo haber presentido el fallecimiento con certeza antes de que le llegara la inesperada noticia. Todos nosotros tenemos, por parte de nuestra madre, naturalezas sensibles, y somos hombres grandes y fuertes; pero ninguno tiene veleidades espiritistas u ocultistas, que, por el contrario, rechazamos decididamente. Mis hermanos son todos universitarios: dos de ellos, profesores secundarios, y uno, agrónomo; más bien pedantes que inclinados a fantasías. He aquí cuanto tengo que decirle respecto del sueño. Si usted desea aprovecharlo literariamente, me complazco en ponerlo a su disposición.»

Debo temer que mis lectores asumirán una actitud similar a la de mi corresponsal, interesándose también en averiguar ante todo si realmente se puede aceptar este sueño como un anuncio telepático del inesperado nacimiento de los mellizos, de modo que no estarán dispuestos a someterlo a análisis, como harían con cualquier otro sueño. Presiento que sucederá lo mismo cada vez que el psicoanálisis tropiece con el ocultismo. A aquel se le oponen, por así decirlo, todos los instintos psíquicos, mientras que este goza de poderosas y profundas simpatías. Pero no adoptaré el punto de vista de que no soy sino un psicoanalista y de que la cuestión del ocultismo no es de mi incumbencia, pues semejante actitud sería interpretada como un intento de eludir el problema. Afirmaré, en cambio, que me satisfaría mucho si lograse convencerme y convencer a los demás de la existencia de procesos telepáticos mediante observaciones fidedignas; pero no se pude negar que los datos anexos a este sueño son demasiado escasos como para sustentar semejante decisión. Adviértase que a esta persona, inteligente e interesada por los problemas de su sueño, ni siquiera se le ocurre indicarnos cuándo vio por última vez a la hija embarazada ni qué noticias tuvo recientemente de ella. En la primera carta me escribe que el nacimiento se anticipó en un mes; en la segunda, esta antelación se ha reducido a tres semanas, y en ninguna nos dice si el parto realmente se anticipó o si los padres erraron al cálculo, como sucede con tanta frecuencia. Pero estos y otros detalles nos serían imprescindibles para apreciar la posibilidad de que el soñante hubiese calculado y adivinado inconscientemente la fecha. También me dije que de nada me serviría recibir respuesta satisfactoria a una pregunta mía al respecto, pues en el curso de esa investigación aparecerían cada vez nuevas dudas que sólo podrían ser eliminadas teniendo al sujeto ante mí y pudiendo remozar en él todos los recuerdos vinculados, que quizá haya pasado por alto, considerándolos carentes de importancia. Seguramente tiene razón cuando dice, al comienzo de su segunda carta, que en una entrevista personal habría revelado muchos más elementos.

Pensemos en otro caso análogo, en el cual el interés ocultista, tan molesto para nuestros fines, no tiene la más mínima injerencia. ¡Cuántas veces nos hemos encontrado en la situación de tener que comparar la anamnesis y las informaciones suministradas por un neurótico en la primera sesión con las averiguaciones obtenidas a través de algunos meses de psicoanálisis! Prescindiendo de la comprensible abreviación, ¡cuántos datos esenciales ha omitido o retenido!; ¡cuántas vinculaciones aparecen desplazadas!; más aún, ¡cuántas inexactitudes y falsedades nos ha contado la primera vez! Creo que no se me considerará excesivamente escrupuloso si, bajo las presentes circunstancias, me resisto a juzgar si este sueño corresponde a un fenómeno telepático o a una muy refinada producción inconsciente del soñante, o bien si ha de ser considerado simplemente como un producto de la casualidad. Hemos de aplazar nuestro afán científico para una oportunidad futura, en la que quizá dispongamos de un profundo estudio personal del sujeto. Con todo, nadie podrá quejarse de que el resultado de mi investigación sea defraudante, pues ya he advertido que no averiguaríamos nada que pudiera arrojar alguna luz sobre el problema de la telepatía.

Si pasamos ahora a la elaboración analítica de este sueño, debemos volver a confesar el descontento que nos ocasiona. También aquí nos resulta insuficiente el material de ideas que el protagonista vincula con el contenido manifiesto, pues con tales informaciones no podemos emprender un análisis onírico satisfactorio. Así, por ejemplo, el sueño se refiere minuciosamente al parecido de los niños con los padres; indica el color de sus cabellos y su probable transformación futura; en cambio, para aclarar estos detalles, tan profusamente expuestos, sólo contamos con la escueta información de que el soñante siempre se ha interesado por cuestiones de herencia y del parecido entre hijos y padres. ¡Esto es, por cierto, mucho menos de lo que solemos exigir! Pero *una* parte del sueño es accesible a la interpretación analítica; precisamente en ella el análisis, que en general nada tiene que ver con el ocultismo, viene a colaborar de manera extraña con la telepatía. Tan sólo a causa de este fragmento me atreví a embargar el interés de mis lectores con este sueño.

Considerándolo bien, este sueño no tiene ningún derecho a ser calificado de "telepático". No informa al soñante sobre un suceso ajeno a su conocimiento que acaece simultáneamente en un lugar distante; por el contrario, lo que el sueño nos cuenta es algo muy distinto del suceso sobre el cual informa un telegrama llegado el día subsiguiente al de aquel. El sueño y el suceso discrepan en un punto sumamente importante, y sólo coinciden —abstrayendo de su simultaneidad— en otro elemento muy interesante. En el sueño, la *mujer* del protagonista ha tenido mellizos. Pero el acaecimiento consiste en que su *hija*, radicada en otra ciudad, ha dado a luz mellizos. El protagonista no pasa por alto esta diferencia, pero no parece disponer de un recurso para superarla, y dado que, según su propia indicación, no tiene preferencias por el ocultismo, sólo se atreve a preguntar tímidamente si la coincidencia entre el sueño y la realidad, en punto al nacimiento de los mellizos, no podría ser algo más que una coincidencia fortuita. Pero la interpretación psicoanalítica viene a destruir esta diferencia entre el sueño y la realidad, concediendo a ambos el mismo contenido. En efecto, si recurrimos al material de asociaciones relacionadas con este sueño, observamos, pese a su parquedad, que aquí existe una profunda vinculación afectiva entre el padre y la hija, vinculación tan común y natural, que haríamos bien en dejar de avergonzarnos por ella, ya que en la vida real sólo se expresa como cariñoso interés, manifestando únicamente en el sueño sus consecuencias últimas. El padre sabe que la hija lo quiero mucho; está convencido de que en sus horas de dolor ha pensado mucho en él; creo que en el fondo no se le ha cedido al yerno, a quien alude en su carta con una observación despectiva. En ocasión de su parto (esperado o telepáticamente percibido) se agita en el inconsciente el deseo reprimido: "sería mejor que ella fuese mi (segunda) mujer", y es este deseo el que deforma la idea onírica y el que lleva a la diferencia entre el contenido onírico manifiesto y el suceso real. Tenemos derecho de sustituir por la hija a la segunda esposa, que aparece en el sueño. Si dispusiéramos de más material al respecto, seguramente podríamos fundamentar y profundizar esta interpretación.

Y ahora llego a lo que quería demostrar. Hemos tratado de ajustarnos a la más estricta imparcialidad, presentando dos concepciones del sueño como igualmente posibles e igualmente indemostradas. De acuerdo con la primera, aquel sería una reacción frente a un mensaje telepático: Tu hija acaba de dar a luz mellizos. De acuerdo con la segunda, el sueño se basa sobre una elaboración inconsciente que podría traducirse aproximadamente así: "Hoy es el día en que debería suceder el parto si, como en realidad supongo, los jóvenes de Berlín erraron sus cálculos en un mes. Si aún viviese mi (primera) mujer, no estaría satisfecha con un solo nieto. Para darle gusto, por lo menos tendrían que ser mellizos". Si esta segunda interpretación es acertada, ya no nos encontramos ante nuevos problemas. Es simplemente un sueño como cualquier otro. A la mencionada idea onírica (preconsciente) se ha agregado el deseo (inconsciente) de que ninguna otra, sino la hija, debería haber llegado a ser la esposa del protagonista, y de esta manera se formó el sueño manifiesto que nos ha sido comunicado.

Pero si preferimos aceptar que el durmiente ha recibido el mensaje telepático del parto de su hija, entonces surgen nuevas interrogantes con respecto a la relación de semejante mensaje con el sueño y a su influencia sobre la formación onírica. En tal caso es fácil obtener la respuesta y podemos formularla inequívocamente. El mensaje telepático es tratado como una parte del material formador del sueño, como un nuevo estímulo externo o interno, análogo a un ruido perturbador que llega de la calle o a una imperiosa sensación orgánica del soñante. En nuestro caso es evidente cómo este mensaje es elaborado hasta convertirse en realización del deseo, a través de un deseo reprimido que se encuentra el acecho; pero desgraciadamente no se puede demostrar con tanta claridad cómo se condensa con otro material despertado al mismo tiempo para formar un sueño. De modo que el mensaje telepático —si realmente hemos de aceptar su existencia— nada puede modificar en la formación onírica, y la telepática nada tendría que ver con la esencia del sueño. Para evitar la impresión de que pretendo esconder una incertidumbre tras un término abstracto y altisonante, estoy dispuesto a repetir: la esencia del sueño consiste en el enigmático proceso de la elaboración onírica, que, con ayuda de un deseo inconsciente, convierte ideas preconscientes (restos diurnos) en un contenido onírico manifiesto. Pero el problema de la telepatía tiene tan poca injerencia en el sueño como el problema de la angustia.

Espero que esto será aceptado; pero no se tardará en objetar que también existen otros sueños telepáticos, en los cuales no aparece diferencia alguna entre el suceso y el sueño y en los que nada se puede hallar sino la reproducción fiel del suceso. Tampoco conozco semejantes sueños telepáticos por experiencia propia, pero sé que han sido descritos con frecuencia. Supongamos que nos encontrásemos ante semejante sueño telepático puro, no deformado, y entonces se nos planteará una nueva pregunta: ¿acaso se puede denominar "sueño" a semejante vivencia telepática? Nadie vacilará en hacerlo así, siempre que se ajuste al lenguaje popular, para el que cuanto sucede en la vida psíquica, durante el reposo, es sueño. Quizá también se pueda decir: "Me he desperezado en el sueño", y seguramente no se considerará incorrecto decir: "He llorado en el sueño", o "He tenido miedo en el sueño". Pero sin duda advertiremos que en todos estos casos se confunde indistintamente el sueño (fenómeno onírico) con el dormir o el reposo. Creo que, en interés de la exactitud científica, convendría que separemos mejor 'soñar' y 'dormir'. ¿Por qué habríamos de renovar la confusión creada por Maeder al querer atribuir una nueva función al sueño, rechazando la separación entre la elaboración onírica y el contenido onírico latente? De modo que si nos encontrásemos ante semejante "sueño" puramente telepático, deberíamos considerarlo más bien como una vivencia telepática ocurrida durante el reposo. Un sueño sin condensación, deformación, dramatización y, ante todo, sin realización de deseo, no merece ser calificado de tal. Se advertirá que aún existen otras producciones psíquicas en el reposo, a las cuales también habría que negar justificadamente el apelativo "sueño". Puede suceder que las vivencias diurnas reales sean repetidas simplemente al dormir, y son precisamente las reproducciones de escenas traumáticas en el sueño las que nos han incitado no hace mucho a revisar nuestra teoría onírica; además, hay sueños que se diferencian de los comunes por propiedades muy particulares y que en realidad no son sino fantasías nocturnas, conservadas sin modificación ni contaminación y enteramente análogas en lo restante a conocidas fantasías diurnas. Seguramente sería errado excluir estos fenómenos de la categoría de los sueños. Pero todos ellos provienen de dentro, son productos de nuestra vida psíquica, mientras que, por definición, el "sueño telepático" genuino representa una percepción exterior frente a la cual la actividad psíquica adopta una posición receptiva y pasiva.

II

El segundo caso que quiero presentar pertenece en realidad a otro grupo. No nos ofrece un sueño telepático, sino uno repetido en una misma persona desde los años de la infancia, habiendo tenido aquella, además, múltiples experiencias telepáticas. La carta en la cual me lo comunica, que reproduzco a continuación, contiene muchos elementos enigmáticos, sobre los que nos está vedado emitir juicio. Algunos de ellos pueden ser aplicados a la relación entre las telepatías y el sueño.

(1)

«...Mi médico, el doctor N..., me aconsejó le comunicara un sueño que me persigue desde hace unos treinta a treinta y dos años. Me ajusté a su consejo, y quizá le interese el sueño en sentido científico. Dado que, según su opinión, los sueños semejantes pueden ser reducidos a una vivencia de índole sexual acaecida durante los primeros años de la infancia, agrego algunos recuerdos de esa época; se trata de vivencias que aún me impresionan, que han tenido profunda repercusión sobre mí y que fueron decisivas al determinar la religión que profeso.

»Me permito rogarle que, una vez estudiado, me explique usted cómo interpreta este sueño y si no sería posible hacerlo desaparecer de mi existencia, pues me persigue como un fantasma y me causa gran desagrado y pesar, debido a las circunstancias que lo acompañan, pues cada vez que aparece me caigo del lecho, habiéndome producido ya lesiones bastantes considerables.

(2)

»Cuento 37 años de edad; soy muy fuerte y sana físicamente; en la infancia padecí, además del sarampión y la escarlatina, una nefritis. A los cinco años sufrí una oftalmía muy grave, que dejó una diplopía como secuela. Las imágenes están situadas oblicuamente, una respecto de la otra; sus contornos están esfumados, porque las cicatrices que dejaron las úlceras perturban la claridad de la visión. Sin embargo, de acuerdo con el criterio de los especialistas, mis ojos ya no son susceptibles de ninguna mejoría. Debido a que me veo obligada a entornar el ojo izquierdo para ver con mayor claridad, la mitad correspondiente de mi rostro se ha deformado, contrayéndose hacia arriba. Con ejercicio y fuerza de voluntad soy capaz de realizar las más delicadas labores manuales; además, cuando tenía seis años de edad, me acostumbré ante el espejo a no mirar de reojo, de modo que exteriormente nada se advierte hoy de mi defecto ocular.

»Desde los más tempranos años de mi infancia siempre busqué la soledad; evitaba a otros niños y ya tenía apariciones (auditivas y visuales), pero no era capaz de distinguirlas de la realidad, de modo que caía en conflictos que me convirtieron en un ser muy retraído y tímido. Dado que ya como niña muy pequeña sabía mucho más de lo que había podido aprender, simplemente no comprendía a mis compañeros de edad. Yo misma soy la mayor de doce hermanos y hermanas.

»Entre los seis y los diez años de edad fui a la escuela comunal, y luego, hasta los dieciséis, a la escuela superior de las Hermanas Ursulinas, en B... Cuando tenía diez años aprendí en cuatro semanas, es decir, en ocho clases de repaso, tanto francés como otros niños aprenden en dos años. No tenía más que repetir cuanto oía; era como si ya lo hubiese aprendido alguna vez, y sólo lo tuviera olvidado. En general, jamás me fue preciso esforzarme para aprender francés, al contrario de lo que me pasa con el inglés, que si bien no me ocasiona dificultades, siempre me fue como desconocido. Con el latín me sucedió algo semejante al francés, pues en realidad nunca me fue necesario aprenderlo; aunque sólo lo conozco por la iglesia, me resulta completamente familiar. Cuando leo actualmente un libro francés, enseguida me pongo a pensar en esa lengua, cosa que no ocurre con la iglesia, pese a que la domino mejor. Mis padres son aldeanos que durante generaciones enteras jamás han hablado sino alemán y polaco.

»VISIONES. A veces desaparece por unos instantes la realidad y veo algo completamente distinto. En casa, por ejemplo, veo muchas veces a una pareja anciana con un niño y las habitaciones tienen entonces un moblaje distinto. Cuando aún estaba en el sanatorio, hacia las cuatro de la mañana, vi entrar a mi amiga: yo estaba despierta, tenía la lámpara encendida y me encontraba sentada junto a la mesa, leyendo, dado que sufro mucho de insomnio. Esta visión siempre me anuncia algo malo, cosa que también sucedió en esa oportunidad.

»En 1914 mi hermano estaba en el frente, y yo no me encontraba con mis padres en B..., sino en Ch... El 22 de agosto, a las diez de la mañana, oí de pronto la voz de mi hermano, que gritaba: "¡Madre, madre!" A los diez minutos se repitieron los gritos, pero no vi nada. El 24 de agosto volví a casa, encontrando a mi madre muy deprimida, y al interrogarla me comunicó que mi hermano se había presentado a filas el 22 de agosto. Por la mañana, estando en el jardín, lo oyó gritar: "¡Madre, madre!" Yo la consolé y no le dije nada de mi experiencia. Tres semanas más tarde llegó una carta de mi hermano, escrita el 22 de agosto entre nueve y diez de la mañana; poco después murió.

»El 27 de septiembre de 1921 recibí un mensaje en el sanatorio. Dos o tres veces oí golpear fuertemente a la cama de mi compañera de habitación. Ambas estábamos despiertas, y yo le pregunté si había golpeado, pero ella ni siquiera había oído algo. Ocho semanas después me enteré de que una de mis amigas había muerto la noche del 26 al 27.

»Ahora, algo que puede ser una ilusión sensorial; pero eso es cuestión de opiniones. Tengo una amiga que se casó con un viudo con cinco hijos. Al marido sólo lo conocí por intermedio de mi amiga. Cada vez que voy a su casa veo entrar y salir de ella a una señora. Era fácil suponer que se trataba de la difunta mujer de este hombre. Una vez pedí un retrato de aquella, pero no pude identificar a la aparición con la fotografía. Siete años más tarde vi en manos de uno de los niños una imagen con los rasgos de aquella mujer. Por consiguiente, era, en efecto, la primera esposa. En la fotografía tenía un aspecto muy mejorado, pues precisamente acababa de someterse a una dieta de engorde y por eso no parecía en absoluto una enfermera pulmonar. Estos sólo son algunos ejemplos entre muchos otros.

»SUEÑO. *Veo una península rodeada de agua. Las olas rompen sobre la playa y refluyen violentamente. En la península hay una palmera algo torcida hacia el agua. Una mujer está abrazada al tronco y se inclina todo lo posible sobre el agua, donde un hombre trata de alcanzar la tierra. Finalmente, la mujer se acuesta en el suelo, se aferra con la mano izquierda a la palmera y tiende cuanto puede la derecha hacia el hombre que está en el agua, pero sin alcanzarlo.*

»Con esto me caigo del lecho y me despierto. Tenía unos quince a dieciséis años cuando me di cuenta de que yo misma era esa mujer, y desde entonces no sólo he compartido la angustia de la mujer por el hombre, sino que a veces también aparezco como espectadora indiferente, contemplando la escena. También he soñado esta vivencia en varias fases. Al despertarse mi interés por el sexo masculino —entre los dieciocho y veinte años— trataba de reconocer el rostro del hombre; pero jamás pude lograrlo, pues la espuma de las olas sólo dejaba ver la nuca y la parte posterior del cráneo. Estuve comprometida dos veces, pero, según la cabeza y la forma del cuerpo, no se trataba de ninguno de mis novios. Encontrándome una vez en el sanatorio, embriagada con paraldehído, vi el rostro del hombre, que desde entonces aparece en todos los sueños. Es el del médico que me trataba en el sanatorio, y que, si bien me resulta simpático como tal, no me atrae por vínculo alguno.

»RECUERDOS. *Entre los seis y los nuevos meses*: estoy en mi cuna y a mi derecha hay dos caballos; uno de ellos, un alazán, me mira fijamente con los ojos muy abiertos. Esta es mi vivencia más intensa; tuve la impresión de que era un ser humano.

Al año de edad: Mi padre y yo estamos en el parque, donde un guardián pone en mis manos un pajarito. Sus ojos me miran y yo siento otra vez: "He aquí un ser igual a ti misma".

Matanza de animales: Cada vez que chillaban los cerdos, yo pedía auxilio y gritaba: "¡Estáis matando a un hombre!" (A los cuatro años). Siempre me he negado a comer carne, y la de cerdo me produce vómitos. Sólo en la guerra aprendí a comer carne, pero con gran repugnancia; ahora me estoy desacostumbrando de nuevo.

A los cinco años: Mi madre estaba para dar a luz, y yo la oía gritar; tenía la impresión de que un animal o un hombre se encontraba en el mayor peligro, igual que cuando sacrificaban a los animales.

»En cuanto a lo sexual, de niña fui completamente indiferente, y a los diez años los pecados contra la castidad aún no cabían en mi entendimiento. A los doce años comencé a menstruar. Sólo a los veintiséis años, después de haber tenido un hijo, despertó en mí la mujer, pues hasta entonces (durante medio año) siempre había tenido fuertes vómitos durante el acto sexual. También posteriormente vomitaba ante la menor contrariedad.

»Tengo una extraordinaria capacidad de observación y un oído excepcionalmente agudo, estando también muy desarrollado el sentido del olfato. Con los ojos vendados puedo identificar por su olor a personas conocidas que se encuentran entre otras desconocidas.

»No atribuyo mi sensibilidad olfatoria y auditiva a ninguna anormalidad, sino a una agudeza sensorial y a una más rápida capacidad de combinación; pero de todo esto sólo hablé con mi maestro de religión y con el doctor N., aunque a él sólo se lo conté de mal grado, porque temía oír que todo esto, que yo misma considero virtudes, son en realidad defectos; además, en mi juventud me torné muy tímida debido a la incomprensión de los demás.»

El sueño cuya interpretación nos pide la remitente no es difícil de comprender. Es un sueño de salvación de las aguas, es decir, un típico sueño de nacimiento. Como sabemos, el lenguaje simbólico no conoce gramática; es un caso extremo de lenguaje en infinitivo, en el que tanto la voz activa como la pasiva aparecen expresadas en una misma imagen. Si en el sueño una mujer extrae del agua a un hombre (o quiere extraerlo), eso puede significar que ella quiere ser su madre (acepta al hombre como hijo, igual que la princesa egipcia a Moisés), o bien que quiere ser madre por su intermedio, es decir, tener un hijo con él, hijo que, siendo su imagen carnal, le es equiparado. El tronco al cual se abraza la mujer puede ser interpretado fácilmente como símbolo fálico, por más que no se encuentre erecto, sino inclinado hacia el agua (en el sueño dice "torcido"). Las olas que avanzan y se retiran inspiraron una vez a otra mujer, que produjo un sueño muy semejante, la asociación con los dolores intermitentes del parto; cuando le pregunté cómo conocía este carácter del trabajo obstétrico no habiendo tenido hijos, me dijo que se imaginaba los dolores como una especie de cólicos, concepción que es fisiológicamente exacta. Asoció a ello "Las olas del mar y las del amor". Naturalmente, no atino a decidir de dónde pudo haber sacado nuestra soñante en años tan precoces la minuciosa elaboración del símbolo (península, palmera). Por otra parte, no olvidemos que cuando alguien afirma ser perseguido desde hace años por idéntico sueño, muchas veces resulta que no es manifiestamente el mismo sueño. Sólo es el mismo núcleo el que reaparece, pero los detalles del contenido han sido modificados o se han agregado algunos nuevos.

Al final de este sueño, evidentemente angustioso, la soñante se cae de la cama. He aquí una nueva representación del parto. Los análisis de las fobias a las alturas, del temor al impulso de precipitarse por la ventana, llevan, sin duda alguna, a idéntica interpretación.

Pero, ¿quién es el hombre con el que la soñante desea tener un hijo o de cuyo símil desearía ser la madre? Muchas veces se esforzó por ver sus facciones, pero el sueño no se lo permitió: el hombre había de quedar incógnito. Innumerables análisis nos han enseñado el significado de este ocultamiento, y nuestra deducción por analogía es confirmada por otro dato que nos suministra la protagonista. En una embriaguez aldehídica reconoció el rostro del hombre aparecido en el sueño, identificándolo con el del médico que la atendía y que nada significaba para su afectividad consciente. De modo que el personaje original jamás se manifestó, pero su representación en la "transferencia" permite deducir que siempre se trataba del padre. ¡Cuán acertado estuvo

Ferenczi cuando señaló los "sueños de los incautos" como los más preciosos documentos para confirmar nuestras hipótesis analíticas! Nuestra soñante es la mayor de doce hijos; ¡cuántas veces hubo de sufrir celos y decepciones por no ser ella, sino la madre, quien tenía el anhelado hijo del padre!

Con muy buen tino, nuestra soñante comprendió que sus primeros recuerdos infantiles serían los más útiles para interpretar su precoz y reiterado sueño. En la primera escena, anterior al año de edad, está sentada en su cuna y junto a ella hay dos caballos, uno de los cuales la mira fijamente, con los ojos muy abiertos. Considera esta como su vivencia más fuerte, teniendo la impresión de que se trataba de un ser humano. Pero entonces sólo podremos compartir esta impresión aceptando que en este caso como en tantos otros los dos caballos representan a la pareja parental, es decir, al padre y a la madre. Este recuerdo sería, entonces, algo así como un destello del totemismo infantil. Si tuviéramos ocasión de conversar con nuestra corresponsal, le preguntaríamos si por el color no reconoce al padre en el alazán que la mira tan humanamente. El segundo recuerdo está asociativamente vinculado al primero por idéntica "mirada comprensiva"; pero el acto de tomar un pajarillo en la mano significa para el analista —perdidamente dominado por sus prejuicios, como está— otro rasgo del sueño que coloca la mano de la mujer en relación con un nuevo símbolo fálico.

Los dos recuerdos siguientes forman un conjunto y ofrecen dificultades aún menores a la interpretación. Los gritos de la madre durante el parto le recuerdan directamente los chillidos de los cerdos al matarlos, y la precipitan en idéntico arrebato de compasión. Pero nosotros también suponemos que aquí se denota una intensa reacción contra un maligno deseo de muerte dirigido hacia la madre.

Con estas alusiones al cariño por el padre, al contacto genital con este y a los deseos homicidas contra la madre, queda completado el esquema del complejo edípico femenino. La ingenuidad sexual largo tiempo mantenida y la frigidez posterior concuerdan con estas premisas. Virtualmente —y en ciertas épocas también efectivamente—, nuestra corresponsal llegó a convertirse en una histérica. Felizmente, las fuerzas de la vida la arrastraron consigo y le permitieron alcanzar la sensibilidad sexual femenina, la felicidad maternal y múltiples capacidades productivas; pero una parte de su libido aún se mantiene adherida a los puntos infantiles de fijación; sigue soñando aquel sueño que la precipita de la cama y que la castiga con "lesiones bastante considerables" por su incestuosa elección de objeto.

Nuestra corresponsal pretendía que la información epistolar suministrada por un médico desconocido lograra lo que no consiguieron las más poderosas vivencias; probablemente, un análisis completo habría alcanzado tal fin en un tiempo más o menos prolongado. Dadas las circunstancias, hube de conformarme con escribir a esta mujer que estaba convencido de que ella sufría las consecuencias de una fuerte vinculación afectiva al padre y de la correspondiente identificación con la madre, manifestando mis dudas acerca de que esta aclaración le produjera algún beneficio. Por lo general, las curaciones espontáneas de las neurosis dejan cicatrices que de tiempo en tiempo se tornan dolorosas. Nosotros ya estamos muy orgullosos de nuestro arte cuando el psicoanálisis nos permite lograr una cura, pero tampoco con ella conseguimos evitar siempre que el resultado consista en la formación de una cicatriz dolorosa.

La breve serie de recuerdos comunicados por nuestra corresponsal aún ha de ocuparnos algo más. Una vez afirmé que tales escenas infantiles son "recuerdos encubridores", escogidos, vinculados y, al mismo tiempo, muchas veces falseados en una época posterior a la de su ocurrencia. Muchas veces se puede adivinar la tendencia a cuyo servicio se produce esta elaboración posterior. En nuestro caso casi es posible oír al *yo* de la mujer que trata de alabarse o de calmarse mediante esta serie de recuerdos: "Desde muy pequeña fui una criatura particularmente noble y compasiva. Muy temprano reconocí que los animales tienen alma, como nosotros, y no soporté la crueldad frente a ellos. Los pecados de la carne fueron ajenos para mí y conservé mi virginidad hasta años muy tardíos". Con esta declaración nuestra corresponsal contradice en alta voz las hipótesis sobre su primera infancia que nuestra experiencia analítica nos lleva a establecer: que aquella estuvo colmada de impulsos sexuales prematuros y de violentas tendencias agresivas contra la madre y contra los hermanos menores. (El pajarillo, además de la significación genital que le adjudicamos, también puede ser el símbolo de un niño pequeño, como todos los animales pequeños en general; por otra parte, el recuerdo subraya enfáticamente la equiparación de este pequeño ser con ella misma). De tal manera, esta breve serie de recuerdos constituye un hermoso ejemplo de una formación psíquica en dos planos. Considerada superficialmente, expresa un pensamiento abstracto, que en este caso, como por lo común, tiene contenido ético, es decir, según la denominación de H. Silberer, es de tema *anagógico*. Observándola más profundamente, se nos presenta como una cadena de hechos procedentes de la vida instintiva reprimida, manifestando su contenido *psicoanalítico*. Como se sabe, Silberer, que fue uno de los primeros en conminarnos a no olvidar la parte más noble del alma humana, sustentó la afirmación de que todos los sueños, o la mayoría de ellos, aceptan semejante interpretación doble: una, más pura, anagógica, además de la común, psicoanalítica. Mas, desgraciadamente, no sucede así; por el contrario, en muy raros casos se puede llegar a tal sobreinterpretación. Además, que yo sepa, hasta ahora no ha sido publicado ningún ejemplo útil de semejante análisis onírico con doble sentido. En cambio, en las series asociativas que nuestros pacientes expresan en el tratamiento analítico, pueden efectuarse con relativa frecuencia tales observaciones. Las ocurrencias sucesivas se vinculan, por un lado, a través de una asociación bien clara que transcurre por todas ellas; pero, por el otro, nos llevan a un tema más profundo, secreto, que participa simultáneamente en todas estas asociaciones. La contradicción entre ambos temas que dominan una misma serie asociativa no es siempre la de lo excelso —anagógico— con lo mezquino —analítico—, sino más bien la de lo *escandaloso* y lo *decente* o indiferente, contradicción que nos permitirá comprender con mayor facilidad el motivo por el cual aparece tal serie asociativa con doble determinación. Desde luego, en nuestro ejemplo no es por casualidad que la anagogía y la interpretación psicoanalítica aparezcan en contradicción tan violenta; ambas se refieren a un mismo material, y la tendencia más reciente es precisamente la que corresponde a las formas reactivas, erigidas contra los impulsos instintivos repudiados.

Pero, ¿por qué habríamos de buscar una interpretación psicoanalítica, en lugar de conformarnos con la anagógica, más inmediata? Esto se debe a muchas causas: a la existencia de la neurosis en general, a las explicaciones que esta exige, al hecho de que la virtud no torna a los hombres tan felices y fuertes como cabría esperar, cual si aún estuviera demasiado cargada con el peso de su origen —tampoco nuestra soñante ha sido recompensada adecuadamente por su virtud—; por fin, hay muchos otros motivos para nuestra actitud, que no será necesario repetir aquí.

Pero hasta ahora hemos dejado completamente a un lado a la telepatía, segunda determinante de nuestro interés por este caso. Es hora de que volvamos a ella. En cierto sentido, este caso nos ofrece menos dificultades que el del señor H… En una persona que con tal facilidad, y ya en la más temprana juventud, escapa a la realidad para precipitarse en el mundo de la fantasía es excesivamente poderosa la tentación de vincular las experiencias telepáticas y las "visiones" con la neurosis, atribuyendo aquellas a esta, aunque tampoco aquí hemos de adjudicar valor decisivo a nuestra interpretación. Tan sólo sustituimos lo desconocido e incomprensible por hipótesis comprensibles.

El 22 de agosto de 1914, a las diez de la mañana, a nuestra corresponsal le llega la percepción telepática de que su hermano, a la sazón en el frente, exclama: "¡Madre, madre!" El fenómeno es puramente acústico; se repite poco después, pero no lo acompaña ninguna visión. Dos días más tarde se encuentra con su madre y la ve muy preocupada porque el hermano se le ha anunciado con la exclamación repetida: "¡Madre, madre!" Inmediatamente recuerda idéntico mensaje telepático, recibido al mismo tiempo que la madre, y en efecto, luego de algunas semanas comprueba que el joven guerrero murió aquel día, a la hora mencionada.

No es posible demostrar —pero tampoco se puede negar— que el proceso haya sido el siguiente: Cierto día la madre le comunica que su hijo se le ha anunciado telepáticamente. Inmediatamente aparece en ella la convicción de que, al mismo tiempo, tuvo idéntica experiencia. Semejantes ilusiones mnemónicas aparecen con una intensidad obsesiva que emana de fuentes reales; pero convierten una realidad psíquica en una realidad material. La fuerza de la ilusión mnemónica se debe a que expresa adecuadamente la tendencia de la hermana a identificarse con la madre. "Tú te preocupas por el muchacho, pero en realidad es hijo mío, de modo que en su exclamación se dirigió a mí; soy yo quien ha recibido aquel mensaje telepático". Naturalmente, la hermana rechazaría enérgicamente nuestra tentativa de explicación y se aferraría a su fe en la propia vivencia. Pero es que no puede hacer otra cosa; debe creer en la realidad del hecho patológico mientras le sea desconocida la realidad de sus motivos inconscientes. La fuerza y la inconmovibilidad de todo delirio se deben a su derivación de una realidad psíquica inconsciente. Sólo quiero mencionar que aquí no hemos de explicar la vivencia de la madre ni su carácter objetivo.

Pero el hermano fallecido no es tan sólo el hijo imaginario de nuestra corresponsal, sino que también representa a un rival, odiado ya en el momento de su nacimiento. La mayoría de las visiones telepáticas se refieren a la muerte y a las posibilidades de muerte; a nuestros pacientes que nos informan sobre la frecuencia y la certeza de sus presunciones funestas, les podemos demostrar con idéntica seguridad que albergan particularmente intensos deseos inconscientes de muerte contra sus allegados y que por ello los contienen desde hace mucho tiempo. El paciente cuya historia presenté el año 1909 en el *Análisis de un caso de neurosis obsesiva*[56] era un ejemplo de estos; sus parientes le solían llamar 'cuervo'; pero cuando este hombre amable e ingenioso —muerto, entre tanto, en la guerra —entró en camino de mejoría, él mismo me facilitó la aclaración de sus tramoyas psicológicas. La comunicación contenida en la carta de nuestro primer corresponsal, de cómo él y sus tres hermanos recibieron la noticia de que había muerto el menor, como si fuera algo conocido desde hacía mucho tiempo, tampoco parece exigir otra explicación. Los hermanos mayores seguramente nutrieron, todos, la misma convicción de lo superfluo que era para ellos este más joven de los vástagos.

He aquí otra "aparición" de nuestra soñante, que quizá nos sea más fácil comprender mediante la interpretación analítica. Las amigas tuvieron, evidentemente, gran importancia en su vida afectiva. La muerte de una de ellas se le anunció hace poco, en el sanatorio, por golpes nocturnos en la cama de una compañera de habitación. Otra de sus amigas se había casado hacía muchos años con un viudo que tenía varios (cinco) hijos. En casa

---

[56] N. del Traductor. —Véase el tomo XVI de estas *Obras Completas*.

de aquella vio regularmente la figura de una mujer que, según hubo de presumir, era la primera esposa fallecida, cosa que al principio no pudo confirmar y de la que sólo al cabo de siete años logró convencerse, al hallar una nueva fotografía de la difunta. Esta alucinación visual y el presagio de la muerte del hermano denotan idéntica dependencia íntima de los complejos familiares que ya conocemos en nuestra corresponsal. Al identificarse con su amiga, pudo satisfacer sus deseos en la persona de esta, pues todas las hijas mayores de familias muy numerosas producen inconscientemente la fantasía de que al morir la madre podrán convertirse en segunda mujer del padre. Cuando la madre cae enferma o muere, la hija mayor pasa a ser su reemplazante natural frente a los demás hermanos y también puede asumir ante el padre una parte de las funciones de mujer. Lo que falta en esta situación es completado por el deseo inconsciente.

He aquí casi todo lo que me propuse comunicar. Aún podría agregar la observación de que los casos de fenómenos o mensajes telepáticos, aquí comentados, se vinculan claramente con estímulos correspondientes al terreno del complejo de Edipo. Esto puede resultar sorprendente, pero no quisiera considerarlo como un gran descubrimiento. Prefiero resolver al resultado que obtuvimos al investigar el sueño de nuestro primer caso. La telepatía nada tiene que ver con la esencia del sueño, ni puede contribuir a profundizar nuestra comprensión analítica del mismo. Por el contrario, es el psicoanálisis quien puede fomentar el estudio de la telepatía, aproximándose, con ayuda de sus interpretaciones, al entendimiento de muchos elementos incomprensibles que presentan los fenómenos telepáticos, o demostrando que otros fenómenos, aún dudosos, son, en efecto, de índole telepática.

De la vinculación entre la telepatía y el sueño, tan íntima en apariencia, sólo queda la innegable facilitación de la primera por el estado del reposo, aunque este no sea una condición ineludible para que se den los procesos telepáticos, ya consistan estos en mensajes o en producciones inconscientes. Si aún no lo supiéramos, bastaría para demostrárnoslo el ejemplo de nuestro segundo caso, en el cual el hermano se anuncia entre las nueve y las diez de la mañana. Sin embargo, debemos reconocer que no se puede dudar de las observaciones telepáticas simplemente porque el suceso y su presentimiento (o el mensaje que lo anuncia) no haya sucedido en el mismo momento astronómico. Es fácilmente aceptable que el mensaje telepático sea recibido en el instante en que ocurre el suceso provocador, siendo percibido por la conciencia al dormir en la noche siguiente, o aun durante la vigilia, pero tan sólo al cabo de cierto tiempo, durante una pausa de la actividad psíquica. Por otra parte, aceptamos también que la formación onírica puede comenzar antes de iniciarse el reposo, pues las ideas oníricas latentes bien pueden haber sido preparadas durante todo el día, hasta que por la noche entran en conexión con el deseo inconsciente que las convierte en un sueño. Pero si el fenómeno telepático no es más que una producción del inconsciente, entonces no nos encontramos ante nada nuevo. En tal caso sería natural e imprescindible aplicar a la telepatía las leyes de la actividad psíquica inconsciente.

¿Por ventura habré despertado la impresión de que quiero tomar partido a favor del carácter real de la telepatía en el sentido ocultista? Mucho lamentaría si realmente fuese tan difícil evitar semejante impresión, pues en realidad quise ser completamente imparcial. Por lo que a mí me toca, mal podría ser otra mi actitud, pues no tengo derecho a emitir juicio, ya que nada sé al respecto.

OBSERVACIONES SOBRE LA TEORÍA Y LA PRÁCTICA DE LA INTERPRETACIÓN ONÍRICA

Título del original en alemán:
Bemerkungen zur Theorie und Praxis der Traumdeutung

En alemán:

1923. En la *Internationale Zeitscrift für Psychoanalyse*, vol. IX, págs. 1-11.

1925. En la edición vienesa de las Obras completas: *Gesammelte Schriften*, tomo III, Internat. Psychoanalytscher Verlag, Leipzig-Viena-Zurich.

1931. En la recopilación *Kleine Schriften zur Sexualtheorie und zur Traumlehre*, págs. 354-368, por la misma editorial.

1940. En la edición londinense de las Obras completas: *Gesammelte Werke*, tomo XIII, Imago Publishing Co., Londres.

En inglés:

1943. Traducción de James Strachey, en *International Journal of Psychoanalysis*, vol. 24, págs. 66-71.

1950. Reimpresa en *Collected Papers*, tomo V, The Hogarth Press, Londres.

En español:

1944. Traducción de Ludovico Rosenthal, en *Obras Completas*, tomo XIX, Editorial Americana, Buenos Aires.

La circunstancia fortuita de haberse impreso en planchas litográficas las últimas ediciones de *La interpretación de los sueños* me obliga a publicar separadamente las siguientes observaciones, que de otro modo habrían tenido cabida en el texto, como modificaciones o complementos.

I

Al interpretar un sueño en el análisis se tiene la elección entre varios procedimientos técnicos distintos.

Se puede proceder: *a) cronológicamente*, dejando que el soñante manifieste sus asociaciones a los elementos oníricos, en el mismo orden con el cual estos aparecen en la narración del sueño. Esta es la conducta original, clásica, que aún sigo considerando óptima cuando se analizan los sueños propios.

O bien: *b)* se puede iniciar la labor interpretativa con un determinado *elemento notable del sueño*, tomado de cualquier parte de su conexo; por ejemplo, el trozo más llamativo del mismo, o el de mayor claridad, o el que más intensamente se presente a los sentidos; o, por fin, se parte de un parlamento contenido en el sueño, del cual se sospecha que llevará al recuerdo de palabras pronunciadas durante el día.

Además: *c)* se puede comenzar por prescindir completamente del contenido manifiesto, preguntando al soñante *qué experiencias del día anterior* asocia al sueño narrado.

Finalmente: *d)* una vez que el soñante se haya familiarizado con la técnica de la interpretación, se puede *renunciar a todo precepto*, preguntándole con qué asociaciones al sueño prefiere comenzar. Con todo, no podría afirmar que una u otra de estas técnicas sea preferible ni que suministre invariablemente los mejores resultados.

II

Muchos más importante es la circunstancia de si la labor interpretativa se lleva a cabo contra una *alta o baja presión de la resistencia*, alternativa que, desde luego, jamás plantea prolongadas dudas al analista. Frente a una presión alta, quizá se llegue a averiguar de qué asunto trata el sueño, pero no se podrá colegir qué quiere decir sobre el mismo. Es como si uno escuchara una conversación lejana o susurrada, sin entenderla. En semejante situación no queda más recurso que reconocer la imposibilidad de una colaboración con el paciente, renunciando a efectuar grandes esfuerzos y a prestarle mayor ayuda, para limitar la interpretación a proponer algunas traducciones de símbolos que se consideran más probables.

En los análisis dificultosos, la mayoría de los sueños pertenecen a esta categoría, de modo que no podemos aprender gran cosa con ellos sobre la naturaleza y el mecanismo de la formación onírica; desde luego, será aún más remota la posibilidad de obtener respuesta a nuestra pregunta predilecta sobre el punto en que se esconde la realización del deseo en cada sueño particular.

Ante una resistencia de presión extremadamente alta, suele ocurrir el fenómeno de que las asociaciones del soñante se desplieguen en superficie, sin penetrar en profundidad. En lugar de las buscadas asociaciones al sueño narrado aparecen sin cesar nuevos trozos del mismo, que a su vez quedan exentos de asociaciones. Sólo cuando la resistencia se mantiene en límites moderados, la labor interpretativa transcurre según el conocido plan, vale decir: al principio, las asociaciones del soñante *divergen* ampliamente de los elementos manifiestos, de modo que llegan a tocar gran número de temas y de grupos imaginativos; más tarde, una segunda serie de asociaciones *converge* rápidamente desde aquellos a las ideas oníricas buscadas.

En tal caso también será posible que el psicoanalista colabore con el paciente, actitud que ni siquiera sería adecuada frente a una alta presión de la resistencia.

Cierto número de sueños que aparecen durante el análisis son intraducibles, a pesar de que en ellos la resistencia no ocupa, precisamente, el primer plano. Es que estos sueños representan versiones libres y arbitrarias de las ideas oníricas latentes que los mueven, pudiendo comparárselos con creaciones poéticas bien logradas, pero artificiosamente elaboradas, que si bien aún permiten reconocer sus temas fundamentales, los presentan arbitrariamente trastrocados y modificados. En el tratamiento, estos sueños sirven como introducciones a pensamientos y recuerdos del paciente, sin que su contenido mismo haya de ser tomado en consideración.

III

Se pueden discernir *sueños de arriba* y *sueños de abajo*, siempre que no se pretenda aplicar esta diferencia con excesiva rigidez. Los sueños de abajo son los animados por un deseo inconsciente (reprimido) que ha logrado hacerse representar por algún resto diurno cualquiera. Son comparables a las irrupciones de lo reprimido que ocurren durante la vida diurna. Los sueños de arriba deben ser equiparados a pensamientos o propósitos diurnos que durante la noche consiguieron ser reforzados por lo reprimido, separado del *yo*. Por regla general, el análisis pasa por alto a este aliado inconsciente, dedicándose a incluir las ideas oníricas latentes en los lugares que les corresponden en la trama del pensamiento diurno. Sin embargo, esta diferenciación entre ambas clases no ha de constituir necesariamente un pretexto para modificar la teoría de los sueños.

IV

En muchos análisis —o en determinadas fases de un análisis—
se manifiesta un divorcio entre la vida onírica y la diurna, análogamente a la manera en que se aísla del pensamiento vigil la
actividad fantástica que inspira una *continued story*[57] (un sueño
diurno novelado). En tal caso, un sueño se concatena con el
otro, centralizándose alrededor de un elemento que en el sueño
precedente apenas fue rozado como al descuido, etcétera. Pero
es mucho más frecuente el otro caso, el de que los sueños no
estén vinculados el uno al otro, sino que se inserten entre los
trozos sucesivos del pensamiento diurno.

V

La interpretación de un sueño se divide en dos fases: la de su
traducción y la de su apreciación o utilización. Durante la primera el analista no debe dejarse influir por consideración alguna
con la segunda. Es como si uno tuviera ante sí un capítulo de
un autor extranjero; por ejemplo, de Tito Livio. Ante todo se
pretenderá saber qué nos cuenta Livio en este capítulo, y sólo
más tarde se planteará la discusión de si lo leído es una crónica
histórica, una leyenda o una disquisición del autor.

Pero, ¿qué deducciones se puede extraer de un sueño correctamente traducido? Tengo la impresión de que, al respecto, la
práctica del análisis ha evitado los errores y las valoraciones
excesivas, cometiéndolos, en gran parte, debido a su desmesurado respeto ante el "misterioso inconsciente".

Se olvida con demasiada facilidad que un sueño no es por lo
general sino un pensamiento, igual que cualquier otro, posibi-
litado por la disminución de la censura y por el reforzamiento

---

[57] N. del Traductor. —'Novela por entregas'. En inglés en el original.

inconsciente, y deformado por la influencia de la censura y de la elaboración inconsciente.

Recurramos, como ejemplo, a los sueños denominados "de curación". Cuando un paciente ha tenido semejante sueño, en el cual parece evadir las restricciones de la neurosis, superando, por ejemplo, una fobia o abandonando un vínculo afectivo, nos inclinamos a aceptar que ha realizado un considerable progreso, que está dispuesto a adaptarse a una nueva situación vital, que comienza a contar con su salud, y así sucesivamente. Tal cosa muchas veces puede ser cierta, pero con no menor frecuencia estos sueños de curación sólo tienen el valor de sueños de comodidad, correspondiendo al deseo de sanar, por fin, para evitar un nuevo período de la labor analítica cuya inminencia ya se hace sentir. En tal sentido, los sueños de curación acaecen, por ejemplo, muy frecuentemente cuando el paciente está por pasar a una nueva fase de la transferencia, que le es desagradable. Se comporta entonces muy análogamente a muchos neuróticos que se declaran curados a las pocas horas de tratamiento, intentando así evadirse de todos los elementos desagradables que están a punto de expresar en el análisis. También los neuróticos de guerra, que renuncian a sus síntomas cuando la terapia de los médicos militares logra convertir la enfermedad en algo aún más desagradable que el servicio en el frente, se adaptan a las mismas condiciones económicas, y tanto en este caen el anterior la curación revela al poco tiempo su carácter transitorio.

VI

En principio, no es nada fácil llegar a conclusiones generales sobre el valor de los sueños correctamente traducidos. Si el paciente se encuentra en un conflicto de ambivalencia, un pensamiento hostil surgido en él no significa por cierto una superación definitiva de las tendencias amorosas, es decir, una solución del conflicto; evidentemente, tampoco un sueño del mismo contenido hostil puede tener tal significación. En presencia de semejante conflicto de ambivalencia suele ocurrir que en cada noche aparezcan dos sueños, cada uno de los cuales muestra una actitud distinta. En tales casos el progreso consiste en lograr el aislamiento completo de ambos impulsos antagónicos, persiguiendo y comprendiendo a ambos hasta sus extremos últimos, con ayuda de sus reforzamientos inconscientes. En ocasiones, uno de ambos sueños ambivalentes ha sido olvidado, pero entonces será preciso no dejarse engañar, creyendo que la ambivalencia se ha decidido a favor de una de sus tendencias. Con todo, el olvido de uno de los sueños muestra que, por un momento, alguna de ambas tendencias ha alcanzado la supremacía, pero esto sólo tiene vigencia durante un día y puede modificarse. Quizá la noche siguiente ya presente en primer plano la manifestación contraria. El verdadero estado del conflicto sólo puede ser deducido teniendo en cuenta todas las manifestaciones restantes, incluso las de la vida diurna.

VII

El problema de la valoración de los sueños está vinculado con el de su susceptibilidad de la "sugestión" médica. El analista quizá comience por vacilar, asustado, al señalársele este posible efecto de su actuación, pero reflexionando con mayor detenimiento, su primer impulso negativo seguramente acabará por ceder la plaza a la comprensión de que el influjo ejercido sobre los sueños del paciente no es para el analista más infortunado o condenable que la conducción de sus pensamientos conscientes.

No es necesario demostrar que el contenido manifiesto de los sueños es influido por el efecto terapéutico del análisis, pues está implícito en el hecho de que el sueño se vincula con la vida diurna y elabora estímulos procedentes de la misma. Desde luego, cuanto sucede en el tratamiento analítico también pertenece a las impresiones de la vida diurna y rápidamente se convierte en las más fuertes entre estas. No es, pues, ningún milagro si el paciente sueña con cosas que el médico ha discutido con él a cuya expectativa le ha despertado. En todo caso, no es un milagro mayor que el conocido fenómeno de los sueños "experimentales".

Como próxima cuestión, nos interesa saber si también las ideas oníricas latentes —que han de ser elucidadas por la interpretación— pueden ser influidas o sugeridas por el analista. Una vez más, debemos responder con la afirmativa, pues una parte de estas ideas latentes corresponde a pensamientos preconscientes, es decir, perfectamente capaces de conciencia, que el paciente también podría haber utilizado en la vida diurna al reaccionar frente a las estimulaciones del médico, siendo indiferente si estas reacciones afirman los estímulos que las provocaron o los contradicen. Si se sustituye el sueño por las ideas que contiene, la cuestión de la medida en que es posible sugerir los sueños coincide con la otra, más general, de la medida en que el paciente es accesible a la sugestión en el curso del análisis.

Jamás se puede influir sobre el propio mecanismo de la formación onírica, es decir, sobre la elaboración de los sueños propiamente dicha; debe aceptarse esto como algo seguro.

Además de la mencionada participación de las ideas oníricas preconscientes, todo sueño verdadero contiene indicios de los deseos reprimidos, a los cuales debe la posibilidad de su aparición. Un escéptico podría decirnos que estos aparecen en el sueño porque el sujeto sabe que los ha de presentar, pues el analista espera hallarlos; el analista, por su parte, tendrá todo derecho a pensar de otro modo.

Ya que el sueño contiene situaciones que pueden ser interpretadas reduciéndolas a escenas correspondientes al pasado del soñante, cabría preguntar —cuestión esta de importancia particular— si la influencia médica no podría intervenir también en esos contenidos oníricos. Esta pregunta es perentoria en grado sumo frente a los denominados *sueños confirmadores*, sueños que siguen, rezagados, la marcha del análisis. En muchos pacientes son los únicos sueños con que podemos contar. Tales casos sólo reproducen las vivencias olvidadas de la infancia, una vez que han sido reconstruidas a partir de los síntomas, las asociaciones y otros indicios, habiéndoseles comunicado esta reconstrucción. Así se originan los sueños confirmadores, vulnerables a la crítica que les niega todo valor demostrativo, dado que bien podrían haber sido imaginados por influencia del médico, en lugar de surgir del inconsciente del propio paciente. En el análisis no es posible escapar a esta situación equívoca, pues si en estos pacientes no se interpreta, se construye y se comunica, jamás se logra acceso a sus contenidos reprimidos.

La situación es más favorable cuando el análisis de tal sueño confirmador o "rezagado" da lugar inmediatamente a una sensación de recuerdo para lo que hasta el momento había estado olvidado.

El escéptico aún tendrá la posibilidad de afirmar que se trataría de falsos recuerdos. Además, por lo general faltan estas sensaciones de recuerdo. Lo reprimido surge sólo por trozos, y toda fragmentariedad impide o retarda el establecimiento de una convicción. También puede no tratarse de la reproducción de una vivencia real olvidada, sino de la facilitación de una fantasía inconsciente, en la que jamás se ha de esperar una sensación de recuerdo, pero sí, posiblemente, un sentimiento de convicción subjetiva.

Los sueños confirmadores, ¿realmente pueden ser consecuencia de la sugestión, es decir, sueños de complacencia? Los pacientes que sólo traen al análisis sueños confirmadores son precisamente aquellos en quienes la duda desempeña el papel de resistencia principal. No se debe intentar la superación de esta duda recurriendo a la autoridad o tratando de aniquilarla con argumentos, sino que se la dejará subsistir hasta que se resuelva en el curso ulterior del análisis. También el analista puede mantener semejante duda frente a casos aislados; lo que termina por darle certeza es, justamente, la complicación del problema que ha de resolver, problema comparable al de los rompecabezas infantiles, formados por una imagen en colores, pegada sobre una tablilla dividida en muchas piezas por cortes curvos y quebrados, cabiendo ajustadamente el conjunto en un marco de madera. El confuso montón de piezas, cada una de las cuales lleva una parte incomprensible de la imagen, debe ordenarse de manera tal que la figura resultante dé sentido, que en ninguna parte quede un hueco y que el conjunto llene completamente el marco; cumplidas estas condiciones, se sabrá que el rompecabezas está resuelto y que no existe otra solución.

Desde luego, nada puede significarle este símil al paciente que se halle en el curso de una labor analítica aún incompleta. Viene al caso una discusión que hube de sostener con un paciente cuya actitud extraordinariamente ambivalente se manifestaba en la más poderosa duda obsesiva. No refutaba la interpretación de sus sueños y quedaba profundamente impresionado por su coincidencia con las presunciones que yo había anticipado, pero preguntaba si esos sueños confirmadores no podrían ser expresiones de su docilidad frente a mí. Al objetarle que también habrían traído un cúmulo de detalles que yo no podía presumir y que, por otra parte, su restante conducta en el tratamiento no testimoniaba precisamente tal docilidad, recurrió a otra teoría, preguntándose si su deseo narcisista de curar no podría haberlo llevado a producir tales sueños, dado que yo le había abierto la perspectiva de la curación, siempre que él lograse aceptar mis construcciones. Le respondí que nada sabía de semejante mecanismo de formación onírica, pero la duda se resolvió por otro camino. Recordó sueños que había tenido antes de comenzar el análisis, aun antes de oír hablar del mismo, y el análisis de estos sueños, libres de toda sospecha de sugestión, llevó a las mismas interpretaciones que el de los más recientes. Sin embargo, su obsesión contradictoria aún halló el recurso de decir que los sueños pasados habían sido menos claros que los surgidos durante el tratamiento; pero, por mi parte, me di por satisfecho con la confirmación hallada. En general, me parece conveniente recordar de tanto en tanto que los seres humanos ya tenían la costumbre de soñar antes de que existiera el psicoanálisis.

VIII

Bien podría ser que los sueños aparecidos en el curso de un psicoanálisis tuviesen la facultad de manifestar lo reprimido con mayor riqueza que los sueños presentados fuera de esta situación. Pero no se puede demostrar, pues ambas situaciones son incomparables entre sí; la utilización del sueño en el análisis es una finalidad completamente ajena a los propósitos originales de la formación onírica. En cambio, no puede caber la menor duda de que en un análisis los sueños traen a luz porciones mucho mayores de lo reprimido que cualquiera de los otros métodos; debe existir, por consiguiente, un motor que explique esta extraordinaria producción; una potencia inconsciente cuya capacidad de ayudar a los propósitos del análisis sea mayor durante el estado del reposo que en cualquier otro. Pues bien, sería difícil invocar con tal fin un factor que no sea la docilidad del paciente frente al analista, derivada del complejo parental, es decir, la parte positiva de lo que denominamos "transferencia". Efectivamente, en muchos sueños que reproducen lo olvidado y lo reprimido no se logra descubrir otro deseo inconsciente al que se pudiera atribuir la energía instintiva necesaria para la formación onírica. Por consiguiente, si alguien pretendiese afirmar que la mayoría de los sueños utilizables en el análisis son sueños de complacencia y que deben su origen a la sugestión, nada podría refutársele desde el punto de vista de la teoría analítica. Al respecto, me conformo con remitir a mis consideraciones en la *Introducción al psicoanálisis*, sobre la relación entre transferencia y sugestión; señalé allí cuán escaso menoscabo sufre la certeza de nuestros resultados, si aceptamos el efecto de la sugestión en el sentido que le hemos adjudicado[58].

En *Más allá del principio del placer* me ocupé de cómo las vivencias correspondientes al primer período de la sexualidad infantil, de todo punto desagradables, logran labrarse acceso a una forma cualquiera de reproducción, hecho que constituye todo un problema económico. Hube de conceder a esas vivencias, en el "impulso de repetición", una extraordinaria pujanza de afloramiento, merced a la cual logran vencer la represión que pesa sobre ellas, sirviendo al principio del placer; sin embargo, no pueden aflorar "hasta que la labor terapéutica haya debilitado la represión"[59]. Cabe agregar, aquí que es la transferencia positiva la que presta semejante ayuda al impulso de repetición. En tal trance, se ha llegado a una alianza del esfuerzo terapéutico con este impulso; alianza que se dirige ante todo contra el principio del placer, pero que en última instancia persigue la entronización del principio de la realidad. Como señalé en esa oportunidad, ocurre con harta frecuencia que el impulso de repetición se libera de los compromisos implícitos en esta alianza, conformándose con el retorno de lo reprimido en la forma de imágenes oníricas.

IX

En la medida de mis conocimientos actuales, los sueños de las neurosis traumáticas son las únicas excepciones genuinas de

---

[58] N. del Traductor. —Tomo V, capítulo XXVIII, en estas *Obras Completas*.

[59] N. del Traductor. — Capítulo III del mencionado estudio, que se encuentra en el tomo II de estas *Obras Completas*.

la tendencia a la realización del deseo implícita en el sueño, mientras que los sueños de castigo son sus únicas excepciones aparentes. En estos últimos se da el hecho curioso de que en puridad ningún elemento de las ideas oníricas latentes es incorporado al contenido manifiesto, apareciendo en su lugar algo muy distinto, que debe ser concebido como formación reactiva contra los deseos oníricos, como rechazo y contradicción completa de los mismos. Semejante intervención en el sueño sólo podemos atribuirla a la instancia crítica del *yo*, cabiendo aceptar, pues, que esta, irritada por la satisfacción inconsciente del deseo, vuelve a erigirse transitoriamente, aun durante el estado del reposo. Bien podría haber reaccionado frente a estos contenidos oníricos desagradables haciendo despertar al sujeto, pero halló en la formación del sueño de castigo un recurso que le permitió evitar la perturbación del reposo.

Así, por ejemplo, en los conocidos sueños del poeta Rosegger que mencioné en *La interpretación de los sueños*, es preciso aceptar un contenido reprimido de tema vanidoso y jactancioso, mientras que el sueño manifiesto advertía: "eres un inepto aprendiz de sastre". Naturalmente, sería absurdo buscar un deseo reprimido como motor de este sueño manifiesto; debemos conformarnos con ver la realización del deseo en la autocrítica.

Nuestra extrañeza ante semejante estructuración del sueño se atenuará si tenemos en cuenta la frecuencia con que la deformación onírica, puesta al servicio de la censura, coloca en lugar de determinado elemento algo que en uno u otro sentido es su antítesis o su contraria. De aquí sólo hay un corto trecho hasta la sustitución de una parte característica del contenido onírico por una contradicción que la rechaza; un solo paso más nos lleva a la sustitución de todo el contenido onírico ofensivo por un sueño de castigo. Quisiera comunicar uno o dos ejemplos característicos de aquella fase intermedia de la falsificación que puede sufrir el contenido manifiesto.

Del sueño de una muchacha con intensa fijación paterna que halla dificultad en expresarse durante el análisis: Está sentada en la habitación con una amiga, vestida únicamente con un quimono. Entra un señor ante el cual siente vergüenza, mas éste le dice: "¡Pero si esta es la jovencita que ya vimos una vez tan hermosamente vestida!" El señor soy yo, y en reducción más profunda, el padre. Pero nada podremos hacer con el sueño mientras no nos resolvamos a sustituir por su antítesis el elemento más importante del discurso: "Esta es la joven que ya vi una vez *desnuda*, y que entonces me pareció tan hermosa". A la edad de tres o cuatro años la paciente durmió durante un tiempo con el padre en la misma pieza, y todos los datos nos indican que solía descubrirse al dormir para agradarle. La ulterior represión de su placer exhibicionista motiva actualmente su hermetismo en el tratamiento, su desagrado de mostrarse al descubierto.

De otra escena del mismo sueño: Está leyendo su propia historia clínica impresa; dice allí que un joven ha matado a su amante..., cacao..., eso pertenece al erotismo anal. Esta última es una idea que se le presenta en el sueño al mencionar el cacao. La interpretación de este fragmento de sueño es aún más difícil que la del anterior. Averiguamos, por fin, que antes de dormirse estuvo leyendo la *Historia de una neurosis infantil*[60], cuyo núcleo está constituido por una observación real o fantaseada del coito paterno. En una ocasión anterior ya había vinculado esta historia clínica a su propia persona, referencia que no es el único indicio de que también en ella debemos sospechar semejante observación. El joven que ha asesinado a su amante viene a ser ahora una clara alusión al concepto sádico de la escena del coito, pero el elemento

---

[60] N. del Traductor. —En el tomo XVI de estas *Obras Completas*.

siguiente, el cacao, lleva a vinculaciones muy lejanas. Al cacao sólo asocia lo que su madre solía decirle: "que por tomarlo se sufre dolor de cabeza", cosa que tamb1én pretende haber oído decir a otras mujeres. Por otra parte, durante un tiempo se identificó con la madre a través del dolor de cabeza. El único vínculo que pude hallar entre ambos elementos oníricos es el de que la paciente quiere rechazar las deducciones que impone la observación del coito. "¡No! Eso no tiene nada que ver con el origen de los niños. Los niños vienen de algo que se come" (como en el cuento infantil). La mención del erotismo anal, que en el sueño parece ser una tentativa de interpretación, completa la teoría infantil invocada como recurso útil, agregándole el parto anal.

X

Se suelen escuchar expresiones de asombro por el hecho de que el *yo* del soñante aparezca representado dos o más veces en el sueño manifiesto: una vez en propia persona, y las otras, escondido tras distintos personajes. La elaboración secundaria seguramente tuvo, en el curso de la formación onírica, la tendencia a eliminar esta multiplicidad del *yo*, que no se adapta a ninguna situación escénica, pero la labor interpretativa ha vuelto a restablecerla. En sí misma, no es más extraña que la aparición múltiple del *yo* en un pensamiento diurno, especialmente si al suceder esto el *yo* se divide en sujeto y objeto, se enfrenta con la otra porción en calidad de instancia observadora crítica, o si compara su índole actual con una recordada, pretérita, que también fue otrora el *yo*. Así, por ejemplo, en las siguientes expresiones: "Si *yo* pienso en lo que *yo* le hice a este hombre"; "Si *yo* pienso que *yo* también fui una vez un niño". Pero quisiera rechazar como especulación vana e injustificada la deducción de que todas las personas que aparecen en el sueño deben ser consideradas como derivados y representantes del propio *yo*. Baste dejar establecido que también debe tenerse en cuenta en la interpretación onírica la posibilidad de que el *yo* se presente separado de una instancia observadora, crítica y punitiva (ideal del *yo*).

J. POPPER-LYNKEUS Y LA TEORÍA ONÍRICA

Título del original en alemán:
Josef Popper-Lynkeus und die Theorie des Traumes

EN ALEMÁN:

1923. En la revista *Zeitscrift des Vereines Allgemeine Nähr-pflieht*, Viena, junio de 1923.

1925. En la edición vienesa de las Obras completas: *Gesam-melte Schriften*, tomo XI, Internat. Psychoanalytscher Verlag, Leipzig-Viena-Zurich.

1940. En la edición londinense de las Obras completas: *Gesammelte Werke*, tomo XIII, Imago Publishing Co., Londres.

EN ESPAÑOL:

1944. Traducción de Ludovico Rosenthal, en *Obras Completas*, tomo XIX, Editorial Americana, Buenos Aires.

No existen otras traducciones conocidas.

Se podrían decir muchas cosas interesantes sobre la apariencia de originalidad científica que presentan las ideas nuevas, pues, aunque al principio se las considere como descubrimientos, y por lo común también se las combata como tales, la investigación objetiva no tarda en demostrar que en realidad no son novedades. Por lo general ya han sido repetidamente descubiertas y olvidadas luego, muchas veces en épocas alejadas entre sí, o por lo menos han tenido precursoras, fueron presumidas vagamente y formuladas sin perfección. Todo esto es harto conocido y no hay motivo para explicarlo.

Pero también merece ser considerado el cariz subjetivo de la originalidad. Un hombre de ciencia puede preguntarse, en cierto momento, sobre la procedencia de las ideas que le parecen singulares y que aplica a su material de trabajo. Sin reflexionar mucho, advertirá entonces qué ha incitado parte de ese material, qué informaciones ajenas ha recogido, modificado y desarrollado hasta sus consecuencias últimas. Con respecto a otra parte de sus ideas no puede confesar nada semejante, debiendo aceptar que estos pensamientos y puntos de vista han surgido —sin que sepa cómo— en su propia actividad intelectiva; en estas ideas fundamenta su pretensión de originalidad.

La investigación psicológica minuciosa constriñe aún más esta pretensión, revelando fuentes ocultas, hace mucho olvidadas, de las que partió la incitación de la idea aparentemente original, sustituyendo así la creación que se creía novedosa por una renovación de lo olvidado, en su aplicación a un nuevo asunto. Nada de todo esto merece ser lamentado, pues no teníamos derecho de esperar que lo "original" fuese algo irreductible, indeterminado. También para mí se ha disipado así la originalidad de muchas ideas nuevas que apliqué en la interpretación de los sueños y en el psicoanálisis. Sólo de una de estas ideas no conozco la procedencia; es, precisamente, la clave de mi concepción sobre los sueños, que me ha permitido solucionar sus enigmas en la medida en que hasta ahora han sido resueltos. Partí del carácter enigmático, confuso e insensato que presentan tantos sueños, y llegué a la noción de que estos deben ser así porque en ellos trata de expresarse algo que se enfrenta con la resistencia opuesta por otras instancias psíquicas. En el sueño se agitan tendencias secretas que están en contradicción con los principios éticos y estéticos, por así decirlo, "oficiales", del soñante; por eso este se avergüenza de tales tendencias, las rechaza durante el día, nada quiere saber de ellas, y si de noche no puede impedirles toda forma de expresión, les impone por lo menos la *deformación onírica*, que torna confuso e insensato el contenido del sueño. Llamamos *censura onírica* a la instancia psíquica del hombre que lleva cuenta de esa resistencia interior y que deforma las tendencias instintivas primarias del sueño, a favor de los cánones convencionales o éticamente superiores.

Mas es justamente este elemento esencial de mi teoría onírica el que *Popper-Lynkeus* descubrió por caminos propios. Prueba suficiente de ello es la siguiente cita de la narración *Träumen wie wachen* (*Soñar como estando despierto*), que forma parte de sus *Phantasien eines Realisten* (*Fantasías de un realista*), seguramente escritas sin conocer mi "teoría onírica", formulada en 1900, como tampoco yo conocía entonces las "fantasías" de Lynkeus.

"De un hombre que poseía la singular cualidad de no soñar nunca desatinos..."

"Tu magnífica cualidad de comportarte en sueños como lo harías despierto reposa en tus virtudes, en tu bondad, en

242

tu equidad y en tu amor a la verdad. La claridad moral de tu naturaleza me permite comprender tu peculiar privilegio".

"Bien mirado —replicó el otro— me inclino a creer que a todos los hombres tiene que sucederles lo mismo que a mí, y que nadie sueña nunca desatinos. Un sueño que recordamos tan claramente como para poder relatarlo después, y que, por lo tanto, no es ningún delirio febril, no puede menos de tener siempre un sentido, pues aquello que se contradice no podría agruparse para formar una totalidad. El que tiempo y lugar aparezca con frecuencia confundidos, no se relaciona para nada con el verdadero contenido del sueño, pues ambos factores han carecido seguramente de toda importancia para su contenido esencial. También despiertos obramos así con gran frecuencia. Piensa en la fábula y en tantas otras creaciones de la fantasía, tan atrevidas como plenas de sentido, y de las cuales sólo el hombre incomprensivo puede decir que son imposibles y disparatadas".

"¡Si se supiera interpretar siempre los sueños acertadamente, como tú lo has hecho con el mío! —dijo el amigo".

"No es, desde luego, fácil empresa, pero creo que el soñador mismo podría llevarla siempre, con un poco de atención, a buen puerto. ¿Por qué no suele alcanzarse casi nunca? Quizá porque en vuestros sueños hay algo oculto, algo inconfesable de una peculiar y elevada naturaleza, un cierto secreto de vuestro ser, muy difícil de adivinar. Por esta razón parecen no poseer vuestros sueños sentido alguno o ser francamente insensatos. Pero en el fondo no es ni puede en modo alguno ser así, pues el soñador es siempre el mismo hombre, tanto en sueños como despierto".

Lo que me permitió descubrir la causa de la deformación onírica fue, según creo, mi coraje moral; en Popper, en cambio, fueron la pureza, el amor a la verdad y la limpidez ética que lo animaban.

LA SIGNIFICACIÓN OCULTISTA DEL SUEÑO

Título del original en alemán:
Die okkulte Bedeutung des Traumes

En alemán:

1925. En la revista *Imago*, vol. XI, págs. 234-238.

1925. En la recopilación *Kleine Beitrage zur Traumlehre*, Internat. Psychoanalytscher Verlag, Leipzig-Viena-Zurich.

1925. En la edición vienesa de las Obras completas: *Gesammelte Schriften*, tomo III, por la misma editorial.

1926. En el *Almanach der Psychoanalyse*, por la misma editorial.

1931. En la recopilación *Kleine Schriften zur Sexualtheorie und zur Traumlehre*, por la misma editorial.

1952. En la edición londinense de las Obras completas: *Gesammelte Werke*, tomo I (erróneamente; corresponde al tomo XIV), Imago Publishing Co., Londres.

En inglés:

1943. Traducción de James Strachey, en International Journal of Psychoanalysis, vol. XXIV, págs. 73-75.

1950. Reimpresión de la misma en *Collected Papers*, tomo V, The Hogarth Press, Londres.

En español:

1944. Traducción de Ludovico Rosenthal, en *Obras Completas*, tomo XIX, Editorial Americana, Buenos Aires.

El hecho de que aún no logremos vislumbrar el término de los problemas que plantea la vida onírica sólo puede asombrar a quien haya olvidado que todos los problemas de la vida psíquica también aparecen en el sueño, además de algunos nuevos que corresponden a la índole particular de este. Sin embargo, muchos de los fenómenos que estudiamos en el sueño, simplemente porque en él se nos manifiestan, nada o muy poco tienen que ver con esta peculiaridad psíquica del mismo. Así, por ejemplo, el simbolismo no es un problema genuinamente onírico, sino un tema de nuestro pensamiento arcaico, de nuestro "lenguaje fundamental", según la acertada expresión del paranoico Schreber[61]; domina el mito y el ritual religioso en medida no menos que el sueño, y apenas si le queda al simbolismo onírico la particularidad de ocultar, ante todo, cuanto tiene importancia sexual. Tampoco el sueño de angustia puede ser explicado mediante la teoría onírica, pues la ansiedad es más bien un problema de las neurosis, quedando sólo por establecer cómo llega a originarse bajo las condiciones del soñar.

Según creo, tampoco es otra la situación en lo que se refiere a la relación entre el sueño y los pretendidos hechos del mundo esotérico. Pero dado que el sueño siempre tiene algo de misterioso, se lo ha vinculado íntimamente con aquellos otros misterios aún ignotos. Además, el sueño tiene cierto derecho histórico a ser juzgado así, pues en las épocas primitivas que

---

[61] Véase *Observaciones psicoanalíticas sobre un caso de paranoia (dementia paranoides) autobiográficamente descrito (Caso «Schreber»)*, en el tomo XVI de estas *Obras Completas*.

presenciaron la formación de nuestra mitología, las imágenes oníricas deben de haber intervenido, por cierto, en la génesis de las representaciones animistas.

Preténdase que existen dos categorías de sueños atribuibles a fenómenos ocultos: los proféticos y los telepáticos. En favor de ambos aboga una innumerable cantidad de testimonios; contra ambos, la tenaz aversión o, si se quiere, el prejuicio de la ciencia.

La existencia de sueños proféticos, en el sentido de que su contenido represente una figuración cualquiera del futuro, no puede ser puesta en duda; pero aún queda por establecer si estas profecías coinciden en alguna forma notable con lo que más tarde sucede en realidad. Confieso que frente a este caso fracasan mis propósitos de imparcialidad. La presunción de que cualquier poder psíquico, salvo un cálculo agudísimo, sea capaz de prever en sus detalles los sucesos futuros, contradice demasiado, por una parte, todas las hipótesis y los postulados de la ciencia, y por la otra, satisface con excesiva fidelidad antiquísimos y bien conocidos deseos colectivos de la humanidad, que la crítica se ve obligada a rechazar como pretensiones injustificables. Creo, pues, que si confrontamos la incertidumbre, la ingenuidad y la inverosimilitud de la mayoría de los testimonios respectivos con la posibilidad de que estos representen deformaciones de la memoria facilitadas por factores afectivos y con los inevitables aciertos casuales aislados, entonces podemos esperar que el fantasma de los sueños proféticos realizados se esfume en la nada. Personalmente, jamás experimenté ni observé nada que pudiera despertar en mí un prejuicio más favorable a estos fenómenos.

Muy distinto es lo que sucede con los sueños telepáticos; pero al respecto cabe advertir, ante todo, que nadie afirmó todavía que los fenómenos telepáticos —la recepción de un proceso psíquico ajeno por una persona que lo capta a través de una vía distinta de la percepción sensorial— ocurran exclusivamente en el sueño. Por consiguiente, tampoco la telepatía es un problema onírico, y el juicio sobre su existencia no precisa fundarse en el estudio de los sueños telepáticos.

Si sometemos los testimonios sobre fenómenos telepáticos (incorrectamente llamados "transmisión del pensamiento") a la misma crítica que nos ha servido para refutar otras afirmaciones ocultistas, comprobamos que subsiste un apreciable material que ya no es tan fácil descartar. Además, en este terreno es mucho más fácil recoger observaciones y experiencias personales que justifiquen una actitud más favorable frente al problema de la telepatía, aunque no basten para sustentar una convicción segura. Podemos dejar sentado por ahora que sería muy posible que la telepatía exista realmente y que forme el núcleo verdadero de muchas otras presunciones, increíbles de otra manera.

Seguramente convendrá defender con tenacidad una posición escéptica, también frente a la telepatía, resistiéndose a ceder ante el peso de las pruebas. Creo haber hallado un material que se sustrae a la mayoría de los reparos vigentes en otros casos: me refiero a las profecías no cumplidas de los agoreros profesionales. Desgraciadamente, sólo dispongo de pocas observaciones semejantes, pero entre ellas dos me han producido fuerte impresión. Me está privado describirlas con detalles suficientes como para que también puedan ejercer sobre otros el efecto que me produjeron; no obstante, me limitaré a señalar algunos puntos esenciales.

En suma, pues, las personas a que me refiero se habían encontrado, en algún lugar alejado de su residencia habitual con un adivino que les era desconocido y que con un acompañamiento de prácticas quizá indiferentes les había presagiado algo para determinada fecha, y ese algo *no* había sucedido; además, el plazo de la profecía había vencido mucho tiempo antes. Era notable que mis informantes, en lugar de reaccionar con sarcasmo y desengaño, narraban su experiencia con evidente agrado. En las profecías que se les había formulado existían determinados detalles al parecer arbitrarios e incomprensibles, que sólo se habrían justificado si realmente hubiesen sucedido los hechos. Así, por ejemplo, cierto quiromante dijo a una señora de veintisiete años, pero de apariencia mucho más joven y desprovista de su anillo de matrimonio, que aún se casaría y que a los treinta y dos años tendría dos hijos. La señora tenía cuarenta y tres años cuando, habiendo enfermado gravemente y encontrándose en análisis, me contó este sucedido; aún no había tenido hijos. Conociendo su historia íntima, seguramente ignorada por el *professeur* que encontró en el vestíbulo de un hotel parisiense, se podía comprender ambas cifras mencionadas en la profecía. La joven se había casado después de una fijación paterna extraordinariamente intensa y había anhelado tener hijos para poder colocar a su marido en lugar del padre. Luego de varios años de defraudación y encontrándose ya a las puertas de la neurosis, se procuró el presagio que le prometía... ¡compartir el destino de su madre! En efecto, esta había tenido realmente dos hijos a la edad de treinta y dos años. Así fue posible interpretar racionalmente, con ayuda del psicoanálisis, las particularidades de un mensaje aparentemente emanado del exterior. Aceptando tal interpretación empero, la mejor forma de aclarar toda la situación, tan inequívocamente establecida, consistía en aceptar que un fuerte deseo de la paciente —en realidad, el deseo inconsciente más poderoso de su vida afectiva y el motor de su neurosis incipiente— se habría manifestado por transmisión directa al adivino ocupado con ciertas maniobras que distraían su atención.

También en experiencias realizadas en círculos íntimos he obtenido a menudo la impresión de que no es difícil transmitir recuerdos de intenso acento afectivo. Si uno se atreve a elaborar analíticamente las asociaciones de las personas a las cuales se quiere transmitir algo, frecuentemente surgen coincidencias que de otro modo habrían pasado inadvertidas. Múltiples experiencias me llevan a deducir que tales transmisiones son particularmente fáciles en el momento en que una idea surge de lo inconsciente; es decir, en términos teóricos, en cuanto pasa del "proceso primario" al "proceso secundario".

Pese a que la amplitud, la novedad y la incertidumbre del tema obligan a proceder con la mayor cautela, ya no estimo conveniente callar estas consideraciones sobre el problema de la telepatía. En cuanto a su relación con el sueño, se limita a lo que sigue. Si existen mensajes telepáticos, no se puede rechazar la posibilidad de que también lleguen al durmiente y sean captados por este en el sueño. Más aún: en analogía con otras observaciones sobre percepciones y pensamientos, también es verosímil que los mensajes telepáticos recibidos durante el día sólo lleguen a manifestarse en el sueño de la noche siguiente. En tal caso ni siquiera podría argumentarse contra la telepatía, basándose en que este material transmitido telepáticamente es deformado y elaborado en el sueño como si fuera otro cualquiera. Desde luego, bien quisiéramos lograr, con ayuda del psicoanálisis, más y mejor fundados conocimientos sobre la telepatía.

LOS LÍMITES DE LA
INTERPRETABILIDAD DE LOS SUEÑOS

Título del original en alemán:
Die Grenzen der Deutbarkeit

En alemán:

1925. En la recopilación *Kleine Beitrage zur Traumlehre*, Internat. Psychoanalytscher Verlag, Leipzig-Viena-Zurich.

1925. En la edición vienesa de las Obras completas: *Gesammelte Schriften*, tomo III, por la misma editorial.

1931. En la recopilación *Kleine Schriften zur Sexualtheorie und zur Traumlehre*, por la misma editorial.

1952. En la edición londinense de las Obras completas: *Gesammelte Werke*, tomo I (erróneamente; corresponde al tomo XIV), Imago Publishing Co., Londres.

En inglés:

1943. Traducción de James Strachey, en *International Journal of Psychoanalysis*, vol. XXIV, págs. 71-72.

1950. Reimpresión de la misma en *Collected Papers*, tomo V, The Hogarth Press, Londres.

En español:

1944. Traducción de Ludovico Rosenthal, en *Obras Completas*, tomo XIX, Editorial Americana, Buenos Aires.

El problema de si cada uno de los productos que nos ofrece la vida onírica puede ser traducido completa e inequívocamente a la modalidad expresiva de la vida diurna (interpretación) no ha de ser tratado en forma abstracta, sino refiriéndolo a las condiciones en las cuales se lleva a efecto la interpretación de los sueños.

Nuestras actividades mentales tienden a un fin útil, o bien a un inmediato beneficio placentero. En el primer caso se trata de decisiones intelectuales, de preparativos para la acción o de comunicaciones a otras personas; en el segundo, las denominamos "juegos" o "fantasías". Como sabemos, también lo práctico y útil sólo es un rodeo para alcanzar la satisfacción placentera. Ahora bien: el soñar es una actividad perteneciente al segundo orden, que filogenéticamente es en realidad el más primitivo. Sería erróneo decir que el sueño procura resolver las tareas inminentes de la existencia o que trata de solucionar problemas de la actividad diurna, pues estas son atribuciones del pensamiento preconsciente. Semejante propósito práctico es tan ajeno al sueño, como lo es el preparativo de una comunicación al prójimo. Cuando el sueño se ocupa con una tarea de la existencia, la soluciona en una forma que corresponde a un deseo irracional y no de acuerdo con la reflexión sensata. Al sueño no puede atribuírsele más que un propósito útil, una sola función: la de evitar la interrupción del dormir. El sueño puede ser calificado como un trozo de fantasía puesto al servicio de la conservación del dormir.

De ello se desprende que en el fondo al *yo* durmiente no le importa qué sueña durante la noche, siempre que el sueño cumpla la tarea que le concierne; además, puede deducirse que aquellos sueños de los cuales nada se recuerda al despertar son los que mejor han cumplido su función. Si con tal frecuencia sucede de otro modo, si recordamos los sueños —aun durante años o decenios—, ello comporta cada vez una irrupción de lo inconsciente reprimido al *yo* normal. En tales casos, lo reprimido no se ha mostrado dispuesto a colaborar en la eliminación del amenazante trastorno del reposo, a menos que se le concediera esa compensación. Sabemos que el sueño deriva precisamente de esta irrupción la importancia que tiene para la psicopatología. Cuando podemos revelar su motivo impulsor, obtenemos una insospechada información sobre las tendencias reprimidas en el inconsciente; por otra parte, cuando anulamos sus deformaciones, tenemos oportunidad de vislumbrar el pensamiento preconsciente en un estado tal de concentración interior que durante la vida diurna jamás se habría atraído la atención de la conciencia.

Nadie puede practicar la interpretación onírica como actividad aislada; esta siempre será una parte de la labor analítica. En el curso de la misma dirigimos nuestro interés, según sea necesario, ora al contenido onírico preconsciente, ora a la participación inconsciente en la génesis onírica, y muchas veces descuidamos uno de estos elementos en favor del otro. Por otra parte, de nada serviría que alguien se propusiera deliberadamente interpretar sueños fuera del análisis, pues tampoco así lograría escapar a las condiciones de la situación analítica; y si se dedicara a elaborar sus propios sueños, no haría sino emprender su propio autoanálisis. Esta limitación no rige para quien renuncie a la colaboración del soñante, pretendiendo alcanzar la interpretación de los sueños mediante su captación intuitiva. Pero semejante interpretación onírica que prescinde de las asociaciones del soñante, aun en el mejor de los casos, no pasa de ser un virtuosismo anticientífico, cuyo valor es muy dudoso.

Al practicar la interpretación de los sueños de acuerdo con el único procedimiento técnico que puede justificarse, pronto se advierte que el éxito depende enteramente de la tensión que la resistencia crea entre el *yo* despierto y lo inconsciente reprimido. La labor realizada bajo "alta presión de resistencia" exige del analista, como lo expuse en otra oportunidad[62], una conducta distinta de la que conviene frente a una presión reducida. En el análisis es menester enfrentarse durante mucho tiempo con fuertes resistencias mientras aún no son conocidas, resistencias que, en todo caso, no podrán ser superadas mientras permanezcan incógnitas. Así, pues, no es de extrañar si de las producciones oníricas del paciente sólo se llega a utilizar y a interpretar una pequeña parte, y aún esta, por lo general, tan sólo incompletamente. Aunque a través de la propia práctica se llegue a la situación de comprender muchos sueños para cuya interpretación el soñante sólo haya suministrado escasos elementos, debe recordarse, sin embargo, que la seguridad de semejantes interpretaciones es dudosa, y se adoptará gran cautela al imponer tales presunciones al paciente.

Se podrá aducir la objeción crítica de que, siendo imposible llegar a la interpretación de todos los sueños que se elaboran, no se tendría derecho a afirmar más que lo sustentable, de modo que se impondría la siguiente formulación limitada: en algunos sueños aislados la interpretación demuestra que tienen sentido; en otros no se puede saber si lo tienen. Pero justamente el hecho de que el éxito de la interpretación esté subordinado a la resistencia, permite al analista superar tal modestia forzosa. En efecto, se puede hacer la experiencia de que un sueño, incomprensible al principio, se torne transparente aun en la misma

---

[62] N. del Traductor. —Véase *Observaciones sobre la teoría y la práctica la interpretación onírica*, presente en este volumen.

sesión, una vez que se haya logrado eliminar una resistencia del paciente mediante su feliz discusión. Sucede entonces que al paciente se le ocurre de pronto un trozo olvidado del sueño, que ofrece la clave de la interpretación, o bien surge una nueva asociación, con cuya ayuda se iluminan las sombras. También puede suceder que, luego de meses o años de esfuerzos analíticos, se retorne a un sueño que al comenzar el tratamiento parecía carente de sentido e incomprensible, y que ahora se presenta con plena claridad, a través de los conocimientos adquiridos en el ínterin. Si a esto se agrega el argumento prestado por la teoría de los sueños, según el cual las ejemplares producciones oníricas de los niños siempre tienen sentido y son fácilmente interpretables, entonces será justificado afirmar que en general el sueño es una formación psíquica interpretable, pese a que las circunstancias no siempre permitan alcanzar la interpretación.

Una vez hallada la interpretación de un sueño, no siempre es fácil decidir si es "completa"; es decir, si no existen otros pensamientos preconscientes que hayan logrado expresión en el mismo sueño. En tal caso, debe considerarse demostrado aquel de los sentidos que esté abonado por las asociaciones del soñante y por nuestra apreciación de la situación general, sin que por ello siempre sea lícito rechazar el otro sentido probable. Este sigue siendo posible, aunque no demostrado, de modo que es preciso familiarizarse con el hecho de esta significación múltiple que ofrecen los sueños. Por otra parte, aquella no siempre es achacable al carácter parcial de la labor interpretativa, pues con idéntica probabilidad puede estar implícita en las propias ideas latentes. Además, también en la vida diurna y fuera de las circunstancias de la interpretación onírica se da el caso de que subsista nuestra duda con respecto a si una expresión oída o una información obtenida aceptan tal o cual interpretación, o si, además de su sentido evidente y manifiesto, no significan quizá alguna otra cosa.

262

Aún se han estudiado demasiado poco los interesantes casos en que un mismo contenido onírico manifiesto expresa, simultáneamente, una serie de representaciones concretas y otras de ideas abstractas basadas en aquellas. Naturalmente, la elaboración onírica tropieza con dificultades al tratar de hallar medios de representación para las ideas abstractas.

LA RESPONSABILIDAD MORAL POR EL CONTENIDO DE LOS SUEÑOS

Título del original en alemán:
Die sittliche Verantwortung für den Inhalt der Träume

En alemán:

1925. En la recopilación *Kleine Beitrage zur Traumlehre*, Internat. Psychoanalytscher Verlag, Leipzig-Viena-Zurich.

1925. En la edición vienesa de las Obras completas: *Gesammelte Schriften*, tomo III, por la misma editorial.

1931. En la recopilación *Kleine Schriften zur Sexualtheorie und zur Traumlehre*, por la misma editorial.

1952. En la edición londinense de las Obras completas: *Gesammelte Werke*, tomo I (erróneamente; corresponde al tomo XIV), Imago Publishing Co., Londres.

En inglés:

1943. Traducción de James Strachey, en *International Journal of Psychoanalysis*, vol. XXIV, págs. 72-73.

1950. Reimpresión de la misma en *Collected Papers*, tomo V, The Hogarth Press, Londres.

En español:

1944. Traducción de Ludovico Rosenthal, en *Obras Completas*, tomo XIX, Editorial Americana, Buenos Aires.

En el capítulo inicial de este libro (*La literatura científica sobre los problemas oníricos*) expuse la forma en que los distintos autores reaccionan ante el hecho, tan desagradable para ellos, de que el licencioso contenido de los sueños contradiga con tal frecuencia la sensibilidad moral del soñante. (Evito expresamente toda referencia a los sueños "criminales", pues considero del todo superflua esta dominación, que sobrepasa los límites del interés psicológico). Naturalmente, la índole inmoral de los sueños proveyó de nuevo motivo para rechazar la valoración psíquica del sueño, pues si este fuese un producto sin sentido de la actividad psíquica perturbada, quedaría eliminado todo motivo para asumir responsabilidad alguna por su contenido aparente.

Este problema de la responsabilidad por el contenido onírico manifiesto ha sido completamente desplazado y aun eliminado por las revelaciones que ofrece *La interpretación de los sueños*.

En efecto, sabemos ahora que el contenido manifiesto no es sino un ilusorio artificio, una mera fachada. No vale la pena someterlo a un examen ético ni considerar sus violaciones de la moral más seriamente que las dirigidas contra la lógica matemática. Al hablar del *contenido onírico*, únicamente es admisible referirse al contenido de los pensamientos preconscientes y al de los deseos reprimidos que la interpretación logra revelar tras la fachada del sueño. No obstante, también esta fachada inmoral tiene un problema que plantearnos, pues ya nos hemos enterado de que las ideas oníricas latentes deben pasar por una severa censura antes de que se les conceda acceso al contenido manifiesto. ¿Cómo es posible, pues, que esta censura, inflexible en general para las más leves transgresiones, fracase tan rotundamente en los sueños manifiestamente inmorales?

No es fácil hallar la respuesta, y, en definitiva, esta quizá no pueda ser del todo satisfactoria. Para empezar será preciso someter estos sueños a la interpretación, comprobándose entonces que algunos de ellos no ofendieron a la censura, simplemente porque en el fondo no contenían nada malo. No son más que bravatas inocentes, identificaciones que pretenden simular una máscara; no fueron censurados porque no decían la verdad. Otros, en cambio —confesémoslo: la inmensa mayoría—, realmente significan lo que pregonan y, sin embargo, no han sido deformados por la censura. Son expresiones de impulsos inmorales, incestuosos y perversos, o deseos homicidas y sádicos. Frente a algunos de esos sueños el soñante reacciona despertándose angustiado; en tal caso, la situación ya no da lugar a dudas. La censura ha dejado de actuar, el peligro fue advertido demasiado tarde y el despliegue de angustia viene a representar el sucedáneo de la deformación omitida. En otros casos también falta esta expresión afectiva; el contenido ofensivo es impulsado entonces por la densidad de la excitación sexual, exacerbada al dormir, o bien goza de la tolerancia con que aun el hombre despierto puede aceptar un acceso de rabia, un estado de ira o el goce de una fantasía cruel.

Pero nuestro interés por la génesis de estos sueños *manifiestamente* inmorales queda notablemente reducido al enterarnos, por el análisis, de que la mayoría de los sueños —los inocentes, los exentos de afecto y los sueños de angustia— resultan ser, una vez anuladas las deformaciones impuestas por la censura, satisfacciones de deseos inmorales: egoístas, sádicos, perversos, incestuosos. Tal como sucede en la vida diaria, estos delincuentes disfrazados son incomparablemente más numerosos que los que actúan a cara descubierta. El sueño sincero y franco de una relación sexual con la madre, que Yocasta recuerda en *Edipo rey*, es una verdadera rareza en comparación con los múltiples sueños que el psicoanálisis no puede menos de interpretar en el mencionado sentido.

En el presente libro ya me he referido tan minuciosamente a este carácter de los sueños —motivo, en el fondo, de la deformación onírica— que en esta ocasión podré abandonar rápidamente los hechos respectivos para dirigirme al problema que estos nos plantean: ¿es preciso asumir la responsabilidad por el contenido de sus sueños? Fieles a la integridad, sólo hemos de agregar que el sueño no siempre presenta realizaciones de deseos inmorales, sino que frecuentemente también contiene enérgicas reacciones contra aquellos, en forma de los "sueños de castigo". En otros términos, la censura onírica no sólo puede manifestarse en deformaciones y en despliegues de angustia, sino que también puede exacerbarse a punto tal que anula por completo el contenido inmoral, sustituyéndolo por otro de índole punitiva, pero que aún permite reconocer el primero. Mas el problema de la responsabilidad por el contenido onírico inmoral ya no existe para nosotros en el sentido que lo aceptaban los autores que nada sabían aún de las ideas latentes y de lo reprimido en nuestra vida psíquica. Desde luego, es preciso asumir la responsabilidad de sus impulsos oníricos malvados. ¿Qué otra cosa podría hacerse con ellos? Si el contenido onírico —correctamente comprendido— no ha sido inspirado por espíritus extraños, entonces no puede ser sino una parte de mi propio ser. Si pretendo clasificar, de acuerdo con cánones sociales, en buenas y malas las tendencias que en mí se encuentran, entonces debo asumir la responsabilidad para ambas categorías, y si, defendiéndome, digo que cuanto en mí es desconocido, inconsciente y reprimido no pertenece a mi *yo*, entonces me coloco fuera del terreno psicoanalítico, no acepto sus revelaciones y me expongo a ser refutado por la crítica de mis semejantes, por las perturbaciones de mi conducta y por la confusión de mis sentimientos. He de experimentar entonces que esto, negado por mí, no sólo *está* en mí, sino que también *actúa* ocasionalmente desde mi interior.

En sentido metapsicológico empero, esto, lo reprimido, lo malvado, no pertenece a mi *yo* —siempre que yo sea un ser moralmente intachable—, sino a mi *Ello*, sobre el cual cabalga mi *yo*. Pero este *yo* se ha desarrollado a partir del *Ello*, forma una unidad biológica con el mismo; no es más que una parte periférica, especialmente modificada, de aquel; está subordinado a sus influencias; obedece a los impulsos que parten del *Ello*. Para cualquier finalidad vital, sería vano tratar de separar el *yo* del *Ello*.

Además, ¿de qué me serviría ceder a mi vanidad moral pretendiendo decretar que en cualquier valoración ética de mi persona me estaría permitido desdeñar todo lo malo que hay en el *Ello* sin necesidad de responsabilizar al *yo* por esos contenidos? La experiencia me demuestra que, no obstante, asumo esa responsabilidad, que de una u otra manera me veo compelido a asumirla. El psicoanálisis nos ha dado a conocer un estado patológico —la neurosis obsesiva— en el cual el infortunado *yo* se siente culpable por toda clase de impulsos malvados de los que nada sabe, con los cuales le es imposible identificarse, pese a que conscientemente se ve enfrentado a ellos. Un poco de esto existe en todo ser normal. Su "conciencia moral" es, curiosamente, tanto más sensible cuanto más moral sea quien la lleva. Trátese de imaginar, a manera de equivalente, que un hombre sea tanto más "achacoso", tanto más propenso a infecciones y a influjos traumáticos cuanto más *sano* fuere. Aquel efecto paradójico seguramente obedece a que la misma conciencia moral es una formación reactiva frente a todo lo malo que percibe en el *Ello*. Cuanto más fuertemente se lo reprima, tanto más activa será la conciencia moral.

El narcisismo del hombre debería conformarse con el hecho de que la deformación onírica, los sueños angustiosos y los punitivos representan otras tantas pruebas de su esencial moral; pruebas no menos evidentes que las suministradas por la interpretación onírica en favor de la existencia y la fuerza de su esencia malvada. Quien disconforme con esto quiera ser "mejor" de lo que ha sido creado, intente llegar en la vida más allá de la hipocresía o de la inhibición.

El médico dejará para el jurista la tarea de establecer para los fines sociales una responsabilidad arbitrariamente restringida al *yo* metapsicológico. Todos sabemos cuán difícil es deducir de esta construcción artificiosa consecuencias prácticas que no violen los sentimientos humanos.

CARTA A MAXIM LEROY SOBRE UN SUEÑO DE DESCARTES

Título del original en alemán:
Brief an Maxim Leroy ueber einen Traum des Cartesius

En alemán:

No existe versión alemana, aunque la bibliografía de Freud consigna en dicho idioma el título arriba citado.

En francés:

1929. Insertada por el destinatario, Maxim Leroy, en su libro *Descartes, le Philosophie au Masque*, Les Editions Rieder, París.

1934. Reimpresa (en el original francés) en la edición vienesa de las Obras completas: *Gesammelte Schriften*, tomo XII, Internationaler Psychoanalytischer Verlag, Leipzig-Viena-Zurich.

1948. Reimpresa (en el original francés) en la edición londinense de las Obras completas: *Gesammelte Werke*, tomo XIV, Imago Publishing Co., Londres.

No existen traducciones.

Al leer su carta, en la cual me pide usted que examine algunos sueños de Descartes[63], mi primer sentimiento fue una impresión de ansiedad, pues por regla general sólo se logra un

<hr>

[63] En su libro —*Descartes, le Philosophie au Masque*, Les Editions Rieder, París, 1929— Leroy describe así el sueño de Descartes (tomo I, capítulo VI: "Los sueños de una noche de Suabia"):

«Entonces, en la noche, cuando todo es fiebre, tormenta, pánico, fantasmas se levantan ante el soñante. Este trata de incorporarse para ahuyentarlos. Pero vuelve a caer, avergonzado de sí mismo, sintiendo una gran debilidad que lo incomoda en el costado derecho. Bruscamente se abre una ventana de su habitación. Presa de espanto, se siente transportado por las ráfagas de un viento impetuoso que lo hace voltear varias veces sobre el pie izquierdo.

»Arrastrándose y vacilando, llega ante los edificios del colegio en el cual ha sido educado. Intenta realizar un esfuerzo desesperado para entrar en la capilla, a fin de cumplir allí sus devociones. En ese momento pasan algunas personas. Quiere detenerse, hablarles; observa que una de ellas lleva un melón. Pero un viento violento lo arroja nuevamente a la capilla.

»Abre entonces los ojos, tironeado por un fuerte dolor en el costado izquierdo. No sabe si sueña o si está despierto. Despierto a medias, se dice que un genio malévolo ha querido seducirlo, y murmura alguna plegaria para exorcizarlo.

»Vuelve a dormirse. Un repentino trueno lo despierta, llenando su habitación de chispas. Se pregunta una vez más si duerme o si está despierto, si es un sueño o un ensueño, abriendo y cerrando los ojos para llegar a una certeza; luego, tranquilizado, vuelve a dormirse dominado por la fatiga.

»El cerebro en fuego, excitado por esos rumores y esos sordos dolores, Descartes abre un diccionario, luego una antología de poesías. Este caminador intrépido [sic] sueña sobre el siguiente verso: *Quod vitae sectabor iter?* (¿Otra vez un viaje al país de los sueños?). Entonces, de pronto, llega un hombre que él no conoce y que pretende hacerle leer una pieza de Ausonio, que comienza con estas palabras: *Est et non*; pero el hombre desaparece y llega otro. El libro se desvanece a su vez; luego vuelve, adornado con retratos grabados en cobre. La noche, por fin, transcurre en calma.»

pobre resultado trabajando con sueños sin la posibilidad de obtener del propio soñante ciertas orientaciones que faciliten la vinculación mutua entre sus elementos o que los relacionen con el mundo exterior, y tal es, por cierto, el caso, tratándose de los sueños de un personaje histórico. No obstante, mi tarea demostró ser más fácil de lo que había esperado, aunque no me cabe duda de que el fruto de mi estudio ha de parecerle mucho menos importante de lo que usted tenía derecho a esperar.

Los sueños de nuestro filósofo pertenecen a los que solemos denominar "sueños de arriba" (*Träume von oben*)[64], es decir, son formaciones ideativas que habrían podido ser creadas con la misma facilidad durante la vigilia que en el estado del sueño, y que sólo en ciertas y determinadas partes derivan su material de estados anímicos más o menos profundos. Además, estos sueños presentan generalmente un contenido de forma abstracta, poética o simbólica.

Los análisis de esta clase de sueños nos conducen de ordinario a lo siguiente: no atinamos a comprender el sueño, pero el soñante —o el paciente— sabe traducirlo inmediatamente y sin dificultades, por la simple razón de que el contenido del sueño está muy próximo a su pensamiento consciente. Sin embargo, restan aún ciertas partes del sueño sobre las cuales el soñante nada puede decir; he aquí, precisamente, las partes que pertenecen al inconsciente, y que en muchos aspectos son las más interesantes.

En el caso más favorable, es posible explicar este contenido inconsciente basándose en las ideas que el soñante ha producido.

Esta manera de examinar los "sueños de arriba" (es preciso entender este término en el sentido psicológico y no en el

---

[64] N. del Traductor. —En alemán, en el original francés.

místico) es la que corresponde aplicar también en el caso de los sueños de Descartes.

Nuestro filósofo los interpreta por sí mismo[65], y si nos ajustamos a todas las reglas de la interpretación de los sue-

---

[65] Los pasajes de Leroy relativos a la interpretación de Descartes son los siguientes (*loc. cit.*, pág. 85 y sigs.):

«Juzgó que el *diccionario* no quería decir otra cosa sino todas las Ciencias reunidas en conjunto, y que la antología de poesías titulada *Corpus Poetarum* señalaba en particular, y de manera más destacada, la Filosofía y la sabiduría reunidas... Monsieur Descartes, continuando la interpretación de su sueño mientras dormía, estimaba que la pieza en verso sobre la incertidumbre acerca del género de vida que se debe elegir, y que comienza con *Quod vitae sectabor iter?*, señalaba el buen consejo de una persona sabía, o hasta la Teología moral...

»En los poetas reunidos en la antología veía la revelación y el entusiasmo, con los cuales nunca desesperaba de verse favorecido. La pieza en verso *Est el Non*, que es el *Sí* y el *No* de Pitágoras, le parecía la verdad y la falsedad en los conocimientos humanos y en las ciencias profanas. Viendo que la aplicación de todas estas cosas se adaptaba tan bien a su gusto, tuvo la osadía de persuadirse de que era el espíritu de la verdad el que había querido abrirle, por medo de ese sueño, los tesoros de todas las ciencias. Y como no le quedaba nada que explicar, salvo los pequeños retratos grabados en cobre que había encontrado en el segundo libro, no buscó más su explicación después de la visita que un pintor italiano le hizo al día siguiente.

»Este último sueño, en el que todo había sido muy dulce y agradable, le señalaba, según él, su porvenir, y sólo debía representarle lo que le ocurriría en el resto de su vida. Los dos precedentes, en cambio, los interpretaba como advertencias amenazantes en cuanto a su vida pasada, que no podía haber sido tan inocente ante Dios como lo había sido ante los hombres. Y creía que esa era la razón del terror y del pánico que acompañaron a esos dos sueños. El melón que querían regalarle en el primer sueño significaba, a su juicio, los encantos de la soledad, pero representados por solicitaciones puramente humanas. El viento que lo empujaba hacia la iglesia del colegio, cuando sentía el dolor en el costado derecho, no era otra cosa sino el genio malévolo que trataba de arrojarlo por la fuerza en un lugar al cual él tenía la intención de entrar voluntariamente. He aquí por qué Dios no permitió que avanzara más lejos, dejándose arrastrar a un lugar santo por un espíritu que Dios no le había enviado; aunque estaba totalmente persuadido de que había sido espíritu de Dios el que le había hecho dar los primeros pasos hacia esa iglesia. El espanto que lo dominó en el segundo

ños, no podemos menos que aceptar su explicación, aunque agregando también que no disponemos de ninguna vía que nos permita avanzar más allá.

Confirmando su explicación, diremos que los obstáculos que impiden a Descartes moverse con libertad nos son exactamente conocidos: tratase de la representación onírica de un conflicto interior. El costado izquierdo es la representación del mal y del pecado, y el viento, la del "genio malévolo" (*animus*).

Naturalmente, no nos es posible identificar a las distintas personas que se presentan en el sueño, aunque Descartes, interrogándolo, no hubiese dejado de reconocerlas. En cuanto a los elementos extraños, poco numerosos por lo demás y casi absurdos, como, por ejemplo, "el melón de un país extranjero" y los pequeños retratos, Descartes los deja sin explicación.

En lo que se refiere al melón, el soñante ha tenido la idea (original) de figurar así "los encantos de la soledad, pero representados por solicitaciones puramente humanas". Esto no es, por supuesto, exacto, pero podría ser una asociación de ideas que nos condujera hacia una explicación exacta. En correlación con su estado de pecado, esta asociación bien podría figurar una representación sexual que ha ocupado la imaginación del joven solitario enclaustrado.

Sobre los retratos, Descartes no da ninguna aclaración.

---

sueño señalaba, a su juicio, su sindéresis, o sea, los remordimientos de su conciencia en cuanto a los pecados que podía haber cometido durante el curso de su vida precedente. El trueno que oyó retumbar era la señal del espíritu de la verdad que descendía para apoderarse de él.»

MI RELACIÓN CON JOSEF POPPER-LYNKEUS

Título del original en alemán:
Meine Berührung mit Josef Popper-Lynkeus

EN ALEMÁN:

1932. En la entrega especial de la revista *Allgemeine Nähr-pflicht* (vol. XV, 1932), en homenaje al décimo aniversario de la muerte de Josef Popper-Lynkeus.

1934. En la edición vienesa de las Obras completas: *Gesammelte Schriften*, tomo XII, Internat. Psychoanalytischer Verlag, Leipzig-Viena-Zurich.

1950. En la edición londinense de las Obras completas: *Gesammelte Werke*, tomo XVI, Imago Publishing Co., Londres.

EN INGLÉS:

1942. Traducción de James Strachey, en la revista *International Journal of Psychoanalysis*, vol. XXIII, 1942.

1950. Reimpresión en *Collected Papers*, tomo V, The Hogarth Press, Londres.

Fue en el invierno del año 1899 cuando vi por fin concluido mi libro sobre *La interpretación de los sueños*[66], aunque su portada estaba fechada anticipadamente con el primer año del nuevo siglo. Esa obra representaba el fruto de cuatro o cinco años de labor, y su origen fue ciertamente poco común. Mientras desempeñaba una docencia universitaria en enfermedades nerviosas, había procurado mantenerme a mí mismo y a mi familia, en rápido crecimiento, por medio de una práctica médica dedicada a los enfermos llamados "nerviosos", cuyo número no era, por cierto, escaso en nuestra sociedad. Pero la empresa demostró ser más difícil de lo que había creído. Los métodos habituales de tratamiento no poseían, evidentemente, ninguna o sólo escasa eficacia, de modo que era preciso explorar nuevos caminos. ¿Cómo se podía pretender, ni remotamente, que el paciente mejorara, si nada se comprendía de su enfermedad, nada sobre las causas de sus trastornos ni sobre la significación de sus manifestaciones subjetivas? Así, me dediqué afanosamente a buscar una nueva orientación y más amplia instrucción con el maestro Charcot, en París, y con Bernheim, en Nancy, hasta que finalmente cierta observación efectuada por mi mentor y amigo J. Breuer, de Viena, me pareció abrir nuevas perspectivas para la comprensión y la eficacia terapéutica.

En efecto, estas nuevas experiencias demostraron con certeza que los enfermos que siempre habíamos calificado de "nerviosos" sufrían en cierto sentido de trastornos psíquicos y debían

---

[66] N. del Traducción. —Tomos VI y VII de estas *Obras Completas*.

ser tratados, por tanto, con recursos psíquicos. Nuestro interés debía orientarse, pues, hacia la Psicología. Pero la Psicología que predominaba a la sazón en las escuelas académicas de Filosofía tenía muy poco que ofrecer, y nada de ello servía a nuestros fines; debíamos descubrir desde el principio nuestros métodos, tanto como sus fundamentos teóricos. Mis esfuerzos se dirigieron, pues, en esta dirección, primero en colaboración con Breuer y luego independientemente de él. Por fin, entre otros elementos de mi técnica, adopté la norma de requerir a mis pacientes que me comunicaran sin la menor crítica cuanto les pasara por la mente, aun cuando se tratase de ocurrencias que les parecieran insensatas o cuya comunicación les resultase molesta.

Cuando seguían mis instrucciones, me contaban, entre otras cosas, sus sueños, como si estos fuesen de la misma especie que sus restantes pensamientos. Vi en ello una clara indicación de que debía asignar a esos sueños la misma importancia que a los otros fenómenos, más inteligibles. Pero *no* eran inteligibles, sino extraños, confusos, absurdos; en suma: como son los sueños, que precisamente por esa razón habían sido descartados por la ciencia, como meros espasmos del aparato mental, carente de finalidad y de sentido. Si mis pacientes estaban en lo cierto —y con su actitud sólo parecían repetir la multimilenaria creencia de la humanidad no científica—, yo me encontraba enfrentado a la necesidad de hallar una "interpretación de los sueños" capaz de resistir a la crítica científica.

Al principio, naturalmente, no comprendía de los sueños de mis pacientes más que los propios soñantes. Pero aplicando a esos sueños, y en particular a los míos propios, un procedimiento que ya me había servido para el estudio de otras formaciones psíquicas anormales, logré responder a la mayor parte de las interrogantes que puede plantear una interpretación onírica. Aquellos no eran, ciertamente, pocos: ¿De qué se sueña? ¿Por qué en principio es necesario soñar? ¿De dónde proceden todas las extrañas características que distinguen los sueños del pensamiento vigil? Y muchas otras semejantes. Algunas de las respuestas pudieron ser obtenidas fácilmente y demostraron confirmar opiniones ya expresadas; otras implicaban hipótesis totalmente nuevas con respecto a la estructura y al funcionamiento de nuestro aparato psíquico. La gente sueña con las cosas que han ocupado su mente durante el día; la gente sueña para aplacar los impulsos que amenazan perturbar el reposo y con el objeto de poder seguir durmiendo. ¿Por qué entonces podía el sueño parecer tan extraño, tan confusamente insensato, tan manifiestamente opuesto al contenido del pensamiento vigil, si en última instancia demostraba referirse al mismo material? Evidentemente, el sueño era sólo el sucedáneo de una actividad cogitativa racional y era susceptible de interpretación, es decir, de ser traducido a tal proceso racional; pero lo que necesitaba ser explicado era el fenómeno de la *deformación* que la elaboración onírica impone al material racional e inteligible.

La deformación onírica representaba el problema más profundo y dificultoso del mundo de los sueños. A fin de resolverlo, arribé a las siguientes conclusiones que ubican el sueño en una misma categoría con otras formaciones psicopatológicas y lo revelan, en cierto modo, como la psicosis normal del ser humano. Nuestra mente, ese precioso instrumento que nos permite imponernos en la existencia, no es, en efecto, una unidad pacíficamente cerrada en sí misma, sino que puede compararse más bien a un Estado moderno, en el cual una masa ávida de goce y de destrucción debe ser sofrenada por la fuerza de una sabia y prudente clase superior. Cuanto ocurre en nuestra vida mental y cuanto halla expresión en nuestros pensamientos son derivados y representantes de los multiformes instintos dados en nuestra constitución somáticas; pero no todos esos instintos son igualmente gobernables y educables para adaptarlos a las demandas del mundo exterior y de la sociedad humana. Algunos han retenido su primitivo carácter indómito; si los dejáramos seguir su propio curso, nos perderían inevitablemente. Por consiguiente, la experiencia de nuestros sufrimientos nos ha llevado a desarrollar en nuestra mente una serie de organizaciones que en la forma de inhibiciones se opone a las manifestaciones directas de los instintos. Todo impulso desiderativo que surge de la fuente de las energías instintivas debe someterse al examen de nuestras instancias psíquicas superiores, y si estas no lo aprueban, es rechazado o impedido de influir sobre nuestra motilidad, es decir, de alcanzar la efectuación. Más aún: a menudo estos deseos hasta son impedidos de ingresar a la conciencia, que por lo general ni siquiera conoce la existencia de esas fuentes instintivas peligrosas. Decimos entonces que dichos impulsos se hallan *reprimidos* para la conciencia y que subsisten sólo en el inconsciente. Si lo reprimido logra irrumpir alguna parte, sea a la conciencia, a la motilidad o a ambas, entonces habremos dejado de ser normales: en ese momento desarrollamos toda la gama de síntomas neuróticos y psicóticos. El mantenimiento de las inhibiciones y represiones que se han tornado necesarias impone a nuestra vida mental un considerable desgaste de energía, del cual aquella está siempre muy dispuesta a reposar. El estado nocturno del sueño parece ofrecerle una excelente ocasión para ello, ya que el dormir implica la cesación de nuestras funciones motrices. La situación parece segura, de modo que atenuamos la severidad de nuestra policía interna. No la abolimos por completo, pues no se puede confiar del todo; quizá el inconsciente no duerma nunca. Pero entonces ejerce su efecto el atenuamiento de la presión sobre el inconsciente reprimido: surgen de él deseos que durante el reposo hallan abierto por lo menos el acceso a la conciencia. Si pudiésemos conocerlos, quedaríamos horrorizados ante su contenido, su carácter desmesurado, aun ante la mera posibilidad de su existencia. Esto, empero, sólo ocurre raramente, y cuando ocurre, nos apresuramos a despertar, dominados por el miedo. Por regla general, la conciencia no llega a enterarse del sueño tal como realmente era. Es cierto que las fuerzas inhibidoras —la *censura onírica*, como hemos dado en llamarlas— nunca se despiertan del todo, pero tampoco se hallan jamás completamente dormidas. Han tenido la oportunidad de influir sobre el sueño mientras este pugnaba por expresarse en palabras y en imágenes; han eliminado así lo más ofensivo, han modificado otras partes hasta tornarlas irreconocibles; han roto las conexiones legítimas, introduciendo otras falsas, hasta que la sincera, pero brutal, fantasía desiderativa del sueño se convierte en el sueño manifiesto, tal como nosotros lo recordamos: más o menos confuso, casi siempre extraño e incomprensible. El sueño, pues —o la deformación onírica que lo caracteriza—, es el producto de una transacción, testimonio de un conflicto entre los impulsos y los anhelos mutuamente incompatibles de nuestra vida mental. No olvidemos, empero, que el mismo proceso, el mismo interjuego de fuerzas que explica el sueño del soñante normal, nos da también la clave para comprender todos los fenómenos neuróticos y psicóticos.

Debo disculparme por haber hablado tanto hasta aquí de mí mismo y de mi labor con los problemas del sueño; mas todo esto es una imprescindible introducción a lo que sigue. Mi explicación de la deformación onírica me parecía entonces algo nuevo, pues en parte alguna había encontrado nada parecido. Años más tarde (ya no atinaría a decir exactamente cuándo) cayó en mis manos el libro de Josef Popper-Lynkeus *Phantasien eines Realisten* ("Fantasías de un realista"). Una de las narraciones que contenía se llamaba "Soñar como estando despierto", y no pudo dejar de despertar mi más viva atención. En efecto, se describía allí a un hombre que podía alabarse de no haber soñado nunca nada insensato. Sus sueños podían ser fantásticos, como los cuentos de hadas, pero no se hallaban en contradicción tal con el mundo de la vigilia, que se pudiera decir categóricamente que "fuesen imposibles o absurdos en sí mismos". Trasladándolo a mi terminología, eso significaba que en este hombre no tenía lugar ninguna deformación onírica, y la razón aducida para explicar tal ausencia revelaba al mismo tiempo los motivos de su aparición. Popper confiere a su personaje una comprensión total de las razones de su peculiaridad, haciéndole decir: "En mis pensamientos, como en mis sentimientos, reinan el orden y la armonía; además, aquellos nunca luchan entre sí... Yo soy uno, indiviso; los otros están divididos, y sus dos partes —soñar y estar despierto— se hallan en guerra casi permanente". Y luego, con respecto a la interpretación de los sueños: "No es, por cierto, cosa fácil; pero el propio soñante, con un poco de atención, casi siempre debería poder hacerlo. ¿Por qué, en general, no se tiene éxito en la interpretación? Pues porque en vosotros los sueños parecen contener siempre algo escondido, algo pecaminoso en una forma muy peculiar, cierta cualidad secreta de vuestra naturaleza que sería difícil expresar. He aquí por qué vuestros sueños parecen tan a menudo carentes de significado o aun absurdos. Pero, en el más profundo sentido, no es en modo alguno así, más aún: no es posible que sea así, pues el hombre es siempre el mismo, ya esté despierto o soñando".

Si dejamos la terminología psicológica fuera de consideración, todo esto no era sino la misma explicación de la deformación onírica que yo había alcanzado a través de mis estudios sobre los sueños. La deformación resultaba ser una transacción, algo insincero por su naturaleza misma, el resultado de un conflicto entre el pensar y el sentir o, como yo lo había expresado, entre lo consciente y lo reprimido. Donde no existía tal conflicto y la represión era innecesaria, los sueños no podían llegar a ser extraños o carentes de sentido. Ese hombre que soñaba dormido de la misma manera en que pensaba despierto encarnaba para Popper aquella condición de armonía interna que, en su calidad de reformador social, anhelaba establecer en el seno de la sociedad humana. Mas si la ciencia nos declara que semejante hombre, totalmente libre del mal y de la falsedad, desprovisto de toda represión, no existe o no podría sobrevivir, cabría replicarle que, en la medida en que es posible una aproximación a ese ideal, ella se vio realizada en la propia persona de Popper.

Abrumado por el encuentro con tal sabiduría, comencé a leer todas sus obras: sus libros sobre Voltaire, sobre la religión, la guerra, la previsión estatal de la subsistencia, etc., hasta que paulatinamente se integró ante mis ojos la imagen del sencillo gran hombre, que era un pensador y un crítico al mismo tiempo que un bondadoso humanitario y un reformador. Reflexioné mucho sobre los derechos del individuo, que él preconizaba y a los cuales gustosamente yo me habría adherido si no me hubiese detenido la consideración de que ni los procesos de la naturaleza ni los objetivos de la sociedad humana justifican totalmente sus pretensiones. Una especial simpatía me atraía a él, dado que, evidentemente, también él había sufrido dolorosamente la amargura de la existencia judía y la oquedad de los ideales de la cultura actual. Sin embargo, nunca llegué a conocerlo personalmente. Él sabía de mí a través de relaciones comunes, y en una ocasión tuve que responder a una carta suya en la cual me demandaba cierta información. Pero nunca lo visité. Mis innovaciones en la Psicología me habían alejado de mis contemporáneos, particularmente de los más viejos entre ellos; demasiado a menudo, cuando me aproximaba a un hombre que había admirado desde lejos, me sentía como repelido por su incomprensión de todo aquello que se había convertido en el contenido mismo de mi existencia. Después de todo, Josef Popper procedía de la Física y había sido amigo de Ernst Mach; yo no quise que se malograra la feliz impresión de nuestra concordancia con respecto al problema de la deformación onírica. Así sucedió que fui aplazando la ocasión de visitarlo, hasta que ya fue demasiado tarde, y sólo me restó descubrirme ante su busto en nuestro Parque del Ayuntamiento.

AGREGADOS Y MODIFICACIONES DE
LA INTERPRETACIÓN DE LOS SUEÑOS
(OCTAVA EDICIÓN)

La interpretación de los sueños
(Tomos VI y VII de esta edición)

Título del original en alemán:
Die Traumdeutung

En alemán:

1900. Primera edición. Editorial Franz Deuticke, Leipzig-Viena.

1909. Segunda edición aumentada, por la misma editorial.

1911. Tercera edición aumentada, por la misma editorial

1914. Cuarta edición aumentada; con aportes de Otto Rank. Por la misma editorial.

1919. Quinta edición aumentada; con aportes de Otto Rank. Por la misma editorial.

1921. Sexta edición, sin agregados; con aportes de Otto Rank. Por la misma editorial.

1922. Séptima edición, sin agregados; con aportes de Otto Rank. Por la misma editorial.

1925. Reimpresión de la misma en la edición vienesa de las Obras completas: *Gesammelte Schriften*, tomos II y III, Internat. Psychoanalytischer Verlag, Leipzig-Viena-Zurich.

1930. Octava edición, aumentada y modificada; Editorial Franz Deuticke, Leipzig-Viena.

1942. Reimpresión de la misma en la edición londinense de las Obras completas: *Gesammelte Werke*, tomos II y III, Imago Publishing Co., Londres.

En español:

1922. Traducción de Luis López-Ballesteros y de Torres, en *Obras Completas*, tomos VI y VII, Biblioteca Nueva, Madrid.

1928. Segunda edición de la misma.

Todas las restantes ediciones en castellano han sido reimpresas del mismo texto.

Otras traducciones:

Es la obra de Freud que más ha sido traducida. Existen versiones en inglés, francés, italiano, japonés, ruso, sueco, danés-noruego, checoslovaco, húngaro, holandés, polaco y en alfabeto Braille.

Prefacio (1900)

Al proponerme exponer la interpretación de los sueños no creo haber trascendido los ámbitos del interés neuropatológico, pues el examen psicológico nos presenta el sueño como primer eslabón de una serie de fenómenos psíquicos anormales, entre cuyos elementos subsiguientes, las fobias histéricas y las formaciones obsesivas y delirantes, conciernen al médico por motivos prácticos. Desde luego, como ya lo demostraremos, el sueño no puede pretender análoga importancia práctica; pero tanto mayor es su valor teórico como paradigma, al punto que quien no logre explicarse la génesis de las imágenes oníricas, se esforzará en vano por comprender las fobias, las ideas obsesivas, los delirios, y por ejercer sobre estos fenómenos un posible influjo terapéutico.

Mas precisamente esta vinculación, a la que nuestro tema debe toda su importancia, es también el motivo de los defectos de que adolece el presente trabajo, pues el frecuente carácter fragmentario de su exposición corresponde a otros tantos puntos de contactos, a cuyo nivel los problemas de la formación onírica toman injerencia en los problemas más amplios de la psicopatología, que no pudieron ser considerados en esta ocasión y que serán motivo de trabajos futuros, siempre que para ello alcancen el tiempo, la energía y el nuevo material de observación.

Además, esta publicación me ha sido dificultada por particularidades del material que empleo para ilustrar la interpretación de los sueños. La lectura misma del trabajo permitirá advertir por qué no podían servir para mis fines los sueños narrados en la literatura o recogidos por personas desconocidas; debía elegir, pues, entre mis propios sueños y los de mis pacientes en tratamiento psicoanalítico. La utilización de este último material me fue vedada por la circunstancia de que estos procesos oníricos sufren una complicación inconveniente debida a la intervención de características neuróticas. Por otra parte, la comunicación de mis propios sueños implicaba inevitablemente someter las intimidades de mi propia vida psíquica a miradas extrañas, en medida mayor de la que podía serme grata y de la que, en general, concierne a un autor que no es poeta, sino hombre de ciencia. Esta circunstancia era penosa, pero inevitable, de modo que me sometí a ella para no tener que renunciar, en principio, a la demostración de mis resultados psicológicos. Sin embargo, no pude resistir, naturalmente, a la tentación de truncar muchas indiscreciones, omitiendo y suplantando algunas cosas; cada vez que procedí de tal manera no pude menos que perjudicar sensiblemente el valor de los ejemplos utilizados. Sólo me queda expresar la esperanza de que los lectores de este trabajo comprenderán mi difícil situación, aceptándola benévolamente, y espero, además, que todas las personas que se sientan afectadas por los sueños comunicados no pretenderán negar la libertad del pensamiento también a la vida onírica.

Prólogo de la segunda edición

El hecho de que aun antes de completarse el primer decenio haya sido necesario editar por segunda vez este libro de tan difícil lectura, no se lo debo al interés de los círculos profesionales, a quienes me había dirigido con las presentes páginas. Mis colegas de la psiquiatría no parecen haberse esforzado por superar la extrañeza inicial que despertó mi concepción novedosa del sueño; los filósofos de profesión, por su parte, acostumbrados a dar cuentas de la vida onírica cual si fuera un apéndice de los estados conscientes, concediéndole tan sólo unas pocas palabras —casi siempre las mismas que usan los psiquíatras— no advirtieron, a todas luces, que precisamente este hilo conduce de nuestras doctrinas psicológicas. La actitud de la bibliocrítica científica sólo prometía para esta obra mía la condena del silencio; la primera edición de este libro tampoco habría sido agotada por el pequeño grupo de animosos prosélitos que siguen mi guía en la aplicación médica del psicoanálisis y que interpretan sueños de acuerdo con mi ejemplo, para utilizar estas interpretaciones en el tratamiento de los neuróticos. En consecuencia, estoy en deuda con ese vasto círculo de personas ilustradas y ávidas de saber, cuyo apoyo es para mí una invitación a emprender otra vez, al cabo de nueve años, esta tarea difícil y de tan múltiples aspectos fundamentales.

Me complace poder decir que hallé pocos motivos para introducir modificaciones. Aquí y allá inserté nuevo material, agregué algunos conocimientos surgidos de mi experiencia más extensa, intenté revisiones en unos pocos puntos; mas todo lo esencial sobre el sueño y sobre su interpretación, así como las doctrinas psicológicas derivadas del mismo, no sufrieron cambio alguno; por lo menos subjetivamente han resistido la prueba del tiempo. Quien conozca mis restantes trabajos (sobre la etiología y el mecanismo de las psiconeurosis) sabrá que jamás hice pasar lo fragmentario por algo acabado y que siempre me esforcé por modificar mis formulaciones de acuerdo con el progreso de mis conocimientos; en el terreno de la vida onírica, en cambio, pude atenerme a mis palabras originales. En los largos años de mi labor con los problemas de las neurosis, muchas veces llegué a vacilar y en múltiples ocasiones me encontré confundido, pero siempre recuperé mi seguridad acudiendo a *La interpretación de los sueños*. Por consiguiente, mis adversarios científicos dan muestras de instintiva prudencia al no querer seguirme justamente en el terreno de la investigación onírica.

También el material de este libro —estos sueños propios, desvalorizados o superados en gran parte por sucesos ulteriores, estos sueños que me sirvieron para ilustrar las reglas de la interpretación onírica— demostró poseer, al revisarlo, una tenacidad que se oponía a toda modificación contundente. Para mí, este libro tiene, en efecto, una segunda importancia subjetiva que sólo alcancé a comprender cuando lo hube concluido, al comprobar que era una parte de mi propio análisis, que representaba mi reacción frente a la muerte de mi padre, es decir, frente al más significativo suceso, a la más tajante pérdida en la vida de un hombre. Al reconocerlo me sentí incapaz de borrar las huellas de tal influjo. Mas para el lector será indiferente en qué material aprende a considerar y a interpretar los sueños.

Cuando no me fue posible incluir en el contexto original una observación ineludible, indiqué mediante corchetes su pertenencia a la segunda edición[67].

Brechtesgade, verano de 1908.

Prólogo de la tercera edición

Mientras entre las dos primeras ediciones de este libro transcurrió un lapso de nueve años, la necesidad de una tercera edición ya se hizo notar a poco más del primer año. Bien puedo alegrarme por este cambio, pero tal como antes no acepté el desdén de mi obra por parte de los lectores como prueba de su escaso valor, tampoco puedo interpretar el interés ahora manifestado como demostración de su excelencia.

El progreso de los conocimientos científicos tampoco dejó de afectar a *La interpretación de los sueños*. Cuando redacté

---

[67] Estos índices fueron suprimidos en ediciones ulteriores.

este libro en 1899, aún no había escrito *Tres ensayos para una teoría sexual* y el análisis de las formas complejas de las psico-neurosis todavía estaba en sus comienzos. La interpretación onírica había de ser un recurso auxiliar que permitiera analizar psicológicamente las neurosis; desde entonces la comprensión profundizada de estas repercutió a su vez sobre la concepción del sueño. La teoría misma de la interpretación onírica ha seguido desarrollándose en un sentido que no fue destacado suficientemente en la primera edición de este libro, pues gracias a la propia experiencia, como a los trabajos de W. Stekel y de otros, pude prestar una consideración más justa a la ampli-tud e importancia del simbolismo en el sueño, o más bien en el pensamiento inconsciente. De tal manera, en el curso de estos años se han acumulado muchas cosas que exigían ser consideradas. He tratado de tener en cuenta estas novedades mediante múltiples agregados al texto e inclusión de notas al pie. Si estas adiciones amenazan romper algunas veces el marco de la exposición, o si en ciertas partes no fue posible llevar el texto primitivo al nivel de nuestros actuales conocimientos, ruego se considere benévolamente tales faltas del libro, ya que sólo son consecuencias e índices del acelerado desarrollo que actualmente sigue nuestra ciencia.

También me atrevo a predecir en qué sentidos se aparta-rán de esta las futuras ediciones de *La interpretación de los sueños* —siempre que resultaren necesarias—. Por un lado, habrán de perseguir una vinculación más estrecha con el rico material de la poesía, el mito, los usos del lenguaje y el folklore; por el otro, tratarán las relaciones del sueño con las neurosis y los trastornos mentales, aún más detenidamente de lo que aquí fue posible.

El señor Otto Rank me ha prestado grandes servicios en la selección de los agregados y ha tomado a su exclusivo cargo la corrección de las pruebas de imprenta. Tanto él como muchos otros que contribuyeron con colaboraciones y rectificaciones comprometen mi gratitud.

Viena, primavera de 1911.

Prólogo de la cuarta edición

El año pasado (1913) el doctor A.A. Brill, de Nueva York, concluyó la traducción inglesa de este libro (*The interpretation of dreams*, G. Allen & Co., Londres).

En esta ocasión, el doctor Otto Rank no sólo se encargó de las correcciones, sino que también aporto al texto dos contribuciones propias (apéndice del capítulo VI).

Viena, junio de 1914.

Prólogo de la quinta edición

El interés por *La interpretación de los sueños* tampoco ha decrecido durante la Guerra Mundial, planteando la necesidad de una nueva edición aun antes de que terminara aquella. Sin embargo, en esta edición no se pudo considerar plenamente la nueva literatura ulterior a 1914, pues, en lo que a la extranjera se refiere, ni siquiera llegó a conocimiento mío o del doctor Rank.

Una traducción húngara por los doctores Hollós y Ferenczi está próxima a su publicación. En mi *Introducción al psicoanálisis*, editada en 1916-17 por H. Heller, de Viena, la segunda parte, que comprende once conferencias, está dedicada a exponer el sueño de manera más elemental y en conexión más íntima con la teoría de las neurosis. En su conjunto estas conferencias constituyen un resumen de *La interpretación de los sueños*, aunque en determinados puntos presenten una exposición aún más minuciosa.

No pude decidirme a efectuar una reelaboración concienzuda de este libro que si bien lo elevaría al nivel de nuestras concepciones psicoanalíticas actuales, destruiría, en cambio, su peculiaridad histórica. Creo que en su existencia de casi dos decenios ha quedado cumplida su misión.

Budapest-Steinbruch, julio de 1918.

PRÓLOGO DE LA SEXTA EDICIÓN

Las dificultades que actualmente aquejan a las empresas editoriales tuvieron por consecuencia que esta nueva edición se retardara mucho más de lo que había correspondido a la demanda y que por primera vez sea publicada como reimpresión fiel de la precedente. Tan sólo el índice bibliográfico al final del volumen ha sido completado y ampliado por el doctor O. Rank.

Mi presunción de que este libro habría cumplido su misión en casi dos decenios de existencia, no ha sido, pues, confirmada. Podría decir más bien que tiene una nueva misión que cumplir. Así como antes se trataba de ofrecer algunas nociones sobre la esencia del sueño, ahora no es menos importante contrarrestar los tenaces errores de interpretación a que están expuestas dichas nociones

Viena, abril de 1921.

PRÓLOGO DE LA OCTAVA EDICIÓN

En el lapso que media entre la última, séptima edición de este libro (1922), y la presente revisión, fueron editadas mis *Obras Completas* por el Internationaler Psychoanalysticher Verlag, de Viena. En estas el segundo tomo contiene el texto restablecido de la primera edición, mientras que todas las ediciones ulteriores están reunidas en el tercer tomo. En cambio, las traducciones aparecidas en el ínterin se ajustan a las publicaciones independientes de este libro, cabiendo mencionar la francesa, de I. Meyerson, publicada en 1926 con el título *La Science des Rêves*, por la Bibiothèque de Philosophie Contemporaine; la sueca (*Drömtyding*), efectuada en 1927 por John Lansquit, y la castellana, de Luis López-Ballesteros y de Torres, que constituye los tomos VI y VII de las *Obras Completas*. La traducción húngara, cuya inminente publicación anuncié ya en 1918, aún no ha aparecido.

También en la presente revisión de *La interpretación de los sueños* he tratado la obra esencialmente como documento histórico, introduciendo tan sólo aquellas modificaciones que me parecían imprescindibles para el aclaramiento y la profundización de mis propias opiniones. De acuerdo con esta posición, he abandonado definitivamente el propósito de incluir en este libro la bibliografía aparecida desde su primera edición, excluyendo, pues, las secciones correspondientes que contenían las ediciones anteriores. Además, faltan aquí los dos trabajos *Sueño y poesía* y *Sueño y mito* que el doctor Otto Rank aportó a las ediciones precedentes.

Viena, diciembre de 1929.

Tomo VI de estas *Obras Completas*

I. La literatura científica sobre los problemas oníricos

1

La nota sobre el sueño de M. Simón y el significado de las personas gigantescas en el sueño continúa con el siguiente párrafo:

Por otra parte, la precedente interpretación, que lleva a una reminiscencia de los viajes de Gulliver, constituye un buen ejemplo de cómo no se debe interpretar. Quien interprete un sueño no desplegará en ello su vena humorística, relegando a segundo plano la consideración de las asociaciones que produzca el soñante.

2

Las seis conclusiones de Mourly Vold terminan con una nota que dice:

Véase más adelante otras particularidades sobre los protocolos oníricos de este investigador, que en el ínterin han sido publicados en dos tomos.

3

A la nota sobre los ejemplos de Silberer debe agregarse:

En otro conexo me referiré nuevamente a estas comprobaciones.

4

La cita de la discusión sobre la duración aparente de los sueños lleva esta nota:

Véase en la tesis de Tobowolska (Paris, 1900), otras citas bibliográficas y consideraciones críticas sobre estos problemas.

5

La cita de Pfaff procede de esta fuente:

Das Traumleben und seine Deutung (*La vida onírica y su interpretación*), 1968. En el libro de Spitta, página 192.

5a

Para la mejor inteligencia del párrafo que comienza al pie de la página "Creo necesario justificar...", es preciso insertar el siguiente subtítulo omitido en la edición castellana: "Apéndice (1909)".

6

La referencia a Lynkeus lleva la nota:

Véase mi ensayo *Josef Popper-Lynkeus y la teoría onírica* (1923)[68].

II. EL MÉTODO DE LA INTERPRETACIÓN ONÍRICA

7

La nota sobre Robitsek no concluye con: "...y los psicoanalistas doctores Hollós y Ferenczi han emprendido la tarea de verterlo al húngaro (1918)"; sino así:

López-Ballesteros concluyó en 1923 su traducción castellana; la versión rusa apareció en 1913; la francesa y la húngara se encuentran en preparación.

8

Donde el autor expresa la esperanza de que el interés inicial del lector, concentrado en las inevitables indiscreciones que debe cometer un autor al interpretar sus propios sueños, terminará por ceder la plaza a una profundización de los problemas psicológicos, debe agregarse:

---

[68] Presente en este tomo.

En todo caso, no dejaré de señalar, limitando así mis palabras anteriores, que casi nunca he comunicado la plena y completa interpretación de un sueño propio, tal como estaba a mi alcance. Con toda probabilidad tenía razón al no confiar demasiado en la discreción de los lectores.

9

Similarmente, agrega al final de la interpretación del "sueño de Irma", después de las palabras "Aquí termina la interpretación emprendida":

Aunque, como se comprenderá, no he comunicado todo lo que se me ocurrió durante la labor interpretativa.

III. El sueño es una realización de deseos

10

La sentencia "Los sueños de los niños pequeños son simples realizaciones de deseos", restringida en ediciones recientes por las palabras "con frecuencia", es limitada aún más, pues:

La experiencia ha demostrado que ya en niños de cuatro a cinco años existen sueños deformados que exigen interpretación y que concuerdan plenamente con nuestra idea sobre las condiciones de la deformación onírica.

IV. La deformación onírica

11

Donde dice que los sueños penosos contienen algo que efectivamente resulta penoso para la segunda instancia, pero que al mismo tiempo cumple un deseo de la primera, es decir, que los sueños penosos son también realizadores de deseos, ya que, como todo sueño, parten de la primera instancia, mientras que la segunda sólo actúa frente al sueño defensivamente y no con carácter creador, encontramos ahora la siguiente observación:

Más adelante nos hallaremos también con el caso contrario al presente, caso en el cual el sueño expresa un deseo de esta segunda instancia.

11a

En el párrafo de las páginas 160-161, en la primera línea de esta última, Freud inserta una nota al pie:

"Posar" para un pintor.

Y si no tiene un trasero,

¿cómo puede el notable posarse?"

12

Además, al referirse a la posibilidad de interpretar también los sueños penosos como realizaciones de deseos, agrega:

Debo señalar que este tema no queda concluido aquí, sino que volverá a ser tratado más adelante.

13

A la nota sobre la fórmula fundamental del sueño debe agregarse que el "gran poeta contemporáneo" es Carl Spitteler: *Meine frühesten Erlebnisse* (*Mis primeras experiencias*), Süddeustsche Monatshefte, octubre de 1913; que la cita de Rank es de *Ein Traum der sich selbt deutet* (*Un sueño que se interpreta a sí mismo*); y, por fin, el párrafo siguiente:

En ninguna parte he manifestado haber hecho mía esta fórmula de Rank, pues me parece suficiente el enunciado restringido que figura en el texto. Pero el hecho de que simplemente citara la variante de Rank bastó para que se achacara al psicoanálisis el tan repetido cargo de que, según él, todos los sueños tendrían contenido sexual. Si se interpretara esta declaración de acuerdo con lo que realmente dice, quedaría demostrando con cuán poca conciencia proceden los críticos en sus menesteres, cuán dispuestos están los enemigos a pasar por alto las expresiones más claras cuando no sirven a sus tendencias agresivas, pues pocas páginas antes de esta expresé claramente las múltiples realizaciones de deseos que contienen los sueños infantiles (hacer una excursión o un viaje por mar, recuperar una comida omitida, etcétera) y en otras partes me referí a los sueños de hambre, de sed, de estímulos excretores, y a los sueños genuinos de comodidad. Aun el mismo Rank no sustenta aquí una afirmación absoluta, pues espacio dice: "...por regla general, también deseos eróticos", formulación que cabe confirmar plenamente para la mayoría de los sueños de personas adultas.

Muy distinta es la situación si se emplea el calificativo "sexual" en el sentido de *Eros*, ahora corriente en el psicoanálisis. Pero nuestros adversarios de ningún modo han tenido presente el interesante problema de si todos los sueños son creados por tendencias instintivas "libidinales" (en contradicción con las "destructivas").

V. Material y fuente de los sueños

14

Refiriéndose al "recuerdo encubridor" de su posterior bibliografía, el autor remite a su trabajo *Los recuerdos encubridores* (tomo XII de esta edición).

15

Sobre Aníbal o el rector Winckelmann:

El autor de quien ha tomado este pasaje es, sin duda, Jean Paul.

16

Al analizar el "sueño de Roma", Aníbal y Napoleón, los enemigos de Roma y vencedores de los Alpes, son comparados entre sí en fantasías infantiles, aludiéndose también al origen judío del Mariscal Masséna (por la derivación de su nombre del hebreo: Manasés). Freud agrega ahora:

Por lo demás, se pone en duda el origen judío del mariscal.

17

Freud explica su predilección por Masséna "por la circunstancia de coincidir, con cien años de diferencia, la fecha de nuestro nacimiento". Storfer señaló la equivocación de Freud, pues André Manasse, futuro mariscal napoleónico con el nombre de Masséna, conde de Rivoli, habría nacido el 6 de mayo de 1758, el mismo día que Freud, pero no 100, sino 98 años antes. Así lo ha reseñado en la edición anterior de este volumen. Ernest Jones, en su escrupulosa biografía de Freud, revela ahora que también Storfer se habría equivocado: "He aquí una fecha discutida; pero el príncipe Joaquín Murat ha tenido la gentileza de examinar la partida de nacimiento en poder de su hermano, el duque de Rivoli, bisnieto de Masséna, y esta indica el 6 de septiembre de 1759" (E. Jones: *Sigmund Freud: Life and Work*, tomo I, Hogart Press, Londres, 1953. Nota al pie de pág. 26).

18

Emmersdorf, el retiro de Fischhof :

Esta vez cometí un error, pero no un acto fallido. Averigüé más tarde que el pueblo Emmrsdorf, de Wachau, no coincide con el asilo homónimo del revolucionario Fischhof.

19

Al analizar el denominado "sueño revolucionario", aparece en la interpretación del elemento *Huflattich*, la asociación *flatus*, y luego derrota de la Armada Invencible frente a los ingleses, citando Freud, como inscripción de la medalla conmemorativa, las palabras: *Flavit et dissipati sunt*. Agrégase ahora la siguiente nota:

El doctor Fritz Wittels, redactor espontáneo de mi biografía, me reprocha haber omitido en esta leyenda el nombre Jehová. La medalla conmemorativa británica consigna el nombre divino en caracteres hebreos, colocándolo sobre el fondo de una nube, mas de tal manera que uno puede adjudicarlo tanto a la imagen como a la inscripción.

20

Refiriéndose al papel de los estímulos orgánicos de necesidad, agrega:

En una serie de trabajos Rank ha demostrado que determinados sueños de despertar provocados por estímulos orgánicos (los sueños de estímulo vesical y los de poluciones) son particularmente apropiados para demostrar la lucha entre la necesidad de dormir y las exigencias de la necesidad orgánica, así como el influjo de estas últimas sobre el contenido onírico.

21

A la primera cláusula del capítulo sobre los sueños típicos, sigue la nota:

La declaración de que nuestro método de interpretación onírica deja de ser aplicable cuando no disponemos del material asociativo del soñante, debe ser complementada en el sentido de que existe un caso en el cual nuestra labor de interpretación se independiza de tales asociaciones, a saber: cuando el soñante ha empleado elementos simbólicos en el contenido del sueño. En tal caso, recurrimos, en sentido estricto, a un segundo método de interpretación onírica, a un método *auxiliar*. (Véase lo que sigue).

22

Sobre los sueños de muerte del personaje parental del mismo sexo, refiriéndose a la regla de que casi siempre, aunque no invariablemente, aluden a este.

Esta relación muchas veces es ocultada por la aparición de una tendencia punitiva que, bajo forma de reacción moral, amenaza con la pérdida del personaje parental amado.

23

En las consideraciones sobre el carácter de Hamlet, también se menciona que el drama fue escrito apenas muerto el padre de Shakespeare, y que el hijo del poeta, precozmente fallecido, se llamaba *Hamnet*. Freud agrega ahora a la nota de la misma página:

Sin embargo, ya no estoy tan seguro de la suposición arriba formulada, según la cual el autor de las obras de Shakespeare habría sido realmente el ciudadano de Stratford. Véase más detalles sobre el análisis de *Macbeth* en mi ensayo: "Algunos tipos característicos revelados por el psicoanálisis y en L. Jekels, Shakespeare Macbeth", en *Imago*, 1918.

24

La nota sobre el egoísmo de los sueños en que se narra un sucedido de E. Jones sigue así:

Por otra parte, para perdón de esta señora tan envanecida de su raza, sea dicho que no se debe interpretar erróneamente la aseveración de que los sueños son plenamente egoístas. Dado que cuanto sucede en el pensamiento preconsciente puede pasar al sueño (tanto a su contenido como a las ideas oníricas latentes), esta posibilidad también rige para los impulsos altruistas. De idéntica manera podrá manifestarse en el sueño un impulso cariñoso o amoroso dirigido hacia otra persona, siempre que exista en el inconsciente.

25

Por fin, este capítulo sobre los sueños típicos concluye con algunas consideraciones sobre los sueños típicos de movimiento:

Mi propia experiencia nada me ha enseñado sobre otros sueños típicos, en los cuales se vuela con placer o se cae con sensación de angustia; cuanto sé sobre ellos se lo debo a mis análisis. Las informaciones que estos suministran llevan a la conclusión de que también dichos sueños reproducen impresiones de la infancia, pues se refieren a los juegos de movimiento que tienen tan extraordinario atractivo para el niño. Nadie habría dejado de "hacer volar" alguna vez a un niño, llevándolo a toda prisa en sus brazos extendidos, o habrá jugado a las "caídas", hamacándolo en sus rodillas y extendiendo de pronto la pierna, como si le quisiera quitar su apoyo. En tal caso, los niños gritan alborozados y no se cansan de insistir en la continuación del juego, especialmente cuando este implica un ligero susto y mareo. Años después repiten el juego en el sueño, pero omiten las manos que los habían sostenido, de modo que ahora flotan o caen libremente. Es bien conocida la predilección de todos los niños pequeños por juegos como el hamacarse y el galopar; cuando más tarde ven las habilidades que los acróbatas despliegan en el circo, se reanima el recuerdo de aquellos juegos[69]. En tal caso, el acceso histérico de muchos varones no concibe más que en reproducciones de tales actos acrobáticos, que realizan con gran habilidad. No pocas veces estos juegos de movimiento, inocentes por sí solos, también han despertado sensaciones sexuales[70]. Son precisamente estos juegos bruscos de la infancia los que se repiten en los sueños de volar, caer, marearse, etcétera; juegos cuyas sensaciones placenteras se han convertido ahora en angustia. Sin embargo, como toda madre sabrá, también esos juegos infantiles muchas veces terminan realmente con llantos y peleas.

Tengo, pues, buenos motivos para rechazar la explicación de que los sueños de vuelos y caídas son provocados por el estado de nuestras sensaciones cutáneas durante el reposo, por las sensaciones que despiertan los movimientos pulmonares, etcétera. Se advierte que estas sensaciones son reproducidas, a su vez, en conexión con el recuerdo al que se refiere el sueño, es decir, que representan el contenido del sueño y no su fuente.

Mas de ningún modo dejo de reconocer que me es imposible explicar a fondo esta serie de sueños típicos. Precisamente en este tema mi material me ha dejado en la estacada. No obstante, me atengo a mi punto de vista general de que todas las sensaciones cutáneas y cinéticas de estos sueños

---

[69] La investigación analítica nos permitió advertir que en la predilección de los niños por las exhibiciones gimnásticas y en la repetición de estas durante el acceso histérico interviene aun otro factor, fuera del mero placer orgánico: el recuerdo (muchas veces inconsciente) del acto sexual observado en personas o animales.
[70] Al respecto, un joven colega, absolutamente exento de toda neurosis, me comunica: "Por propia experiencia sé que cuando me hamacaba, siendo niño, en el momento en que el movimiento descendente adquiría máxima violencia experimentaba una sensación peculiar localizada en los genitales, sensación que, si bien no era realmente agradable, debo calificar, sin embargo, de placentera". Muchos pacientes me han comunicado que las primeras erecciones con placer que recuerdan, aparecieron en su infancia, cuando trepaban por escaleras. Los análisis permiten establecer con toda seguridad que muchas veces los primeros impulsos sexuales se arraigan en los juegos de manos y riñas de los años infantiles.

típicos son provocadas en cuanto algún motivo psíquico las necesita como recursos, mientras que pueden ser desdeñadas cuando no corresponden a tal necesidad. También me parece que la relación con las vivencias infantiles queda sólidamente establecida por los datos que suministran los análisis de psiconeuróticos. No obstante, me es imposible señalar cuáles otras significaciones pueden haberse vinculado en el curso de la vida con el recuerdo de aquellas sensaciones —significaciones quizá distintas en cada persona, pese al cariz típico de estos sueños—; por cierto, me agradaría poder llegar a colmar esta brecha mediante análisis minuciosos de sueños ejemplares. A quien asombre de que me queje por la falta de material, pese a la frecuencia de estos sueños de vuelo, caída, extracción de dientes, etcétera, debo señalarle que no he experimentado tales sueños en mi propia persona desde que dediqué mi atención al tema de la interpretación onírica. En cuanto a los sueños de los neuróticos, a que los recurro en tantos otros sentidos, no todos son interpretables, ni muchas veces lo son hasta el último término de sus propósitos ocultos; determinada instancia psíquica que participa en la estructuración de la neurosis y que es reanimada al intentar la resolución de esta se opone a la interpretación onírica llevada hasta el último enigma.

26

Las consideraciones sobre el sueño de examen terminan con el siguiente párrafo:

W. Stekel, de quien procede la primera interpretación del "sueño de bachillerato", sustenta la opinión de que este siempre se refiere al examen de la capacidad y la madurez sexuales[71]. Mi experiencia ha confirmado frecuentemente esta opinión.

---

[71] N. del Traductor. —Bachillerato = *Matura*.

VI. La elaboración onírica

27

"Sin excepción alguna, he podido comprobar que en todo sueño interviene la propia persona del sujeto". El autor remite aquí a la nota del tomo VI, sobre el sucedido de E. Jones, que debe ser completada con el precedente apéndice Núm. 24.

28

Refiriéndose a la aparición del propio *yo* en el sueño, después de la llamada, sigue así:

En el fondo, la circunstancia de que el propio *yo* aparezca repetidas veces en un sueño o se presente bajo distintas conformaciones, no es más extraño que el hecho de que en un pensamiento consciente el *yo* este contenido varias veces y en distintos lugares o en diversas relaciones. Así, por ejemplo, en la cláusula: "¡Cuando (*yo*) pienso que niño sano (*yo*) he sido! [...]"

29

Freud narra haber tenido cierta vez un sueño que al despertar le pareció tan bien construido, coherente y claro, que se propuso establecer una categoría de "fantasías durante el dormir", fantasías que no estarían sometidas a los mecanismos de la condensación y el desplazamiento. "Pero un más detenido examen me demostró que este sueño poco común presentaba en su construcción las mismas fisuras y soluciones de continuidad de otro cualquiera, con lo cual hube de renunciar a la categoría de las fantasías oníricas". Agrega ahora: "Hoy no sé si renuncié a ellas con razón".

30

"La angustia es un impulso libidinal que parte de lo inconsciente y es coartado por lo preconsciente" es anulado en la última edición:

> Este aserto ya no resiste a nuestros más recientes conocimientos.

31

El nombre del desdichado compositor: "Hugo Wolf"[72].

32

La cita de Herbert Silberer es de: *Jahrbuch von Bleuler-Freud*, I, 1909.

33

La interpretación del elemento *Kraut und Ruben*, en el noveno ejemplo de Silberer, elemento que entraña la idea de 'revoltijo' y significa, por lo tanto, 'desorden', sigue así:

> Me ha causado extrañeza el que este sueño me fuera comunicado una sola vez. Realmente no volví a encontrar jamás tal representación, de modo que ya no estoy seguro de que su interpretación esté justificada.

34

Al finalizar el "sueño principal de las flores", agrega:

> El precedente sueño, que he destacado a causa de sus elementos simbólicos, debe calificarse de "biográfico". Semejantes sueños aparecen con frecuencia en los análisis, pero quizá sean raros fuera de esta situación.

35

El inciso *e) La representación simbólica en el sueño* comienza así:

---

[72] N. del Traductor. —*Wolf*, en alemán, es "lobo". De allí la alusión al "animal enjaulado".

El análisis del último sueño biográfico viene a demostrar que desde un principio he reconocido el simbolismo en el sueño. Sin embargo, sólo pude apreciar plenamente su amplitud y su importancia con el paulatino aumento de mi experiencia y bajo el influjo de los trabajos de W. Stekel (*Die Sprache des Traumes* [*El lenguaje del sueño*], 1911), sobre los cuales cabe formular aquí algunas consideraciones.

Este autor, que quizá haya perjudicado al psicoanálisis tanto como le sirvió, descubrió gran número de insospechadas traducciones de símbolos que al principio no merecieron crédito, aunque más tarde fueron confirmadas y hubieron de ser aceptadas en su mayor parte. Al señalar que la reserva escéptica de los demás estaba justificada, no resto nada a los méritos de Stekel, pues los ejemplos en que fundó sus interpretaciones no eran a menudo convincentes y, además, había aplicado un método que debe ser condenado por su inseguridad científica. Stekel llegó a sus interpretaciones de símbolos por vía de la intuición, gracias a su don personal de comprender inmediatamente los símbolos. Pero semejante arte no puede ser atribuido a todo el mundo y su eficacia se sustrae a toda crítica, de modo que sus resultados no merecen crédito. Vendría a ser como si se pretendiera basar el diagnóstico de las enfermedades infecciosas sobre las impresiones olfatorias recogidas junto al lecho del enfermo, aunque sin duda hubo clínicos cuyo olfato fue extraordinariamente agudo y que realmente podían diagnosticar una fiebre tifoidea por el olor.

La creciente experiencia del psicoanálisis nos permitió observar pacientes que manifiestan en forma extraordinaria semejante comprensión inmediata del simbolismo onírico. Muchas veces se trataba de enfermos de demencia precoz, de modo que durante un tiempo se tendió a sospechar esta enfermedad en todos los soñantes dotados de tal comprensión simbólica. Mas esto no es cierto, pues se trata de un don o de una particularidad personal sin significación patológica evidente.

36

"Aquello que en la actualidad se nos muestra enlazado por una relación simbólica, probablemente se hallaba unido en épocas primitivas por una identidad de conceptos y de expresión verbal", sigue así:

Esta concepción sería corroborada en forma extraordinaria por una tesis del doctor Hans Sperber. En *Über den Einfluss sexueller Momente auf Entstehung und Entwicklung der Sprache* ("La influencia de los factores sexuales sobre el origen y el desarrollo del lenguaje", en *Imago*, I, 1912), Sperber opina que todas las voces primitivas designaban objetos sexuales, habiendo perdido ulteriormente esta significación sexual al pasar a otras cosas y actos que fueron comparados con los sexuales.

37

Al concluir el "sueño de un químico", y refiriéndose a las experiencias de Schroetter, agrega:

En 1923, G. Roffenstein publicó comprobaciones semejantes. Mas las experiencias efectuadas por Betlheim y Hartmann tienen particular interés porque en ellas se eliminó el hipnotismo. Estos autores ("Über Fehlreaktionen bei der Korsakowsche Psychose" [*Sobre reacciones fallidas en la psicosis de Korsakoff*], en *Archiv für Psychiatrie*, tomo 72, 1924), narraron a enfermos afectados de tal confusión mental cuentos de contenido groseramente sexual, observando las deformaciones introducidas cuando los enfermos trataban de reproducir lo narrado. Se demostró así que aparecían los símbolos que conocemos a través de la interpretación onírica (subir por escaleras, herir con puñales o a tiros, como símbolos del coito; cuchillo y cigarrillo, como símbolos fálicos). Se presta particular valor a la aparición del símbolo de la escalera, porque, como los autores señalan justificadamente, "semejante simbolización habría sido inaccesible a un deseo consciente de deformar lo narrado".

38

La nota sobre el ejemplo típico de un sueño de Edipo encubierto sigue con la cita correspondiente al trabajo mencionado en ella:

Ejemplo típico de un sueño de Edipo encubierto. Un hombre sueña lo siguiente: *Tiene una relación secreta con una señora, a la que otro pretende desposar. Está preocupado porque ese hombre podría descubrir sus relaciones, de modo que fracasaría el casamiento; por eso se porta muy cariñosamente con él, lo acaricia y lo besa.* Los hechos de la vida del soñante sólo tienen un punto de contacto con el contenido de este sueño. Mantiene una relación secreta con una mujer casada, y a causa de una expresión equívoca del marido, amigo suyo, se ha despertado en él la sospecha de que este podría haberlo descubierto. Mas, en realidad, interviene otra cosa cuya mención es esquivada en el sueño y que, sin embargo, constituye la única clave para comprenderlo. La vida del marido está amenazada por una enfermedad orgánica. Su esposa cuenta con la posibilidad de que aquel fallezca repentinamente, y nuestro paciente abriga conscientemente el propósito de casarse con la joven viuda una vez que haya muerto el marido. Esta situación exterior coloca al soñante en la constelación del sueño edípico: su deseo podría matar al hombre para tomar por esposa a la mujer; su sueño expresa este deseo en hipócrita deformación. En lugar de estar casado con la mujer, dice que otro tiene sólo el propósito de casarse con ella, elemento que corresponde a su secreta intención; los deseos hostiles contra el marido se ocultan tras demostraciones de cariño que proceden del recuerdo de sus relaciones infantiles con el padre.

39

Los sueños de estímulo intestinal confirman la conexión de los conceptos "oro" y "excrementos":

Freud, *El carácter y el erotismo anal*; Rank, *Die Symbol Schichtung im Weltraum und ihre Wiederkehr im mythischen Denken* ("La estratificación de los símbolos en el sueño del despertar y su repetición en el pensamiento mítico"); Dattner, *Internationale Zeitschrift für Psychoanalyse*, I, 1913; Reik, *ibídem*, III, 1915.

39a

A la serie de ejemplos sobre el discurso oral en el sueño y antes de la mención de las primitivas sagas nórdicas, agregase ahora una muestra de la literatura:

En un sueño del cuento *Enrique el verde* (de Gottfried Keller), un caballo juguetón se revuelca en la más hermosa avena, cada uno de cuyos granos es, empero, "una dulce almendra, una pasa de uva y una moneda brillante... envueltas todas juntas en seda roja y atadas con un trocito de cerda". El poeta (o el soñante) nos da al punto la interpretación de esta representación onírica, pues el caballo siente un agradable cosquilleo que le hace exclamar: "¡La avena me pica!"[73].

39b

En la nota el pie que termina así: "Una paciente mía... modificando o fragmentado el texto de dichas canciones, alteraba su sentido, creando en esta forma conexiones a su propia persona", se han omitido los ejemplos referentes a la paciente en cuestión:

"Quedo, quedo, piadosa tonada" (*Leise, leise, fromme Weise*), significa para su inconsciente: "piadosa huérfana" (*fromme Waise*), y esa huérfana es ella misma. "¡Oh, santa, oh alborozada!", es el comienzo de una canción de Navidad, pero al no seguir cantándola hasta las palabras "cuando llega la Navidad", la convierte en una canción nupcial, y así sucesivamente.

Idéntico mecanismo deformador también puede imponerse, sin necesidad de alucinación alguna, en la simple ocurrencia o asociación diurna. ¿Por qué verbigracia uno de mis pacientes se halla dominado por el recuerdo de una poesía que hubo de memorizar en su niñez?:

"De noche junto al Busento murmuran..."

Pues porque su fantasía se conforma con la primera parte de esta cita:

"De noche junto al seno materno (*Busen*)..."

Bien se sabe que la chanza parodística no ha renunciado a esta pequeña técnica. Así, en la revista humorística *Fliegende Blätter* apareció cierta vez, entre sus ilustraciones de los "clásicos" alemanes, una representación de la *Fiesta triunfal*, de Schiller, que llevaba por epígrafe una cita oportunamente truncada de dicha poesía:

"De la mujer que acaba de ganar en dura lucha, alégrase el atrida, y pónese a tejer".

---

[73] N. del Traductor. —En alemán, "picarle la avena" se dice de una persona petulante, o se usa como equivalente de "picarle a uno la mosca".

Que continúa así:

"alrededor de los encantos de ese bello cuerpo, la red de sus brazos ebrios de felicidad".

(N. de Traductor. —La versión de estos trozos poéticos ha sido ligeramente deformada para tornar inteligibles los retruécanos alemanes).

40

Se rectifica el error cometido al reproducir la inscripción en el monumento del emperador José:

En realidad, la inscripción dice así:

Saluti publicae vixit

Non diu sed totus.

Wittels probablemente interpretó con acierto el acto fallo que cometí al sustituir *publicae* por *patriae*.

41

Donde se alude fugazmente a si los "sueños punitivos" también pueden ser contados entre los "sueños de realización de deseo", agrégase ahora la siguiente nota

Desde que el psicoanálisis ha dividido a la persona en un *yo* y en un *super-yo* (*Psicología de las masas y análisis del yo*, tomo IX de esta colección), es fácil reconocer en estos sueños punitivos las realizaciones de deseos del *super-yo*.

42

El párrafo en el cual se comienza a hablar de la elaboración secundaria, debe ir precedido por el siguiente título: "La elaboración secundaria y el fenómeno funcional".

43

El resumen con que concluye este capítulo sobre la elaboración onírica lleva la siguiente nota:

En tiempos pasados tropecé con extraordinarias dificultades para acostumbrar a los lectores a la diferenciación entre el contenido onírico manifiesto y las ideas latentes del sueño. Constantemente se sustentaban argumentaciones y objeciones basándose en sueños sin interpretar, tal como los conserva la memoria, pasando por alto con ello el precepto de la interpretación ineludible. Ahora, cuando por lo menos los analistas se avinieron a sustituir el sueño manifiesto por su sentido oculto, averiguado gracias a la interpretación, muchos de ellos todavía incurren en otra confusión, a la que se aferran con no menor tenacidad. Persiguen la esencia del sueño en este contenido latente, desdeñando la diferencia entre las ideas oníricas latentes y la elaboración onírica. En el fondo, el sueño no es más que una forma especial de nuestro pensamiento, forma posibilitada por las condiciones del reposo. La *elaboración onírica* es la que produce esta forma, y sólo ella constituye lo esencial del sueño, sólo ella explica su peculiaridad. Digo esto refiriéndose a la celebrada "tendencia prospéctica" del sueño. El que el sueño se ocupe con tentativas de solucionar las tareas plantadas a nuestra vida psíquica no es más extraño que el hecho de que también nuestra vida diurna consciente se ocupe de ello; el sueño sólo demuestra con esto que tal labor también puede desarrollarse en el preconsciente, cosa que ya nos era sobradamente conocida.

44

El apéndice con las contribuciones de Otto Rank falta en la octava edición.

VII. Psicología de los procesos oníricos

45

La mención de la desconfianza del psicoanálisis y de su regla "Todo aquello que dificulta la continuación de la labor es una resistencia", lleva la nota:

Fácilmente se podría interpretar mal la regla tan perentoriamente establecida aquí: "Todo aquello que dificulta la continuación de la labor es una resistencia". Naturalmente, sólo tiene el valor de una regla técnica, de una advertencia al analista. No se pretende negar que en el curso de un análisis puedan ocurrir diversas incidencias que no sería lícito atribuir al propósito del analizado. El padre del paciente puede morir sin que este lo haya asesinado; también puede estallar una guerra que ponga fin al análisis. Pero tras la manifiesta exageración del citado precepto, se oculta un nuevo y correcto sentido. Aunque el suceso perturbador sea real e independiente del paciente, la medida del efecto perturbador que se le conceda muchas veces depende, no obstante, tan sólo del paciente, y la resistencia se evidencia inconfundiblemente en el aprovechamiento rápido y desmesurado de tal oportunidad.

46

Los errores del habla en el sueño (*it is from... it is by*):

Tales correcciones al hablar en lenguas extrañas no son raras en los sueños, pero generalmente son adjudicadas en ello a personas ajenas. Maury (p. 143), cuando estaban aprendiendo el inglés, soñó cierta vez que comunicaba a una persona el haberla visitado la víspera con las siguientes palabras: *I called for you yesterday*; rectificándole el otro: "Se dice: *I called on you yesterday.*

47

Sobre el condicionamiento de la conciencia y las condiciones de la excitación neuronal:

Ulteriormente formulé la opinión de que la conciencia aparecería precisamente en lugar de la huella mnemónica (véase: *El «block» maravilloso*)[74].

48

Sobre la modificación que el estado del reposo provoca en el sistema preconsciente:

---

[74] N. del Traductor. —Tomo XIV de estas *Obras Completas*.

En el ensayo *Adición metapsicológica a la teoría de los sueños* (tomo IX), intenté profundizar el conocimiento de las condiciones del reposo y de la alucinación.

49

Refiriéndose detalladamente al material displaciente del sueño y a los sueños punitivos, agrega:

Cabe mencionar aquí el *super-yo*, cuya existencia fue reconocida ulteriormente por el psicoanálisis.

50

Comparando la realización del deseo en el sueño y en la vigilia:

En otra oportunidad explayé más estas ideas, reduciendo ambas tendencias a los principios del placer y de la realidad.

51

Este capítulo sobre la realización del deseo concluye, refiriéndose a la conciencia de dormir y de estar despierto (cita de Vaschide), siguiendo luego:

Con respecto a otras observaciones del dominio sobre los sueños, dice Ferenczi: "El sueño elabora desde todos lados el pensamiento que justamente está ocupando a la vida psíquica, abandonando una de las imágenes oníricas cuando la realización del deseo amenaza fracasar, intentando una nueva forma de solución con otra imagen, hasta que por fin logra crear una satisfacción del deseo que concilie en forma de compromiso a ambas instancias de la vida psíquica".

52

Refiriéndose al *pavor nocturnus* y a los sueños de angustia de los niños, dice: "no poseo el necesario material de observaciones para llevar a cabo esta explicación", agregando ahora:

En el ínterin, este material ha sido suministrado copiosamente por la literatura psicoanalítica.

53

Plateando la tesis de que sólo son los impulsos sexuales de origen infantil los que promueven toda formación de síntomas psiconeuróticos, agrega:

No decidiré ahora si este requisito de lo sexual e infantil también puede ser sustentado para la teoría del sueño. Debo abandonar aquí la investigación de esta, pues con la hipótesis de que el deseo onírico siempre procede del inconsciente ya he dado un paso más allá de lo demostrable. Aquí, como en otros puntos, la elaboración del tema presenta brechas que a propósito he dejado sin colmar, pues de otro modo habría tenido que explayarme demasiado, y, por otra parte, sería necesario fundarme en un material ajeno al sueño. Así, por ejemplo, evité señalar si con el término "contenido" designo otro concepto que con la palabra "reprimido". Posiblemente sólo haya aclarado que el último expresa con mayor claridad la pertenencia al inconsciente. Entre otras omisiones semejantes, tampoco entré a considerar el problema inmediato de por qué las ideas oníricas también sufren la deformación por la censura cuando renuncian a continuarse progresivamente en la conciencia, optando por el camino de la regresión. Yo trataba, ante todo, de hacer ver los problemas que surgen cuando se analiza minuciosamente la elaboración onírica, aludiendo sólo a los restantes temas que este análisis llega a rozar. Pero no siempre me fue fácil decidir dónde debía interrumpir su prosecución. El que no haya considerado exhaustivamente el papel de las representaciones sexuales en el sueño y el que haya evitado la interpretación de sueños con manifiesto contenido sexual obedece a un motivo particular que quizá no coincida con el que sospechan los lectores. Mis concepciones y las doctrinas que sustento en el campo de la neuropatología se oponen, precisamente, a considerar la vida sexual como cosa pudenda que no debería concernir al médico ni al investigador científico. También considero ridícula la indignación moral que indujo al traductor de Artemidoro de Daldis, al suprimir en su *Simbólica de los sueños* el capítulo sobre los sueños sexuales. Para mí sólo fue decisiva la consideración de que, explicando los sueños sexuales, entraría plenamente en los problemas aún ignotos de la perversión y de la bisexualidad, de manera que opté por reservarme este material para otra ocasión.

54

Refiriéndose a lo inconsciente y la conciencia, a la sustitución de una representación topográfica por una representación dinámica, dice: "lo que nos parece dotado de movimiento no es el producto psíquico, sino su inervación", y luego sigue:

Este concepto fue explayado y modificado al reconocerse, como carácter esencial de una representación preconsciente, su vinculación con restos de imágenes verbales (*Lo inconsciente*, 1915. En el tomo IX de esta colección).

55

La cita de Du Prel (nota al pie) termina con la referencia bibliográfica (*Philosophie der Mystik*, p. 47) y con una segunda cita de Du Prel:

"Es una verdad que no se puede destacar con suficiente explicitud: la de que conciencia y alma no son conceptos de igual extensión".

56

Sobre la significación histórica de los sueños y su carácter de expresiones de impulsos coartados durante el día:

Véase al respecto el sueño de Alejandro Magno durante el sitio de Tiro (tomo VI).

57

Al precisar los conceptos y las relaciones mutuas de "inconsciente" y "preconsciente":

Véase al respecto mi ensayo *Algunas observaciones sobre el concepto de lo inconsciente en el psicoanálisis* (tomo IX de estas *Obras Completas*), donde discierno las acepciones descriptiva, dinámica y sistemática del término "inconsciente", portador de tan múltiples sentidos.

58

En la traducción castellana ha sido suprimida la bibliografía que va al final de la obra y que fue ampliada progresivamente en las sucesivas ediciones, hasta la séptima, llegando a sumar casi quinientos títulos. La mitad correspondía a un repertorio casi exhaustivo de la bibliografía anterior a la aparición de esta obra (1900) y la segunda parte contenía una selección tan sólo fragmentaria de la literatura ulterior, principalmente psicoanalítica.

MISCELÁNEA

En el tomo XI de la edición vienesa de las Obras completas (*Gesammelte Schriften*, Internat. Psychoanalytischer Verlag, Leipzig-Viena-Zurich, 1928), se hallan reunidos los siguientes escritos diversos —*Vermischte Schriften*—, de temas, fechas y extensión dispares.

Los tres últimos —*Comunicaciones breves*— pertenecen a una larga serie de pequeñas observaciones casuísticas, publicadas por Freud y por sus discípulos en las revistas centrales del psicoanálisis: el *Zentralblatt für Psychoanalyse*, de 1910 a 1912, y la *Internationale Zeitschrift für Psychoanalyse*, de 1913 en adelante.

En cuanto a las de Freud, gradualmente fueron incorporadas en obras mayores a cuyos respectivos temas correspondían. Sólo figuran aquí las que quedaron inconexas. En la cláusula inicial de la tercera comunicación, el autor alude, precisamente, a otras aportaciones que en el ínterin aprovechó como material para trabajos más vastos.

Extraño sentimiento le embarga a uno cuando en años tan avanzados de la vida se ve una vez más en el trance de tener que redactar una "composición de idioma alemán" para el colegio. No obstante, se obedece automáticamente, como aquel viejo soldado licenciado de filas que al oír la orden de "¡firmes!" no puede menos de llevar las manos a la faltriquera, dejando caer al suelo sus bártulos. Es curioso el buen grado con que acepto la tarea, cual si durante el último medio siglo nada importante hubiera cambiado. Sin embargo, he envejecido en este lapso; me encuentro a punto de llegar a sexagenario, y tanto las sensaciones de mi cuerpo como el espejo me muestran inequívocamente cuán considerable es la parte de mi llama vital que ya se ha consumido.

Hace unos diez años aún podía tener instantes en que de pronto volvía a sentirme completamente joven. Cuando, ya barbicano y cargado con todo el peso de una existencia burguesa, caminaba por las calles de la ciudad natal, podía suceder que me topara inesperadamente con uno u otro caballero anciano, pero bien conservado, al que saludaba casi humildemente,

---

[75] N. del Traductor. —*Zur Psychologie des Gymnasiasten* apareció en octubre de 1914, formando parte del Libro de Oro publicado en ocasión de su cincuentenario por el K. K. Erzherzog-Rainer-Realgymnasium, de Viena (antes Leopoldstädter Kommunal und Obergymnasium, hoy Bundesrealgymnasium im II, Bezirk), colegio en el cual el autor cursó sus estudios secundarios. Esta alocución forma parte del tomo XI de *Gesammelte Schriften* (Obras completas, edición vienesa), del tomo X de *Gesammelte Werke* (Obras completas, nueva edición londinense) y del *Almanach der Psychoanalyse*, 1927 (*Almanaque del psicoanálisis*). No existen otras traducciones.

reconociendo en él a un antiguo profesor del colegio. Pero luego me detenía y, ensimismado, lo seguía con la mirada: ¿Realmente es él, o sólo alguien que se le asemeja a punto de confusión? ¡Cuán joven parece aún, y tú ya estás tan viejo! ¿Cuántos años podrá contar? ¿Es posible que estos hombres, que otrora representaron para nosotros a los adultos, sólo fuesen tan poco más viejos que nosotros?

El presente quedaba entonces como obscurecido ante mis ojos, y los años de los diez a los dieciocho volvían a surgir de los recovecos de la memoria, con todos sus presentimientos y desvaríos, sus dolorosas trasmutaciones y sus éxitos jubilosos, con los primeros atisbos de culturas desaparecidas —un mundo que, para mí al menos, llegó a ser más tarde un insuperable medio de consuelo ante las luchas de la vida—; por fin, surgían también los primeros contactos con las ciencias, entre las cuales creíamos poder elegir aquella que agraciaríamos con nuestros por cierto inapreciables servicios. Y yo creo recordar que durante toda esa época abrigué la vaga premonición de una tarea que al principio sólo se anunció calladamente, hasta que por fin la pude vestir, en mi composición de bachillerato, con las solemnes palabras de que en mi vida querría rendir un aporte al humano saber.

Llegué, pues, a médico, o más propiamente a psicólogo, y pude crear una nueva disciplina psicológica —el denominado psicoanálisis— que hoy embarga la atención y suscita alabanzas y censuras de médicos e investigadores oriundos de los más lejanos países, aunque, desde luego, preocupa mucho menos a los de mi propia patria.

Como psicoanalista, debo interesarme más por los procesos afectivos que por los intelectuales; más por la vida psíquica inconsciente que por la consciente. La emoción experimentada al encontrarme con mi antiguo profesor del colegio me conmina a una primera confesión: no sé qué nos embargó más y qué fue más importante para nosotros, si la labor con las ciencias que nos exponían, o la preocupación con las personalidades de nuestros profesores. En todo caso, con estos nos unía una corriente subterránea jamás interrumpida, y en muchos de nosotros el camino a la ciencia sólo pudo pasar por las personas de los profesores: muchos quedaron detenidos en este camino y a unos pocos —¿por qué no confesarlo?— se les cerró así para siempre.

Los cortejábamos o nos apartábamos de ellos; imaginábamos su probablemente inexistente simpatía o antipatía; estudiábamos sus caracteres y formábamos o deformábamos los nuestros, tomándolos como modelos. Despertaban nuestras más potentes rebeliones y nos obligaban a un sometimiento completo; atisbábamos sus más pequeñas debilidades y estábamos orgullosos de sus virtudes, de su sapiencia y su justicia. En el fondo, los amábamos entrañablemente cuando nos daban el menor motivo para ello; mas no sé si todos nuestros maestros lo advirtieron. Pero no es posible negar que teníamos una particularísima animosidad contra ellos, que bien puede haber sido incómoda para los afectados. Desde un principio tendíamos por igual al amor y al odio, a la crítica y a la veneración. El psicoanálisis llama "ambivalente" a esta propensión por las actitudes antagónicas; tampoco se ve en aprietos al tratar de demostrar el origen de semejante ambivalencia afectiva.

En efecto, nos ha enseñado que las actitudes afectivas frente a otras personas, actitudes tan importantes para la conducta ulterior del individuo, quedan establecidas en una época increíblemente temprana. Ya en los primeros seis años de la infancia el pequeño ser humano ha fijado de una vez por todas las formas y el tono afectivo de sus relaciones con los individuos del sexo propio y del opuesto; a partir de ese momento podrá desarrollarlas y orientarlas en distintos sentidos, pero ya no logrará abandonarlas. Las personas a las cuales se ha fijado de tal manera son sus padres y sus hermanos. Todos los hombres que haya de conocer posteriormente serán, para él, personajes sustitutivos de estos primeros objetos afectivos (quizá, junto a los padres, también los personajes educadores), y los ordenará en series que parten, todas, de las denominadas *imágenes* del padre, de la madre, de los hermanos, etcétera. Estas relaciones ulteriores asumen, pues, una especie de herencia afectiva, tropiezan con simpatías y antipatías en cuya producción escasamente han participado; todas las amistades y vinculaciones amorosas ulteriores son seleccionadas sobre la base de las huellas mnemónicas que cada uno de aquellos modelos primitivos haya dejado.

Pero de todas las *imágenes* de la infancia, por lo general extinguidas ya en la memoria, ninguna tiene, para el adolescente y para el hombre, mayor importancia que la del padre. El imperio de lo orgánico ha impuesto a esta relación con el padre una ambivalencia afectiva cuya manifestación más impresionante quizá sea el mito griego del rey Edipo. El niño pequeño se ve obligado a amar y admirar a su padre, pues este le parece el más fuerte, bondadoso y sabio de todos los seres; la propia figura de Dios no es sino una exaltación de esta *imago paterna*, tal como se da en la más precoz vida psíquica infantil. Pero muy pronto se manifiesta el cariz opuesto de tal relación afectiva. El padre también es identificado como el todopoderoso perturbador de la propia vida instintiva; se convierte en el modelo que no sólo se querría imitar, sino también destruir para ocupar su propia plaza. Las tendencias cariñosas y hostiles contra el padre subsisten juntas, muchas veces durante toda la vida, sin que la una logre superar a la otra. En esta simultaneidad de las antítesis reside la esencia de lo que denominamos *ambivalencia afectiva*.

En la segunda mitad de la infancia se prepara un cambio de esta relación con el padre, cambio cuya magnitud no es posible exagerar. El niño comienza a salir de su cuarto de juegos para contemplar el mundo real que lo rodea, y debe descubrir entonces cosas que minan la primitiva exaltación del padre y que facilitan el abandono de este primer personaje ideal. Comprueba que el padre ya no es el más poderoso, el más sabio y el más acaudalado de los seres; comienza a dejar de estar conforme con él; aprende a criticarle y a ubicarlo en la escala social, y suele hacerle pagar muy cara la decepción que le produjera. Todas las esperanzas que ofrece la nueva generación —pero también todo lo condenable que presenta— se originan en este apartamiento del padre.

En esta fase evolutiva del joven hombre acaece su encuentro con los maestros. Comprenderemos ahora la actitud que adoptamos ante nuestros profesores del colegio. Estos hombres, que ni siquiera eran todos padres de familia, se convirtieron para nosotros en sustitutos del padre. También es esta la causa de que, por más jóvenes que fuesen, nos parecieran tan maduros, tan remotamente adultos. Nosotros les transferíamos el respeto y la veneración ante el omnisapiente padre de nuestros años infantiles, de manera que caíamos en tratarlos como a nuestros propios padres. Les ofrecíamos la ambivalencia que adquiriéramos en la vida familiar, y con ayuda de esta actitud luchábamos con ellos como habíamos luchado con nuestros padres carnales. Nuestra conducta frente a nuestros maestros no podría ser comprendida, ni tampoco justificada, sin considerar los años de la infancia y el hogar paterno.

Pero como colegiales también tuvimos otras experiencias no menos importantes con los sucesores de nuestros hermanos, es decir, con nuestros compañeros. Estas empero han de quedar para otra ocasión, pues el jubileo del colegio orienta hacia los maestros la totalidad de nuestros pensamientos.

LO PERECEDERO[76]

Hace algún tiempo me paseaba yo por una florida campiña estival, en compañía de un amigo taciturno y de un joven pero ya célebre poeta que admiraba la belleza de la naturaleza circundante, mas sin poder solazarse con ella, pues le preocupaba la idea de que todo ese esplendor estaba condenado a perecer, de que ya en el invierno venidero habría desaparecido, como toda belleza humana y como todo lo bello y noble que el hombre haya creado y pudiera crear. Cuanto habría amado y admirado, de no mediar esta circunstancia, le parecía carente de valor por el destino de perecer a que estaba condenado.

Sabemos que esta preocupación por el carácter perecedero de lo bello y perfecto puede originar dos tendencias psíquicas distintas. Una conduce al amargado hastío del mundo que sentía el joven poeta; la otra, a la rebeldía contra esa pretendida fatalidad. ¡No! ¡Es imposible que todo ese esplendor de la naturaleza y del arte, de nuestro mundo sentimental y del

---

[76] N. del Traductor. —Este ensayo —titulado Vergänglichkeit en la lengua original— fue redactado en noviembre de 1915 a invitación del Goethebund, de Berlín, con el objeto de ser insertado en el volumen conmemorativo *Das Land Goethes* (*El país de Goethe*), que esa institución hizo editar por la Deutsche Verlagsanstalt de Stuttgart, bajo la firma de Zabel y Landau, destinándose el producto de su venta a la habilitación de bibliotecas populares en Prusia oriental. La versión original de *Lo perecedero* también se encuentra en el decimoprimer tomo de *Gesammelte Schriften* (Obras completas, edición vienesa) y en el décimo de *Gesammelte Werke* (Obras completas, nueva edición londinense). Una traducción de James Strachey (*On transience*) apareció en el *International Journal of Psychoanalysis*, vol. 23, pág. 84, 1942, y fue reimpresa en *Collected Papers*, tomo V, Hogarth Press, Londres, 1950. Su idea medular fue explayada al año siguiente en *La aflicción y la melancolía* (tomo IX de estas *Obras Completas*).

mundo exterior, realmente esté condenado a desaparecer en la nada! Creerlo sería demasiado insensato y sacrílego. Todo eso ha de poder subsistir en alguna forma, sustraído a cuanto influjo amenace aniquilarlo.

Mas esta pretensión de eternidad traiciona demasiado claramente su filiación de nuestros deseos como para que pueda pretender se le conceda valía de realidad. También lo que resulta doloroso puede ser cierto; por eso no pude decidirme a refutar la generalidad de lo perecedero ni a imponer una excepción para lo bello y lo perfecto. En cambio, le negué al poeta pesimista que el carácter perecedero de lo bello involucrase su desvalorización.

Por el contrario, ¡es un incremento de su valor! La cualidad de perecedero comporta un valor de rareza en el tiempo. Las limitadas posibilidades de gozarlo lo tornan tanto más precioso. Manifesté, pues, mi incomprensión de que la caducidad de la belleza hubiera de enturbiar el goce que nos proporciona. En cuanto a lo bello de la naturaleza, renace luego de cada destrucción invernal, y este renacimiento bien puede considerarse eterno en comparación con el plazo de nuestra propia vida. En el curso de nuestra existencia vemos agotarse para siempre la belleza del humano rostro y cuerpo, mas esta fugacidad agrega a sus encantos uno nuevo. Una flor no nos parece menos espléndida porque sus pétalos sólo estén lozanos durante una noche. Tampoco logré comprender por qué la limitación en el tiempo habría de menoscabar la perfección y belleza de la obra artística o de la producción intelectual. Llegue una época en la cual queden reducidos a polvo los cuadros y las estatuas que hoy admiramos; sucédanos una generación de seres que ya no comprendan las obras de nuestros poetas y pensadores; ocurra aun una era geológica que vea enmudecida toda vida en la Tierra..., no importa; el valor de cuanto bello y perfecto existe sólo reside en su importancia para nuestra percepción;

no es menester que la sobreviva y, en consecuencia, es independiente de su perduración en el tiempo.

Aunque estos argumentos me parecían inobjetables, pude advertir que no hacían mella en el poeta ni en mi amigo. Semejante fracaso me llevó a presumir que estos debían estar embargados por un poderoso factor afectivo que enturbiaba la claridad de su juicio, factor que más tarde creí haber hallado. Sin duda, la rebelión psíquica contra la aflicción, contra el duelo por algo perdido, debe haberles malogrado el goce de lo bello. La idea de que toda esta belleza sería perecedera produjo en ambos, tan sensibles, una sensación anticipada de la aflicción que les habría de ocasionar su aniquilamiento, y ya que el alma se aparta instintivamente de todo lo doloroso, estas personas sintieron inhibido su goce lo bello por la idea de su índole perecedera.

Al profano le parece tan natural el duelo por la pérdida de algo amado o admirado, que no vacila en calificarlo de obvio y evidente. Para el psicólogo, en cambio, esta aflicción representa un gran problema, uno de aquellos fenómenos que, si bien incógnitos ellos mismos, sirven para reducir a ellos otras incertidumbres. Así, imaginamos poseer cierta cuantía de capacidad amorosa —llamada "libido"— que al comienzo de la evolución se orientó hacia el propio *yo*, para más tarde —aunque en realidad muy precozmente— dirigirse a los objetos, que de tal suerte quedan en cierto modo incluidos en nuestro *yo*. Si los objetos son destruidos o si los perdemos, nuestra capacidad amorosa (libido) vuelve a quedar en libertad, y puede tomar otros objetos como sustitutos, o bien retornar transitoriamente al *yo*. Sin embargo, no logramos explicarnos —ni podemos deducir todavía ninguna hipótesis al respecto— por qué este desprendimiento de la libido de sus objetos debe ser necesariamente un proceso tan doloroso. Sólo comprobamos que la libido se aferra a sus objetos, y que ni siquiera cuando ya dispone de nuevos sucedáneos se resigna a desprenderse de los objetos que ha perdido. He aquí, pues, la aflicción.

La plática con el poeta tuvo lugar durante el verano que precedió a la guerra. Un año después se desencadenó esta y robó al mundo todas sus bellezas. No sólo aniquiló el primor de los paisajes que recorrió y las obras de arte que rozó en su camino, sino que también quebró nuestro orgullo por los progresos logrados en la cultura, nuestro respeto ante tantos pensadores y artistas, las esperanzas que habíamos puesto en una superación definitiva de las diferencias que separan a pueblos y razas entre sí. La guerra enlodó nuestra excelsa ecuanimidad científica, mostró en cruda desnudez nuestra vida instintiva, desencadenó los espíritus malignos que moran en nosotros y que suponíamos domeñados definitivamente por nuestros impulsos más nobles, gracias a una educación multisecular. Cerró de nuevo el ámbito de nuestra patria y volvió a tornar lejano y vasto el mundo restante. Nos quitó tanto de lo que amábamos y nos mostró la caducidad de mucho que creíamos estable.

No es de extrañar que nuestra libido, tan empobrecida de objetos, haya ido a ocupar con intensidad tanto mayor aquellos que nos quedaron; no es curioso que de pronto haya aumentado nuestro amor por la patria, el cariño por los nuestros y el orgullo que nos inspira lo que poseemos en común. Pero esos otros bienes, ahora perdidos, ¿acaso quedaron realmente desvalorizados ante nuestros ojos sólo porque demostraran ser tan perecederos y frágiles? Muchos de nosotros lo creemos así; pero injustamente, según pienso una vez más. Me parece que quienes opinan de tal manera y parecen estar dispuestos a renunciar de una vez por todas a lo apreciable, simplemente porque no resultó ser estable, sólo se encuentran agobiados por la aflicción que les causó su pérdida. Sabemos que la aflicción, por más dolorosa que sea, se consume espontáneamente. Una vez que haya renunciado a todo lo perdido, se habrá agotado por sí misma y nuestra libido quedará nuevamente en libertad de sustituir los objetos perdidos por otros nuevos, posiblemente tanto o más valiosos que aquellos, siempre que aún seamos lo suficientemente jóvenes y que conservemos nuestra vitalidad. Cabe esperar que sucederá otro tanto con las pérdidas de esta guerra. Una vez superado el duelo, se advertirá que nuestra elevada estima de los bienes culturales no ha sufrido menoscabo por la experiencia de su fragilidad. Volveremos a construir todo lo que la guerra ha destruido, quizá en terreno más firme y con mayor perennidad.

«…Puedo declarar que estoy tan alejado de la religión judía como de todas las demás; en otras palabras: las considero sumamente importantes como objetos de interés científico, pero no me atañen sentimentalmente en lo más mínimo. En cambio, siempre tuve un poderoso sentimiento de comunidad con mi pueblo, sentimiento que también he nutrido en mis hijos. Todos seguimos perteneciendo a la confesión judía.

Mi juventud transcurrió en una época en que nuestros liberales maestros de religión no daban valor a que sus alumnos adquirieran conocimientos en la lengua y la literatura hebreas. Por eso mi cultura ha quedado muy atrasada en este terreno, defecto que más tarde tuve múltiples ocasiones de lamentar.»

---

[77] N. del Traductor. — Esta carta, dirigida al editor de la *Jüdische Presszentrale Zürich*, se publicó en este periódico el 26 de febrero de 1925. También se encuentra en el tomo XI de *Gesammelte Schriften* y en el XIV de *Gesammelte Werke* (ediciones de las obras completas en alemán). No existen traducciones.

Mensaje para la inauguración
de la Universidad Hebrea[78]

Los historiadores nos enseñan que nuestra pequeña nación sólo pudo sobrevivir a la aniquilación de su independencia como Estado gracias a que en la escala de sus valores estimativos comenzó a transferir el más alto lugar a sus bienes espirituales, a su religión y a su literatura.

Vivimos actualmente una época en que este pueblo tiene la perspectiva de volver a conquistar el país de sus antecesores con ayuda de una potencia que domina al mundo, y celebramos la ocasión fundando una Universidad en su vieja ciudad capital.

Una Universidad es un lugar en el que se enseña la ciencia por sobre todas las diferencias religiosas y nacionales; donde se realizan investigaciones, donde se intenta mostrar a los hombres hasta qué límite comprenden el mundo que los rodea y hasta qué punto pueden someterlo a su acción.

Tal empresa es un noble testimonio del desarrollo que ha alcanzado nuestro pueblo en sus dos mil años de infortunio.

Lamento profundamente que mi mala salud me impida asistir a las festividades inaugurales de la Universidad Judía en Jerusalén.

---

[78] N. del Traductor. —Este mensaje de salutación, redactado originalmente en inglés y titulado *To the opening of the Hebrew University*, fue publicado, junto con los de otras personalidades, en la revista quincenal *New Judea* el 27 de marzo de 1925. Fue incluido en el tomo XI de *Gesammelte Schriften* y en el XIV de *Gesammelte Werke*. No existen traducciones ni versión alemana.

I. Ejemplos de cómo los neuróticos revelan sus fantasías patógenas[79]

A

Hace poco tuve ocasión de ver a un paciente de unos veinte años que presentaba un cuadro de demencia precoz (hebefrenia), diagnosticado también por otro médico. Al comienzo de su enfermedad había presentado cambios periódicos de su estado de ánimo, alcanzó una notable mejoría y fue retirado por sus padres del sanatorio cuando se encontraba en tan favorable estado; durante más o menos una semana se lo festejó con toda clase de diversiones para celebrar su supuesta curación. Pasada esta semana sobrevino al punto una recaída. Al retornar al sanatorio contó que el médico de consulta que lo observara en el ínterin le había aconsejado "coqueteara un poco con su madre". No cabe duda que en esta deformación delirante de sus recuerdos expresaba la excitación que le había producido la reunión con su madre, motivo inmediato de su empeoramiento.

---

[79] N. del Traductor. —*Beispiele des Verrats pathogener Phantasien bei Neurotikern* se publicó únicamente en alemán en las siguientes fuentes: *Zentralblatt für Psychoanalyse*, vol. I, 1911; *Gesammelte Schriften*, tomo XI, 1928; *Schriften zur Neurosenlehre und zur psychoanalytischen Technik*, 1931; *Gesammelte Werke*, tomo VIII, Londres, 1943.

B

Hace más de diez años, en una época en que los resultados y las premisas del psicoanálisis sólo eran familiares a pocas personas, me narraron, de fuente fidedigna, el siguiente episodio: Una joven, hija de un médico, había enfermado de histeria, con síntomas locales; el padre negó la posibilidad de la histeria e hizo realizar diversos tratamientos somáticos que dieron escaso resultado. Una amiga le preguntó cierta vez a la enferma: "¿Nunca pensó usted en consultar al doctor F...?" A lo cual respondió ésta: "¿Para qué habría de hacerlo? Ya sé que me preguntaría: ¿No se le ocurrió a usted tener relaciones sexuales con su padre?" Considero superfluo afirmar que ni solía preguntar entonces tal cosa ni lo hago actualmente. Pero es notable que muchas cosas contadas por los pacientes como si fueran manifestaciones o actos de los médicos pueden ser comprendidas precisamente como revelaciones de sus propias fantasías patógenas.

II. El significado de la aliteración en las vocales[80]

Seguramente se ha protestado con frecuencia contra la regla formulada por Stekel de que en sueños y en ocurrencias los nombres que se ocultan tengan que ser sustituidos por otros, que sólo tienen de común en aquellos la sucesión de sus vocales. Sin embargo, la religión nos ofrece una notable analogía a esa regla. Entre los antiguos hebreos, el nombre de Dios era *tabú*; no se lo debía pronunciar ni escribir; ejemplo este de la

---

[80] N. de Traductor. —*Die Bedeutung der Vokalfolge* se publicó únicamente en alemán en las siguientes fuentes: *Zentralblatt für Psychoanalyse*, vol. I, 1912; *Gesammelte Schriften*, tomo XI, 1928; *Schriften zur Neurosenlehre und zur psychoanalytischen Technik*, 1931; *Gesammelte Werke*, tomo VIII, Londres, 1943.

particular importancia del nombre en las culturas arcaicas, que de ningún modo es el único. La prohibición era mantenida tan estrictamente que también hoy se desconoce la vocalización del nombre divino.

Este nombre se pronuncia *Jehová*, dándole los signos vocales del nombre Adonái ("Señor"), no prohibido. (S. Reinach: *Cultes, Mythes et religions*, tomo I, página 1, 1908).

III. EXPERIENCIAS Y EJEMPLOS DE LA PRÁCTICA ANALÍTICA[81]

La recopilación de pequeñas aportaciones que aquí iniciamos con una primera serie exige algunas palabras introductorias. Naturalmente, los casos patológicos en los cuales el psicoanalista realiza sus observaciones no tienen todos el mismo valor para el acrecentamiento de su saber. Hay algunos que le obligan a aplicar cuanto sabe, sin permitirle aprender nada nuevo; otros, que le muestran lo ya conocido en expresión particularmente nítida y en hermoso aislamiento, de modo que no sólo debe a estos enfermos confirmaciones, sino también ampliaciones de sus conocimientos. Tenemos derecho a sospechar que los procesos psíquicos que queremos estudiar no son en los primeros casos distintos que en los segundos, pero preferimos describirlos en estos ejemplos favorables y transparentes. Por otra parte, la embriología también acepta que la división del huevo humano se realiza en los embriones pigmentados, desfavorables para la

---

[81] N. del Traductor. —*Erfahrungen und Beispiele aus der psychoanalytischen Praxis* apareció únicamente en alemán en las siguientes fuentes: *Internationale Zeitschrift für Psychoanalyse*, vol. I, 1913; *Gesammelte Schriften*, tomo XI, Viena, 1928; *Schriften zur Neurosenlehre*, Viena, 1931; *Gesammelte Werke*, tomo X, Londres, 1946.

observación, de igual manera que en los transparentes, pobres en pigmento, que elige para efectuar sus observaciones.

Pero los múltiples ejemplos hermosos que confirman prácticamente los conocimientos del analista por lo general se pierden, dado que su inclusión en un conexo a menudo debe ser diferida por mucho tiempo. Por eso es bastante útil disponer de un vehículo que permita publicar y llevar al conocimiento general estas experiencias y ejemplos, sin aguardar a su elaboración bajo puntos de vista más generales y superiores.

La sección aquí inaugurada tiene la finalidad de ofrecer un lugar para incluir este material. Convendrá ajustarse a la mayor parquedad; la agrupación y sucesión de los ejemplos son totalmente arbitrarias.

Pies avergonzados (calzado)

Después de varios días de resistencia, la paciente comunica que se había enojado mucho porque un joven al que regularmente encontraba cerca del domicilio del médico y que siempre la miraba con admiración, la última vez había echado una mirada despectiva a sus pies. En general no tiene ningún motivo para avergonzarse de estos. La misma enferma trae la solución, después de confesar que había tomado al joven por el hijo del médico; es decir, en razón de su transferencia, por su hermano mayor. Sigue entonces el recuerdo de que a la edad de unos cinco años solía acompañar a su hermano al excusado, donde lo contemplaba al orinar. Presa de envidia por no poder hacerlo como él, cierto día intentó imitarlo (envidia fálica), pero se mojó los zapatos y se enojó mucho cuando su hermano le hizo burlas por ello. El enojo se repitió durante mucho tiempo, cada vez que el hermano, queriéndole recordar aquel infortunado accidente, le miraba despectivamente los zapatos. Agregó que esta experiencia había determinado su conducta ulterior en la escuela. Cuando algo no le salía bien a primer intento, jamás podría resolverse a probarlo de nuevo, de modo que fracasó completamente en muchas asignaturas. He aquí un buen ejemplo de la determinación del carácter por el prototipo de la sexualidad.

Autocrítica de los neuróticos

Siempre es notable y digno de particular atención cuando un neurótico suele insultarse, juzgarse despectivamente, etcétera. Frecuentemente se llega a comprenderlo, como en las autoacusaciones, aceptando una identificación con otras personas. En un caso, las circunstancias accesorias de la sesión analítica obligaron a explicar de otra manera esta conducta. Una joven que jamás se cansaba de asegurar que era poco inteligente, carente de talento, etcétera, sólo quería señalar con ello que era físicamente muy bella, y escondía esta jactancia tras aquella autocrítica. Por otra parte, también en este caso existía la alusión a las consecuencias perniciosas de la masturbación, alusión que se ha de sospechar en todos los ejemplos de esta índole.

Dramatización de las ideas

El soñante saca a una mujer de debajo de la cama (*zieht hervor*), vale decir la prefiere a otras (*Vorzug*). En otro sueño, el paciente, que es oficial, está sentado a la mesa frente al emperador (*gegenueber sitzen*): se pone en oposición (*Gegensatz*) al emperador; es decir, al padre[82]. Ambas representaciones plásticas fueron traducidas por el mismo paciente.

---

[82] Desde luego, estas dramatizaciones sólo pueden darse en pacientes alemanes, pues se fundan en retruécanos de esa lengua, intraducible a ninguna otra. Ejemplos semejantes se encuentran en *La interpretación de los sueños*, tomo VII, de estas *Obras Completas*.

Aparición de síntomas patológicos en el sueño

Los síntomas de la enfermedad (angustia, etcétera) que aparecen en el sueño parecen querer decir, en general: "Por eso (por los elementos del sueño que antecede) me he enfermado". Esta expresión onírica representa, pues, una continuación del análisis en el sueño.

ÍNDICE

Obras Completas de Sigmund Freud
Tomo XIX

Impreso en los talleres de
DocuMaster
(Master Copy, S. A. de C.V.)
Plásticos #84, Local 2, ala sur,
Fracc. Industrial Alce Blanco,
Naucalpan de Juárez, C. P. 53370.